내 영혼이 깨어나는 순간

부클래식
021

내 영혼이 깨어나는 순간

케이트 쇼팬

홍덕선·강하나 옮김

부북스

차례

내 영혼이 깨어나는 순간

1

파랗고 노란 깃털의 앵무새가 문 밖에 걸려 있는 새장 속에서 같은 말을 되풀이하고 있었다.

"가세요! 제발 저리 가요! 제발! 됐어요!"

스페인어를 조금 할 줄 아는 이 앵무새는 반대쪽 문에 매달린 흉내지빠귀가 아니면 아무도 알아들을 수 없는 스페인어로 몇 마디 떠들어대다가, 맑고 부드러운 소리를 바람결에 쉴 새 없이 실어 보냈다.

퐁텔리에 씨는 신문조차 맘 편히 볼 수 없는 상황에 넌더리가 난다는 표정으로 투덜거리며 자리에서 일어섰다. 그는 복도를 따라 걸어 내려와 르브랭 씨의 별채와 다른 별채를 연결하는 좁은 "다리"를 건넜다. 퐁텔리에 씨는 한동안 본채의 문 앞에 앉아 있던 참이었다. 이 앵무새와 흉내지빠귀의 주인은 르브랭 부인이어서, 이 새들은 제 멋대로 떠들어댈 권리가 있었다. 하긴 퐁텔리에 씨도 새소리가 지겨

위지면 그 자리를 떠나면 그만이었다.

그는 자신이 머물고 있는 별채의 문 앞에 멈춰 섰다. 본채에서부터 네 번째, 끝에서 두 번째 별채였다. 그곳의 버드나무 흔들의자에 몸을 실은 그는 다시 한 번 신문에 집중했다. 그날은 일요일이었지만 신문은 전날 거였다. 그랜드 섬[1]에는 일요일자 신문이 아직 도착하지 않았다. 주식 시세란을 이미 읽고 난 후라, 그는 전날 뉴올리언스를 떠나오기 전 시간이 없어 미처 보지 못했던 사설과 토막 뉴스 기사를 대충 훑어봤다.

마흔의 퐁텔리에 씨는 안경을 쓰고 있었다. 보통 키에 다소 마른 체격으로 등이 조금 굽어 있었다. 곧게 뻗은 갈색 머리칼을 옆으로 가르마 탄 모습이었고, 턱수염은 바싹 깎아 단정하고 깔끔했다.

그는 이따금씩 신문에서 눈을 떼고 주위를 둘러보았다. 본채에 있을 때보다 새소리가 더 시끄러웠다. 사람들은 별채의 작은 통나무 집들과 구별하기 위해 본채를 "집"이라고 불렀다. 조잘조잘 지저귀는 새소리는 이곳에서도 여전했다. 파히발 씨네 쌍둥이 어린 두 소녀가 피아노 앞에 앉아 오페라 〈장파〉[2]에 나오는 듀엣 곡을 연주하고 있었다. 르브랭 부인은 집안을 들락거리며 부산을 떨고 있었다. 집안에서는 정원을 돌보는 하인에게 카랑카랑한 목소리로 잔소리를 해대는가 하면 나가서도 부엌일을 돕는 하녀에게 소리 높여 이 일 저 일을

---

1. 뉴올리언스에서 남쪽으로 97km 떨어진 섬으로 19세기 크리올의 휴양지로 유명하다.
2. 프랑스의 초기 낭만적 오페라 작곡가인 페르디낭 에롤(1791-1833)이 1831년에 작곡한 오페라.

시켜댔다. 소매가 팔꿈치까지 내려오는 하얀 옷을 언제나 즐겨 입는 그녀는 한결같이 젊고 예뻤다. 움직일 때마다 풀을 먹여 빳빳한 치마에서 바스락 소리가 났다. 해변 아래쪽 저 멀리 통나무 별채 앞에는 검은 옷차림의 한 여인이 진중한 자세로 묵주 기도를 하면서 걸음을 옮기고 있었다. 이 펜션에 머무는 사람들은 대부분 보들레의 작은 범선을 타고 강을 건너 셰니에 까미나다 섬으로 미사를 드리러 갔다. 몇몇 아이들은 검참나무[3] 아래 잔디에서 크로케 놀이를 하고 있었는데, 거기에는 퐁텔리에 씨의 두 아이들도 끼어 있었다. 건강해 보이는 네댓 살, 다섯 살 배기의 어린 꼬마들이었다. 쿼드룬[4] 보모가 명상에 잠긴 듯 꿈꾸는 듯한 표정으로 아이들을 따라다녔다.

신문이 손에서 제멋대로 흘러내려도 그대로 놔둔 채 퐁테리에 씨는 마침내 담배에 불을 붙였다. 그런 다음 달팽이처럼 느릿느릿 다가오는 해변의 흰 양산에 시선을 고정시켰다. 검참나무의 앙상한 줄기 사이로, 그리고 쭉 펼쳐진 노란 카밀레 꽃 너머로 양산이 또렷이 드러났다. 저 멀리 멕시코만(灣)이 푸른 수평선으로 아스라이 녹아 들어가고 있었다. 양산은 서서히 계속 다가왔다. 분홍색 줄무늬 양산 아래, 그의 아내와 젊은 총각 로버트 르브랭의 모습이 드러났다. 별채에 다다르자 두 사람은 기진맥진하여 현관의 맨 위 계단에 주저앉았다. 두 사람은 서로를 바라보며 계단 기둥에 몸을 기댔다.

---

3. 주로 습지에 자생하는 떡갈나무과(科) 식물로 다른 떡갈나무에 비해 비교적 수명이 짧다. 17세기부터 미국 남부 주민 생활의 재목과 연료로 사용되고 있다.
4. 백인과 반백인 사이의 혼혈인.

"어리석기는! 이런 뙤약볕에 수영을 하다니!"

퐁텔리에 씨가 목청을 높여 말했다. 그런 자신도 이미 새벽에 수영을 한 차례 했던 터라 그날 아침이 길게 느껴졌다.

"몰라보게 많이 탔군."

남편은 아끼던 보물에 상처라도 난 듯 아내를 보며 말했다. 퐁텔리에 부인은 강단지고 맵시 있는 두 손을 들어 론사 소매를 손목 위로 걷어 올리고는 양손을 꼼꼼히 살폈다. 손을 보자 해변으로 가기 전에 남편에게 맡겨 두었던 반지들이 생각나 그녀는 아무 말 없이 남편에게 손을 내밀었다. 아내의 뜻을 알아차린 퐁텔리에 씨가 조끼 주머니에서 반지를 꺼내 그녀의 손바닥에 떨어뜨렸다. 그녀는 반지를 손가락에 끼웠다. 그런 다음 무릎을 꼭 끌어당기고 맞은편의 로버트를 향해 웃음을 터뜨렸다. 손가락의 반지들이 반짝거렸다. 로버트도 그녀에게 미소를 보냈다.

퐁텔리에 씨가 나른한 눈초리로 두 사람을 번갈아 바라보며 궁금한 듯이 물었다.

"무슨 일이야?"

그것은 정말 터무니없는 시시한 일이었다. 두 사람은 물속에서 약간의 모험을 했는데, 둘 다 동시에 서로 그 이야기를 하려고 들었다. 하지만 막상 털어놓고 나니 그다지 재밌는 이야깃거리는 아니었다. 두 사람뿐만 아니라 퐁텔리에 씨에게도 마찬가지였다. 퐁텔리에 씨는 하품을 하며 기지개를 켜고 일어나더니, 클라인 호텔로 건너가서 당구나 한 게임 치고 와야겠다고 말했다.

"르브랭, 같이 가지."

그는 로버트에게 제안했다. 그러나 로버트는 그냥 그대로 앉아 퐁텔리에 부인과 이야기나 나누고 싶다고 아주 솔직하게 대답했다.

"맘대로. 에드나! 로버트가 성가시게 굴면 당장 쫓아 버리라고."

퐁텔리에 씨는 외출 준비를 하면서 아내에게 말했다.

"여기, 양산 챙겨 가세요."

그녀가 남편에게 양산을 내밀며 소리쳤다. 그는 양산을 펼친 다음 계단을 걸어 내려갔다.

"저녁 먹기 전에 오실 거죠?"

아내는 남편의 등 뒤에 대고 물었다. 남편은 잠시 걸음을 멈추고 어깨를 으쓱했다. 그는 조끼 주머니 속을 더듬어 보았다. 거기에는 10달러짜리 지폐가 있었다. 어떻게 될지 그도 잘 몰랐다. 어쩌면 저녁 일찍 돌아올 수도 있고, 아니면 못 올 수도 있었다. 클라인 호텔에서 누구를 만나게 될지, '놀음'판이 얼마나 클지에 따라 달라질 수 있었다. 남편이 이런 사실을 말하지는 않았지만 부인은 잘 알고 있었다. 아내는 미소를 지은 채 남편에게 고개를 끄덕이며 배웅했다.

아빠가 외출하는 모습을 본 두 아이들은 아빠를 따라가고 싶어 했다. 퐁텔리에 씨는 아이들에게 뽀뽀를 해준 다음 돌아올 때 사탕과 땅콩을 가져오겠다고 약속했다.

2

퐁텔리에 부인은 영롱하고 기민한 눈망울을 가졌다. 거의 머리색에 가까운 황갈색 눈동자였다. 그녀는 종종 사물에 순간적으로 시선을 집중시키고는 어떤 내부의 상념과 생각의 미로 속에서 정신을 잃은 듯 그것에서 눈을 떼지 못하곤 했다.

눈썹은 머리색보다 더 진한 흑색이었다. 숱이 많고 거의 일자여서 그윽한 눈매가 더욱 돋보였다. 그녀에게는 아름답다기보다 우아하다는 말이 더 잘 어울렸다. 가식 없는 솔직한 얼굴 표정과 서로 대치되는 듯한 이목구비가 묘하게 어우러져 매우 매력적이었다. 몸가짐 또한 사람 마음을 황홀하게 만들었다.

로버트는 담배를 말았다. 그는 시가를 살 돈이 없어서 담배를 피운다고 했다. 주머니에 퐁텔리에 씨가 선물로 주었던 시가를 가지고 있었지만 저녁 식사 후를 위해 아껴 두는 참이었다.

로버트 생각에는 이런 행동이 지극히 당연하고 자연스러운 일이었다. 그의 혈색은 자신의 말동무와 크게 다르지 않았다. 깔끔하게 면도를 한 모습 때문인지 면도를 하지 않았던 그 전보다 더 닮아 보였다. 그의 해맑은 얼굴에서 근심의 그늘이라고는 찾아볼 수 없었고, 두 눈은 여름날의 햇살과 나른함을 한 데 모아 그대로 드러냈다.

퐁텔리에 부인은 현관의 선반 위로 손을 뻗어 종려 잎 부채를 꺼내 부치기 시작했고, 로버트는 입술 사이로 담배를 한 모금 빨았다. 그들은 끊임없이 말을 주고받았다. 주변에서 일어난 일들과 둘이 함께 했던 바다에서의 즐거운 경험을 이야기하다 보니, 그때의 즐거움이 되살아나는 듯했다. 그들은 또한 바람과 나무에 대해, 셰니에 섬으로 가고 없는 사람들과 검참나무 아래에서 크로케 놀이를 하는 아이들 그리고 주페의 오페라 〈시인과 농부〉의 서곡을 연주하고 있는 파히발 씨의 쌍둥이에 대한 이야기도 화제에 올렸다.

로버트는 자기 얘기를 많이 했다. 그는 아직 젊었기에 자기 자신에 대한 얘기만큼 잘 할 수 있는 말도 없었다. 마찬가지 이유로, 퐁텔리에 부인도 자신에 대한 얘기를 조금 들려주었다. 둘 다 서로의 이야기에 흥미를 느꼈다. 로버트는 가을에 자신에게 행운을 가져다줄 멕시코로 갈 계획이라고 말했다. 그는 늘 멕시코로 가야지 하는 마음은 갖고 있었으면서도 어째서인지 한 번도 실천하지 못했다. 그러는 사이 뉴올리언스에 있는 무역 회사에서 적당한 일자리를 잡은 로버트는 영어, 프랑스어, 스페인어에 충분히 능통하다 보니 판매원과 통신원으로서 좋은 평가를 받고 있다는 거였다.

로버트는 언제나 그랬던 것처럼 그랜드 섬에서 어머니와 여름휴가를 보내는 중이었다. 그의 기억이 닿지 않던 어린 시절, '집'은 르브랭 가(家) 사람들의 여름철 사치품이나 마찬가지였다. 지금은 '집' 옆으로 열 두 채도 더 되는 별채들이 들어섰는데, 이곳은 "까띠에 프랑쎄"[5]에

---

5. 18세기 초에 프랑스인들에 의해 건설된 거리로, 뉴올리언스에서 가장 오래되고 유명한 지역. 판판한 돌을 깐 길과 쇠창살로 장식한 발코니 등 유럽풍의 분위기가 감도는 곳인데, 두 차례에 걸친 대화재로 최초의 건물이 대부분 불타 소실되었지만 당시 지배국이었던 스페인에 의해 재건되었다.

서 온 상류층 방문객들로 항상 북적거렸다. 덕분에 르브랭 부인은 태어날 때부터 누려온 편안하고 안락한 생활을 유지할 수 있었다.

퐁텔리에 부인은 아버지가 운영하는 미시시피 농장과 켄터키 마을의 새포아풀[6] 농장에서 보낸 어린 시절을 이야기했다. 부인은 미국 사람이지만 희석되어 묽어진 프랑스인의 피가 여전히 그녀의 혈관에 흐르고 있었다. 그녀는 멀리 동부에서 결혼을 앞두고 있는 동생의 편지를 읽었다. 로버트는 궁금했다. 퐁텔리에 부인의 자매는 어떤 여인들인지, 아버지는 어떤 분인지, 어머니가 돌아가신 지는 얼마나 됐는지 알고 싶었다.

부인이 편지를 접었을 때는 이른 저녁을 준비하기 위해 옷을 갈아입어야 할 시간이었다.

"레옹쎄는 오지 않을 것 같네요."

그녀는 남편이 사라진 방향으로 눈길을 두며 말했다. 뉴올리언스의 클럽 회원들이 많이 모여 있을 클라인 호텔에서 퐁텔리에 씨가 금방 돌아오지 않으리라는 걸 로버트는 잘 알고 있었다.

퐁텔리에 부인이 로버트와 대화를 끝내고 자기 방으로 들어가자, 젊은이는 계단을 내려가 크로케 놀이를 하는 아이들 쪽으로 한가로이 걸어갔다. 그는 자신을 매우 잘 따르는 퐁텔리에 씨의 두 어린 아이들과 함께 저녁 식사를 하기 전 삼십 분 동안의 지루함을 달랬다.

---

6. 높이 10-25cm의 들풀.

3

퐁텔리에 씨가 클라인 호텔에서 돌아온 시각은 그날 밤 11시였다. 기분이 굉장히 좋아서 매우 들떠 있던 남편은 끊임없이 떠들어댔다. 남편이 들어오자 그때까지 침대에서 곤히 자고 있던 아내가 잠에서 깨어났다. 남편은 옷을 벗으면서 그날 있었던 재미난 일과 몇 가지 새로운 소식들 그리고 주워들은 소문 따위를 아내에게 들려주었다. 그는 바지 주머니에서 구깃구깃한 지폐 한 움큼과 은화를 상당량 꺼내 놓은 다음, 이번에는 열쇠 꾸러미와 칼, 손수건, 그밖에 주머니 속에 들어 있는 것들을 집히는 대로 서랍장 위에 올려놓았다. 퐁텔리에 부인은 잠에 취해 건성으로 대답할 뿐 거의 아무 말도 할 수 없었다.

퐁텔리에 씨는 오로지 아내만을 위해 살고 있는데, 자신이 관심 있어 하는 일에 아내가 별 반응이 없고 자기 얘기를 시큰둥하게 여긴다는 생각이 들자 그만 맥이 빠졌다.

퐁텔리에 씨는 아이들에게 약속한 사탕과 땅콩을 깜박 잊었다. 그래도 아이들을 끔찍이 사랑하는 마음에 두 아이들 모두 평온하게 잠들어 있는지 확인하기 위해 아이들 방으로 건너갔다. 하지만 두 아들을 보고 난 퐁텔리에 씨는 뭐랄까, 전혀 뿌듯한 기분이 들지 않았다. 아이들의 몸을 돌려 위치를 바꿔 주었다. 한 녀석이 발을 차면서 바구니에 가득 담은 게가 어쩌고 하며 잠꼬대를 중얼거렸다.

퐁텔리에 씨는 아내가 잠들어 있는 방으로 돌아와 라울이 열이 높으니 옆에서 돌봐야 한다고 말했다. 방으로 돌아온 남편은 시가에 불을 붙이고, 열어 놓은 문 쪽에 자리를 잡고 앉았다.

퐁텔리에 부인은 라울이 열이 없다고 확신했다. 그 애는 무척 잘 잤고, 하루 종일 아픈 데가 전혀 없었다고 말했다. 열이 날 때의 증상을 잘 알고 있던 퐁텔리에 씨였기에, 그의 생각이 잘못되었을 리는 없었다. 그는 바로 지금, 옆방에서 라울이 끙끙 앓고 있다고 아내에게 잘라 말했다.

남편은 아내가 아이들에게 무관심하고 제대로 보살피지 않는다고 책망했다. 엄마가 자식을 돌보지 않는다면 도대체 그 일을 누가 하겠는가? 자신은 증권거래 일만으로도 너무 바빠서 동시에 두 가지 일을 할 수는 없었다. 가족의 생계를 위해 발로 뛰면서도 집에 무슨 일이 일어나지나 않을까 노심초사하여 집에만 붙어 있을 수도 없는 노릇이었다. 이렇게 그는 단조로이, 계속해서 잔소리를 내뱉었다.

퐁텔리에 부인은 잠자리에서 벌떡 일어나 옆방으로 건너갔다. 조금 지나 다시 방으로 돌아온 부인은 침대 끝에 걸터앉은 채 베개를 베고 누웠다. 그녀는 아무 말이 없었다. 남편이 묻는 말에도 대답하지 않았다. 시가를 다 태운 퐁텔리에 씨는 침대로 들어가 금세 잠이 들었다.

그 무렵 퐁텔리에 부인은 잠이 완전히 달아난 상태였다. 눈물이 조금씩 흐르기 시작해, 가운 소매로 눈물을 훔쳤다. 부인은 남편이 켜 놓은 촛불을 훅 불어 끄고, 침대 발치에 놓여 있던 굽이 낮은 공단 슬리퍼에 맨발을 밀어 넣은 다음 현관 밖으로 나갔다. 그녀는 버드나무 흔들의자에 앉아 앞뒤로 살살 흔들었다.

이미 자정이 넘은 시각이었다. 별채는 온통 칠흑 같았다. 현관에서 실낱같은 빛줄기가 흘러나왔다. 이토록 조용한 시간, 검참나무 꼭대기에서 부엉부엉 울고 있는 부엉이의 울음소리와 잔잔하게 들려오는 파도 소리만이 계속해서 주변을 울리고 있었다. 그것은 마치 구슬픈 자장가 소리처럼 한밤중의 정적을 깨뜨렸다.

왈칵 쏟아지는 눈물 바람에 축축이 젖은 소맷부리로는 더 이상 눈물을 닦을 수가 없었다. 그녀는 한 손으로 의자 등을 잡았다. 헐렁한 소매가 들어 올린 팔의 어깨까지 미끄러져 내렸다. 소매를 다시 걷어 내리고는 눈물범벅으로 벌겋게 달아오른 볼을 양 팔 사이에 파묻었다. 더 이상 얼굴도, 눈도, 팔도 닦을 생각은 않고 계속 눈물을 흘렸다. 그녀는 자신이 왜 울고 있는지, 그 이유를 말할 수 없었다. 조금 전에 있었던 일은 그녀가 결혼 생활을 해오는 동안 숱하게 겪어 왔던 일들이었다. 워낙 자상하고 무슨 일이든 묵묵히 알아서 처리하며 한결 같은 헌신을 보여주는 남편의 평소 모습에 비하면 이런 일쯤이야 아무 것도 아닌 것으로 여겨 왔었다.

그녀의 의식 가운데 알 수 없는 곳으로부터 뭐라 설명할 수 없는 묵직한 덩어리가 자신의 삶 전체를 막연한 고통으로 내리누르는 것 같았다. 그것은 마치 그림자 같았고, 인생의 황금기를 가로질러 지나가는 안개 같았다. 참으로 생소하고 낯설었다. 그러나 이런 기분은 잠시였다. 퐁텔리에 부인은 현관에 앉아 마음속으로 남편을 원망하는 것도, 그들 부부가 지금껏 걸어온 인생의 행로로 자신을 몰아온 운명을 한탄하는 것도 아니었다. 그저 자기 자신을 향해 목 놓아 울고 있는 거였다. 그녀를 약 올리기라도 하듯 주위에 모기 몇 마리가 윙윙거리며, 단단하고 통통한 팔뚝을 물어뜯고 맨 살을 드러낸 발등을 쏘았다.

부인은 긴 밤이 다 가도록 분위기에 취해 그 자리에 있고 싶었지만 작은 악마 같은 녀석들이 윙윙대면서 톡 쏘아붙이는 탓에 더는 앉아 있을 수 없었다.

다음날 아침, 퐁텔리에 씨는 부둣가의 기선으로 가는 마차를 타야 할 시간에 맞춰 눈을 떴다. 그는 일 때문에 도시로 돌아가야 해서 가족들은 돌아오는 토요일까지 남편이자 아빠를 이 섬에서는 볼 수 없었다. 퐁텔리에 씨는 간밤에 다소 상했던 마음에 평정심을 되찾았다. 그는 캐론델릿 스트리트[7]에서의 한 주를 멋지게 보낼 생각에 한껏 부풀어서 빨리 떠나고픈 마음이 간절했다.

퐁텔리에 씨는 전날 밤, 클라인 호텔에서 딴 돈의 절반을 아내에게 건네주었다. 보통 여자들이 그렇듯 퐁텔리에 부인도 돈을 좋아했다. 그녀는 아주 만족하며 남편이 주는 돈을 받았다.

"이 돈으로 자넷의 결혼 선물을 푸짐히 살 수 있겠어요."

그녀는 이렇게 소리치고 구겨진 지폐를 펴서 하나하나 세어 나갔다.

"아! 여보, 처제에게는 그보다 더 좋은 걸 해줘야지."

퐁텔리에 씨는 부인에게 작별의 키스를 하려다 웃음을 터트렸다.

---

7. 뉴올리언스의 중심 상업 지구.

두 아이들은 바닥을 뒹굴고 아버지의 다리에 매달리며 돌아올 때 이것저것 가져오라고 졸랐다. 퐁텔리에 씨는 인기가 아주 많았다. 남자들과 부인들, 아이들은 물론이고 심지어 보모들까지도 언제나 잘 다녀오라고 인사하며 직접 배웅을 했다. 퐁텔리에 부인은 남편이 탄 마차가 모랫길 아래를 내달려 보이지 않을 때까지 미소를 띤 표정으로 손을 흔들며 서 있었고, 아이들도 크게 소리를 질렀다.

며칠 후, 뉴올리언스에서 퐁텔리에 부인 앞으로 상자 하나가 배달되었다. 남편이 보낸 것이었다. 상자 안에는 달콤하고 맛있는 먹을거리로 가득했다. 최고급 과일, 파이, 진귀한 술 두어 병, 맛있는 시럽 그리고 사탕들로 넘쳐 났다.

퐁텔리에 부인은 남편이 보내는 이런 상자 속 내용물에 언제나 별 트집을 잡지 않았다. 그녀는 도시로 나가 있는 남편이 보내온 이런 것을 받는 데 익숙했다. 파이와 과일은 부엌으로 보내고, 사탕은 이 집 저 집으로 돌렸다. 이웃 부인들은 저마다 욕심을 내어 맛있는 사탕을 고르면서 한결같이 퐁텔리에 씨가 이 세상에서 제일 멋진 남편이라고 추켜세웠다. 퐁텔리에 부인은 어느 누구보다도 그 사실을 잘 알고 있다고 인정할 수밖에 없었다.

4

퐁텔리에 씨는 아내가 아이들에게 해야 하는 엄마의 역할을 어떤 점에서 다하지 않았는지 자기 자신은 물론 누구한테든 납득이 가도록 설명하는 것이 어려웠다. 그는 그것을 정확히 알고 있다기보다는 그저 막연하게 느끼기만 할 뿐이었다. 그런 느낌을 입 밖으로 말하고 나면 후회가 밀려들었고, 그렇게 경솔하게 말한 자신의 행동에 대해 마땅한 보상을 해야만 했다.

퐁텔리에 씨의 두 꼬마는 놀다가 넘어져도 달래 주길 바라는 마음에 울면서 엄마 품에 달려드는 아이들이 아니었다. 오히려 혼자 힘으로 다시 일어나, 눈물을 닦고, 입에 묻은 모래를 털어 낸 다음, 계속 뛰어 놀았다. 그런 아이들이었기에 두 형제는 서로 사이좋게 지냈으며, 친구들과 주먹 쥐고 목소리 높여 싸울 때도 절대 물러서는 법이 없었다. 둘은 대체로 다른 집 마마보이들에게 지는 법이 없었다. 두 아이들은 쿼드룬 보모를 그저 조끼나 바지 단추를 채워 주고 머리를 빗겨 주는 사람 정도로만 생각했을 뿐, 아주 귀찮아했다. 당시에는 머리를 반드시 가르마 타서 빗질을 해야 한다는 사회적 관습이 있었다.

간단히 말해, 퐁텔리에 부인은 모성애가 강한 여성은 아니었다. 그해 여름 그랜드 섬에 모인 여자들은 대부분 모성애가 강한 엄마들이었다. 그런 엄마들은 쉽게 눈에 띄었는데, 소중한 자기 자식들에게 어떤 위험이라도 닥쳐올라치면 실제로든 상상이든 보호의 날개를 활짝 펼쳐 퍼덕거리고 다녔다. 그런 여자들은 자식을 우상처럼 떠받들고 남편을 숭배하며 한 개인으로서의 자기 자신은 지워 버린 채 가정의 수호천사로서 두 날개를 펴는 역할을 무슨 숭고한 특권쯤으로 여겼다.

많은 여인들이 이런 역할을 달갑게 받아들였는데, 특히 여성스러운 우아함과 매력을 실제로 구현하고 있는 부인이 한 명 있었다. 만약 이 부인의 남편이 그런 자기 아내를 숭배하지 않는다면, 그 남자는 서서히 고문을 받아 죽어 마땅한 짐승과도 같은 사람일 것이다. 이 부인의 이름은 아델 래티뇰이었다. 옛날 연애 소설의 여주인공 혹은 우리가 꿈속에서 보았을 법한 아름다운 여인을 묘사하기 위해 자주 쓰던 말을 빌리지 않고는 이 부인의 아름다움을 설명할 길이 없었다. 그녀의 매력은 알아보기 힘들거나, 겉으로 드러나지 않는 것도 아니었다. 그것은 찬란하게 빛을 발하며 온전히 선명하게 드러나 있었다. 빗이나 핀으로는 고정시킬 수 없을 정도로 풍성한 금빛 머리카락, 사파이어 같은 푸른 눈, 샐쭉한 입술은 어찌나 붉은지, 그것을 보는 사람은 체리나 다른 맛있는 진홍색 과일을 떠올렸다. 부인은 점점 몸이 불어나고 있었지만 걸음걸이, 자세, 손동작에서 풍겨 나오는 우아함은 조금도 변함이 없었다. "부인의 새하얀 목이 지금보다 조금만 가늘었다면…, 매끈한 팔이 조금만 더 가늘었으면 좋으련만…" 하고 말하는 사람은 아무도 없었다. 래티뇰 부인보다 섬세한 손을 가진 사람은 없었다. 그래서 사람들은 부인이 아이들의 잠옷을 꿰매거나 여성들이 입는 웃옷이며 턱받이를 만들려고 바늘에 실을 끼우는 모습, 혹은 가느다란 가운뎃손가락에 금색 골무를 끼우는 모습을 보는 것만으로도 즐거워했다.

래티뇰 부인은 퐁텔리에 부인을 좋아해서 오후가 되면 종종 바느질감을 가지고 와 함께 시간을 보냈다. 뉴올리언스에서 상자가 도착한 날에도 래티뇰 부인은 퐁텔리에 부인과 함께 있었다. 그녀는 흔들의자를 차지하고 앉아 아주 작은 잠옷을 꿰매느라 정신이 없었다.

래티뇰 부인은 잠옷 견본을 가지고 와서 퐁텔리에 부인에게도 재단을 권유했다. 모양이 아주 신기한 이 잠옷은 에스키모 인의 옷처럼 아기의 몸을 완전히 꽁꽁 싸매고 오직 두 눈만 보이도록 만들었다. 굴뚝으로 무서운 바람이 들어오거나 열쇠 구멍을 통해 매서운 추위가 살그머니 들어올 때를 대비해 만든 동절기 옷이었다.

퐁텔리에 부인은 아이들에게 필요한 물품에 대해 현재 별로 걱정하지 않았고, 더군다나 겨울밤에 입을 옷을 여름부터 미리 예상하고 만들 필요는 없다고 생각했다. 하지만 래티뇰 부인에게 무뚝뚝하다거나 무관심하다는 느낌은 주고 싶지 않아서 신문을 가져와 현관 베란다 바닥에 펼쳐 놓고 래티뇰 부인이 하라는 대로 공기조차 통하지 않을 옷감에서 본을 잘랐다.

로버트도 그 옆에서 지난 일요일에 앉았던 자세를 취하고 있었으며, 퐁텔리에 부인 또한 그날처럼 맨 위 계단에 앉아 느긋하게 기둥에 몸을 기대고 있었다. 자기 옆의 사탕 상자를 이따금씩 래티뇰 부인에게 건네곤 했다.

래티뇰 부인은 어떤 맛을 고를까 망설이는 듯하더니 결국 누가 맛 사탕을 고르고는 너무 달지 않을까, 혹시 몸에 나쁘지는 않을까 걱정했다. 래티뇰 부인은 7년 전에 결혼을 해서 2년 터울로 아이를 낳았다. 부인은 아이가 셋이었는데 이제 막 넷째 아이를 기다리는 중이었다. 래티뇰 부인은 항상 자신의 "임신 상태"에 대해 이야기 했다. 그녀의 "임신 상태"는 겉으로는 티가 나지 않아서 본인이 계속 그 문제를 화두에 올리지 않으면 아무도 알아채지 못했다.

로버트는 래티뇰 부인을 안심시키려고 자기가 전에 알던 어떤 부인이 임신 기간 내내 누가 사탕을 입에 달고 살았다는 얘기를 하다가 퐁텔리에 부인의 얼굴이 붉어지는 것을 보고는 얼른 화제를 다른 데로 돌렸다.

퐁텔리에 부인은 자신이 크리올[8] 사람과 결혼했지만 그 사람들 속에서 마음이 편치 않았으며 지금까지 한 번도 그들과 친하게 어울린 적이 없었다. 그해 여름 르브랭 별장에는 모두 크리올 사람들뿐이었다. 이들은 모두 서로 잘 알고 있었고, 마치 대가족인 양 매우 친근한 관계를 맺고 있었다. 퐁텔리에 부인의 마음속에 뚜렷하게 남아 있는 크리올 사람들의 특징은, 그들이 고상한 척하지 않는다는 점이었다. 처음에는 그들이 자신의 생각을 너무나 자유롭게 말하는 모습에 적잖이 놀랐지만, 이런 행동이 태어날 때부터 크리올 여인이 간직해 온 고귀한 순결함과 조화를 이룬다는 사실을 이내 깨달았다.

에드나 퐁텔리에는 래티뇰 부인이 매우 끔찍했던 분만 과정을 노

---

8. 미국의 프랑스계 이민자와 흑인 사이에서 태어난 혼혈아.

신사 파히발 씨에게 가감 없이 상세히 얘기하는 것을 들었을 때의 충격을 잊을 수 없을 것이다. 그녀는 그런 충격에 점점 익숙해졌지만 양 볼이 붉어지는 것을 막을 수가 없었다. 로버트는 자신의 얘기를 너무나 재미있어 하는 결혼한 부인들 앞에서 조잘거리다가도 퐁텔리에 부인만 나타나면 입을 다물어 버리는 경우가 많았다.

그랜드 섬의 펜션에 모인 사람들끼리 책 한 권을 돌려 가며 읽은 적이 있었다. 자신의 차례가 되어 책을 받은 에드나는 속으로 무척이나 놀랐다. 아무도 모르게 혼자 있을 때 그 책을 읽고 싶었지만, 누구도 그렇게 하는 사람은 없었다. 에드나는 누가 다가오는 발소리만 들려도 책을 숨기고픈 심정이었다. 그러나 다른 사람들은 식탁에 둘러 앉아 터놓고 자유롭게 토론을 벌였다. 퐁텔리에 부인은 더 이상 놀라지 않기로 했다. 앞으로 놀랄 일은 끝도 없을 거라 결론지었다.

5

그해 여름의 어느 오후, 세 사람은 그곳에 그렇게 둘러앉아 화기애애한 모임을 이어갔다. 래티뇰 부인은 바느질을 하다가도 잠시 멈추고는 요리조리 손짓 해가며 어떤 얘기나 사건을 맛깔스럽게 들려주곤 했다. 로버트와 퐁텔리에 부인도 간혹 말을 주고받으며 눈빛과 미소를 교환하면서 한가로이 앉아 있었는데, 이런 행동으로 보아 둘 사이가 어느 정도 가까워졌고 돈독해졌음을 알 수 있었다.

로버트는 지난 달 내내 퐁텔리에 부인의 그림자처럼 붙어 지냈다. 그럼에도 이런 모습을 이상하게 생각하는 사람은 아무도 없었다. 로버트가 그랜드 섬에 왔을 때, 이미 많은 사람들은 그가 퐁텔리에 부인에게 흠뻑 빠질 거라는 것을 예견하고 있었다. 11년 전, 그러니까 15살 때부터 로버트는 매해 여름 그랜드 섬에 올 때마다 아름다운 부인이나 몇몇 아가씨들의 충실한 수행원 노릇을 자청해 왔다. 어느 때는 그 대상이 어린 소녀였다가 또 어떤 때는 미망인으로 바뀌곤 했지만, 대부분 결혼한 부인이 관심 대상이 되었다.

언젠가 로버트는 두 해 여름을 꼬박 듀비네 양과 붙어 다니며 즐거운 한 때를 보낸 적이 있었다. 그러나 듀비네 양은 그 다음 해 여름이 오기 전 세상을 떠났다. 당시 로버트는 누구에게도 위로 받을 수 없을 만큼 상심에 빠져 래티뇰 부인의 발아래 엎드려 그녀의 진심 어린 동정과 위로의 말에 자신을 순순히 내맡겼다.

퐁텔리에 부인은 완전무결한 성모 마리아를 올려다보듯 이 아름다운 친구를 바라보며 앉아 있는 걸 좋아했다.

로버트는 이렇게 중얼거렸다.

"저런 아름다운 외모의 이면에 잔인함을 숨기고 있다는 걸 어느 누가 알겠어요? 제가 좋아하고 있다는 걸 눈치 챈 래티뇰 부인은 모르는 척 저 혼자 좋아하도록 그냥 내버려 두는 거예요. '로버트, 이리 와 봐요, 저리 가요, 일어서요, 앉아요, 이것 좀 해줘요, 저것 좀 해주세요, 아기가 잠들었는지 좀 봐줄래요? 내 골무 좀 찾아 줘요, 어디에 됐는지 모르겠어요. 내가 바느질 하는 동안 이리 와서 알퐁스 도데의 소설 좀 읽어 주세요' 하는 식으로 말이죠."

"세상에! 내가 해 달라고 한 게 아니잖아요. 언제나 내 발 밑에 와서 성가신 고양이처럼 굴었던 게 누군데요."

"당신을 몹시 따르는 강아지 같았단 말씀이죠? 그러다 래티뇰 씨 모습이 보이기만 하면 바로 강아지한테 말하듯 했어요. '그만 좀 해요! 잘 가요! 저리 가라고요!'"

"혹시라도 알퐁스가 질투를 느낄까 봐 걱정이 되서 그런 거예요."

이처럼 래티뇰 부인이 너무나 태연스럽게 말하자, 모두들 그녀의 말에 웃음을 터뜨렸다. 오른손이 왼손을 질투하는도다! 심장이 영혼을 질투하는도다! 하지만 이런 문제와 관련해 질투심이란 크리올 남편에게는 너무나 생소한 거였다. 그녀의 남편은 그런 감정을 워낙 느껴 본 적이 없어, 질투심이란 그냥 썩어 사라질 열정에 불과했다.

그러는 사이 로버트는 퐁텔리에 부인에게 계속 자신의 얘기를 하며 말을 걸었다. 자기가 한때 래티뇰 부인에게 가망도 없는 열정을 쏟아 부었고 그 때문에 몇 날 밤잠을 못 이루었으며, 사랑의 열기를 식히려고 매일 바다에 뛰어들어 바닷물이 끓어올랐다는 이야기였다. 그렇지만 래티뇰 부인은 바느질을 하면서도 중간 중간 한두 마디 로버트를 무시하는 말을 내뱉었다.

"익살꾼, 개그맨, 이런 엉터리! 그만하세요!"

로버트는 퐁텔리에 부인과 단둘이 있을 때는 이처럼 진지하면서도 우스꽝스러운 말투로 말하는 법이 없었다. 그래서 그녀는 이런 말투를 어떻게 받아들여야 할지 몰랐다. 순간, 어디까지가 농담이고 어디까지가 진담인지 헷갈렸다. 로버트가 그저 별 생각 없이 래티뇰 부인에게 사랑 어쩌고 하는 말들을 툭툭 던졌을 거라고 생각했다. 로버트가 자기에게는 그런 행동을 하지 않는 것에 에드나는 안심했다. 만약 그랬다 해도 자신은 그런 행동을 받아 주지 않았을 테고, 화를 냈을 것이다.

퐁텔리에 부인은 스케치 도구들을 가지고 왔다. 가끔 취미 삼아 서툴게나마 그림을 그렸는데, 그런 식으로 가볍게 그리는 게 좋았다. 이것은 어떤 일에서도 느껴 보지 못했던 일종의 만족감을 가져다주었다.

오래전부터 퐁텔리에 부인은 래티뇰 부인을 직접 그려보고 싶었다. 그날, 해질녘의 어스름한 빛줄기 속에서 래티뇰 부인의 빛나는 혈색은 더욱 찬란해 보였다. 관능미 넘치는 성모 마리아처럼 앉아 있는 래티뇰 부인만큼 매력적인 대상은 또 없을 것이다.

로버트는 퐁텔리에 부인이 앉아 있는 계단 아래로 건너가 앉았다. 그 자리에서는 부인의 그림을 볼 수 있었다. 그녀는 자유자재로 붓을 다뤘는데, 이는 오랜 시간 붓을 가까이 해서가 아닌 타고난 재능이었다. 그녀의 그림을 꼼꼼히 살피던 로버트는 래티뇰 부인에게 경탄의 말을 프랑스어로 말했다.

"대단해요! 정말 멋지게 그리고 있군요. 소질이 있으세요."

로버트는 자기도 모르게 퐁텔리에 부인의 팔에 한 차례 슬며시 머리를 기댔다. 부인은 그의 머리를 조용히 옆으로 밀어냈다. 로버트는 그러한 무례를 부인에게 다시 한 번 반복했다. 퐁텔리에 부인은 로버트가 철이 없어서 그렇다고 생각했지만 무조건 눈감아 줄 이유 는 없었다. 부인은 달리 충고의 말은 하지 않고 그저 다시 한 번 조 용하면서도 단호하게 로버트를 밀어냈다. 로버트는 사과의 말 한마 디 하지 않았다.

완성된 그림은 래티뇰 부인과 닮은 구석이 하나도 없었다. 래티 뇰 부인은 그림이 자신의 모습과 비슷하지 않다는 사실에 실망스러 웠다. 그래도 그 그림은 꽤 멋있고 여러 면에서 만족스러웠다.

하지만 퐁텔리에 부인은 확실히 그렇게 생각하지 않는 듯했다. 그림을 요모조모 뜯어보더니 결국 물감을 캔버스 위에 스윽 휘갈긴 다음 두 손에 종이를 마구 꾸겨 넣었다.

아이들이 우당탕 계단을 뛰어올라 왔다. 쿼드룬 보모는 아이들 이 저들 옆에서 좀 떨어져 달라고 했기 때문에 거리를 두어 뒤따라 오고 있었다. 퐁텔리에 부인은 아이들에게 엄마가 그린 그림과 화구 들을 집안으로 갖다 놓으라고 했다. 그녀는 아이들이 자기와 잠깐 앉 아서 재미있는 이야기나 대화를 하기 바랐다. 하지만 애들은 선물을 찾는 데 열중해 있었다. 두 녀석 모두 사탕 상자에 무엇이 들었는지 에만 관심이 있을 뿐이었다. 양 손 가득 사탕을 받을 헛된 희망을 품 고, 토실토실한 두 손을 국자 모양으로 모아 내밀었으나, 엄마가 골 라 주는 대로 군말 없이 사탕을 받아 챙긴 다음, 그들은 자리를 떴다.

어느덧 해는 서쪽으로 낮게 기울었고, 남쪽에서 불어오는 부드럽 고 나른한 미풍이 유혹적인 바다 냄새와 한데 어우러졌다. 주름 잡힌 소매 옷을 입은 아이들은 게임을 하러 검참나무 밑으로 모여들었다. 아이들의 들뜬 목소리가 대기를 온통 수놓았다.

래티뇰 부인은 바느질감을 접고 골무와 가위, 실을 두루마기에 한 데 모아 가지런히 정리한 다음 핀으로 단단히 고정시켰다. 부인은 어지러움을 호소했다. 퐁텔리에 부인은 서둘러 쾰른수와 부채를 가져왔다. 그녀가 쾰른수로 래티뇰 부인의 얼굴을 닦아주는 동안 로버트는 지나치다 싶을 정도로 열심히 부채질을 했다.

래티뇰 부인의 현기증은 곧 사라졌지만, 퐁텔리에 부인은 래티뇰 부인의 어지럼증이 적잖은 상상에서 비롯된 것일지도 모른다는 생각이 들었다. 왜냐면 친구의 얼굴에서 장밋빛 홍조가 사라질 기미가 보이지 않았기 때문이다.

퐁텔리에 부인은 자리에서 일어나 이 아름다운 여인이 계단을 내려가는 모습을 지켜보았다. 래티뇰 부인은 여왕이나 취할 법한 우아하고 위엄 있는 자태로 길게 이어진 복도를 따라 걸어가고 있었다. 래티뇰 부인의 귀여운 아이들이 제 엄마에게 뛰어 들어왔다. 두 녀석이 동시에 엄마의 흰색 치마에 매달렸고, 엄마는 보모에게 건네받은 셋째 아들을 쓰다듬고 뽀뽀를 해주며 팔로 감싸 안았다. 하지만 모두 다 알다시피 의사는 그녀에게 바늘 하나조차 들지 말고 했다.

"수영 하러 갈 거죠?"

로버트가 퐁텔리에 부인에게 물었다. 그것은 몰라서 물어보는 말이라기보다는 독촉하는 말이었다.

"아, 아뇨. 피곤하네요. 가지 않으려고요."

퐁텔리에 부인이 우물쭈물 대답했다.

부인은 로버트의 얼굴을 빤히 쳐다보다가 바다 쪽으로 눈을 돌렸다. 멕시코만[9]에서부터 울려 퍼지는 철썩거리는 파도 소리가 그녀에게는 달콤하면서도 강요하는 구애 소리로 전해졌다.

"이런, 가야죠! 수영을 거르면 안 돼요. 가요. 물에 몸을 담그면 기분이 좋아질 거예요. 건강에 좋을 거예요. 어서 가요."

로버트는 고집을 부렸다.

그는 문 밖에 박아 둔 걸이 못에 손을 뻗어 부인의 커다란 짚 모자를 꺼내 그녀의 머리에 씌워 주었다. 두 사람은 계단을 내려가 해변을 향해 함께 걸었다. 태양은 서쪽으로 뉘엿뉘엿 저물어 갔으며, 산들바람이 따스하고 상쾌하게 불어왔다.

6

에드나 퐁텔리에는 자신이 왜 그랬는지 설명할 수 없었다. 로버트와 해변에 같이 가고 싶으면서도 처음에는 왜 거절했는지, 그리고 로버트가 다시 한 번 제안했을 때 왜 자신을 몰아붙이던 두 가지 모순된

---

9. 미국, 멕시코, 쿠바로 둘러싸여 있는 바다.

욕구 중 하나가 이끄는 대로 했는지 말이다.

알 수 없는 어떤 한 줄기 빛이 그녀의 마음속에서 어슴푸레 비쳐 오기 시작했다. 길을 보여주는 동시에 가로막기도 하는 그런 빛이.

처음에 그녀는 당황스럽기만 했다. 마음속 그 빛은 그녀를 꿈꾸게 했고, 생각을 하게 만들었으며, 눈물로 범벅이 되었던 그날 밤 자신을 짓눌렀던 바로 그 아련한 고뇌로 빠져들게 했다.

한마디로, 퐁텔리에 부인은 한 인간으로서 이 우주 공간에서 자신의 위치를 깨닫기 시작했던 것이다. 그리고 한 개인으로서 자기의 내면세계와 주변과의 관계에 대해 생각했다. 스물여덟 젊은 여자의 마음에 파장을 일으킨 이러한 '깨달음'은 대단히 무거운 것처럼 보일지 모른다. 아마도 성령이 뭇 여인들에게 내려 주는 지혜보다 더 큰 것이리라.

하지만 어떤 것의 시작, 특히 세상이 처음 열릴 때는 모든 것이 분명치 않고 뒤죽박죽 섞여 혼란스럽고 어지러운 게 당연하다. 우리 중 몇이나 그런 혼란스런 시작에서 빠져 나왔겠는가! 얼마나 많은 영혼들이 그런 소란 속으로 사라지고 마는가!

바다가 만들어 내는 소리는 유혹적이다. 끊임없이 속삭이고, 포효하며, 고독의 심연에서 영혼이 잠시 방황하도록 초대하며, 내적인 사유의 미로 속에서 길을 헤매도록 이끈다.

바닷소리가 영혼에게 말을 건다. 바다의 감촉은 관능적이다. 부드럽고 친근한 포옹으로 육체를 감싸 안는 순간에.

7

퐁텔리에 부인은 속내를 털어놓는 성격이 아니었다. 남에게 마음을 털어놓는다는 것은 생각할 수 없는 일이었다. 어릴 때도 그녀는 마음속에 자기만의 작은 삶을 만들어 놓고 그것을 꽁꽁 가두곤 했다. 겉으로는 순응하는 듯 보였어도 속으로는 언제나 회의를 품는 이중적인 삶을 아주 어린 나이에 본능적으로 터득했다.

그해 여름, 그랜드 섬에서의 퐁텔리에 부인은 언제나 자신을 감싸고 있던 침묵의 외투를 조금씩 벗기 시작했다. 그녀가 그렇게 행동하도록 이끄는 미묘하면서도 뚜렷한 영향력이 있을 거라고, 아니, 틀림없이 있다고 생각되었는데, 그건 분명 아델 래티뇰이었다. 에드나는 아름다움에 민감한 감수성을 지니고 있어서 처음에는 이 크리올 여자의 매력적인 외모에 마음이 끌렸다. 게다가 래티뇰 부인의 온몸에서 묻어나는 솔직함은 누구라도 읽어 낼 수 있었는데, 이런 솔직한 모습은 에드나 자신의 습관적인 침묵과 상당히 대조적인 것이었다. 아마 이런 점이 그들 사이에 연결고리를 만들어 주었으리라. 우리가 공감이라 부르는, 아니, 사랑이라 할 수 있는 미묘한 유대감을 강화시키기 위해 신들이 어떤 물질을 사용하는지 어느 누가 알 수 있겠는가.

어느 날 아침, 두 여인은 커다란 흰 색 양산을 쓰고 나란히 팔짱을 낀 채 해변으로 갔다. 에드나는 래티뇰 부인에게 아이들을 두고 가자고 설득해 그렇게 하기로 했지만 바느질감은 포기시킬 수 없었다. 아델이 그것을 주머니 깊숙이 꼭 넣어 가고 싶다고 졸랐기 때문이다. 뭐라 설명하기는 어렵지만, 어쨌거나 두 여인은 로버트의 눈길에서 벗어나게 되었다.

해변으로 가는 길은 멀기도 했지만 모랫길인데다, 양쪽으로 수풀이 여기저기 엉켜 있어 걷기가 여간 힘든 게 아니었다. 길 양쪽에는 노란 카밀레 꽃이 드넓게 펼쳐져 있었고, 더 먼 곳은 온통 채소밭으로 그 사이사이에 오렌지 나무와 레몬 나무가 소규모로 재배되고 있었다. 저 멀리 짙은 초록의 무리들이 햇빛을 받아 반짝거렸다.

두 여인 모두 키가 꽤 큰 편이었다. 래티뇰 부인이 좀 더 여성스럽고 품위 있는 외모라고 한다면, 에드나의 신체적 매력 또한 상대의 마음을 단번에 사로잡기에 충분했다. 선이 길고 늘씬하면서도 균형 잡힌 그녀의 몸매는 때로 눈이 부실 정도로 당당한 자세를 만들어 냈다. 그녀에게는 최신 유행의 정돈되고 틀에 박힌 패션의 흔적을 볼 수 없었다. 눈썰미가 없는 사람은 스쳐 지나가는 그녀의 모습을 되돌아보지는 않겠지만, 감각이나 안목이 있는 사람이라면 그녀의 고귀한 미모와 우아하고 절제 있는 자세며 행동거지를 알아챌수 있을 것이다. 이것이 바로 에드나 퐁텔리에가 일반 사람과 차별화된 모습이었다.

그날 아침, 에드나는 시원한 모슬린 옷을 입고 있었다. 흰 바탕에 수직의 갈색 물결선이 연속적으로 이어진 옷에 하얀 색 리넨 소재의 칼라를 달고, 문밖 걸이 못에서 가져온 챙이 넓은 짚 모자를 쓰고 있었다. 황갈색 머리에 걸친 모자는 바람에 계속 펄럭거렸지만 모자의 무게 덕분에 머리에 잘 붙어 있었다.

래티뇰 부인은 안색에 신경이 쓰여 머리 주위에 거즈 천의 얇은 베일을 둘렀다. 그리고 손목까지 올라오는 긴 개가죽 장갑을 끼고 있었다. 순백색에 솜처럼 부드러운 프릴이 달린 옷은 그녀에게 잘 어울렸다. 주름진 옷이며 하늘하늘한 장식물들은 옷의 간소한 선으로는 표현할 수 없었을 풍성하고 화려한 래티뇰 부인의 미모를 더욱 돋보이게 해주었다.

해변을 따라 탈의장이 줄지어 있었다. 겉보기에는 대충 지어진 듯했으나 그런대로 견고한 건조물이었고, 자그마한 베란다가 딸려 있어 파도까지 막아 주었다. 탈의장마다 두 개의 칸으로 나누어져 있었다. 르브랭 가는 각 가정마다 탈의장의 한 칸을 차지한 채, 그곳에 수영에 필요한 자잘한 소품들과 여러 생활 용품들을 보관하고 있었다. 두 여인은 수영할 생각이 없었다. 그저 산책을 할 겸 그리고 바닷가에서 조용히 있고 싶기도 해서 한가로이 해변의 물가로 걸어 내려왔다. 퐁텔리에 가족과 래티뇰 가족에게 배당된 칸은 같은 지붕 아래 나란히 붙어 있었다.

퐁텔리에 부인은 여느 때처럼 습관적으로 자신의 방 열쇠를 가지고 나왔다. 그녀는 탈의장 문을 열고 들어가서 곧바로 양탄자를 가지고 나와 베란다 바닥에 깔아 두었다. 그런 다음 삼베 커버의 커다란 베개 두 개를 현관 앞에 놓았다.

두 여인은 현관 그늘에 나란히 자리를 잡고 앉아 베개에 등을 기대고 다리를 앞으로 쭉 뻗었다. 래티뇰 부인은 베일을 벗은 다음 부드러운 손수건으로 얼굴을 닦고 부채질을 했다. 폭이 좁고 기다란 리본이 달린 그 부채는 늘 부인의 몸에 달린 채 어딜 가든 떨어지는 법이 없었다. 에드나는 목에서 칼라를 떼어내고 드레스의 목 뒤쪽 단추를 풀었다. 그녀는 래티뇰 부인의 부채를 가져다가 자신과 친구에게 번갈아 부채질을 하기 시작했다. 무더운 날씨였다. 잠시 동안 그들은 아무 하는 일 없이 더위, 태양, 눈부신 햇빛에 대한 대화를 나누었다. 산들바람이 부드럽게 불어오더니 갑자기 변덕을 부리듯 세찬 바람으로 변해 거센 바다 거품을 일으켰다. 바람에 두 여인의 치마가 펄럭거렸다. 그들은 잠시 치마 매무새를 이리저리 만지고 머리핀과 모자핀을 다시 단단히 고정시켰다. 바다 저 멀리서 몇 사람들이 시합을 하고 있었다. 그 시간 해변은 매우 적막했다. 검은 옷을 입은 한 여인이 근처 탈의장 현관에 앉아 아침 기도문을 읽고 있었다. 아이들을 위해 세워 놓은 텐트 아래에는 아이들이 없는 틈을 타 젊은 남녀가 서로 연정을 나누고 있었다.

에드나 퐁텔리에는 주변을 둘러보다가 마침내 바다로 시선을 고정시켰다. 화창한 날씨에 저 멀리 파란 하늘이 닿는 곳까지 선명히 보였다. 수평선 위로 하얀 뭉게구름 몇 점이 한가로이 걸려 있었고, 캐트 섬[10]을 향해 커다란 삼각 돛단배 한 척이 떠가고 있었다. 그러나 저 멀리 남쪽으로 떠가는 배들은 거의 정지해 있는 듯 했다.

"뭘 그렇게 생각해요? 생각나는 사람이 누가 있어요?"

---

10. 서인도제도 바하마 중앙에 위치한 좁고 긴 섬으로 관광 휴양지로 유명하다.

아델이 옆의 친구에게 물었다. 뭔가에 정신없이 빠진 표정으로 조각상처럼 꼿꼿이 앉아 있는 친구의 모습에 다소 재미있다는 듯 친구를 바라보았다.

"아무 생각도 안 해요."

흠칫 놀란 퐁텔리에 부인은 이렇게 대답하고 바로 말을 이었다.

"어리석은 대답이군요! 그런 질문을 받으면 보통 그렇게들 답하잖아요. 뭐랄까……"

에드나는 머리를 뒤로 젖히고 가느다랗게 실눈을 만들었지만 초롱초롱한 두 눈에서는 강렬한 빛이 뿜어져 나왔다.

"글쎄요, 저는 무슨 생각을 하고 있었다는 사실조차 몰랐어요. 그래도 어떤 생각을 하고 있었는지 다시 더듬어 볼게요."

"아! 괜찮아요."

래티뇰 부인이 깔깔대며 웃었다.

"난 그렇게 깐깐한 사람이 아니에요. 이번엔 그냥 넘어가 줄게요. 날이 너무 더워서 생각하는 자체가 힘든데, 더구나 생각했던 걸 더듬어 내기란 더욱 그렇죠."

"그래도, 재밌잖아요."

에드나가 고집을 부렸다.

"우선 저토록 끝없이 펼쳐진 물의 광경과 파란 하늘을 마주하고 잔잔히 떠 있는 배들이 마치 기분 좋은 한 폭의 그림 같아, 그저 가만히 앉아서 바라보고 싶었어요. 어떤 관련성이 있는지는 모르겠지만, 뜨거운 바람이 뺨을 스치자 켄터키 지방의 어느 여름날이 생각났어요. 저 대양만큼 넓게 느껴졌던 풀밭과 자기 허리보다 훌쩍 더 키가 큰 풀 사이로 걷고 있는 어린 소녀의 모습. 그 소녀는 수영하는 것처럼 두 팔을 쭉 펴고 물속을 헤엄치듯 높이 자란 풀들을 툭툭 치면서 걸어갔어요. 아, 이제야 왜 그때 생각이 났는지 알겠네요."

"그날 켄터키의 풀밭을 지나 어디로 가고 있었나요?"

"그건 기억이 안 나요. 대초원을 대각선으로 가로질러 그냥 걷고 있던 중이었다는 것만 생각나요. 모자에 가려 주변 광경이 잘 보이지 않았어요. 눈앞에는 그저 풀들만 쭉 펼쳐져 있었죠. 그래서 난 영원히 끝이 없을 듯한 그 길을 언제까지나 계속 걸어야만 할 것 같은 생각이 들었어요. 겁이 났었는지, 즐거웠었는지조차 생각나지 않아요. 분명 기분이 좋은 쪽이었을 거예요……. 아마 일요일이던 것 같아요."

퐁텔리에 부인이 소리 내어 웃으며 말을 이었다.

"저는 교회를, 그러니까 장로교 예배를 피해 슬쩍 빠져나왔어요. 지금 생각해봐도 아버지가 기도문을 읽는 목소리는 너무 우울했고 소름이 돋을 정도로 오싹했어요."

"에드나, 그 이후로도 교회에서 도망쳤나요?"

래티뇰 부인이 흥미롭다는 듯 물었다.

"아뇨, 아, 아니요."

에드나는 서둘러 답했다.

"그때 저는 잘못된 충동에 이끌려 별 생각 없이 행동하던 철없는 어린애였어요. 하지만 그때와는 정반대로 제 인생에서 종교가 저를 지탱해주던 시기도 있었어요. 열두 살 이후로 언제까지일까, 음, 아마도 지금 이 순간까지도 그럴 거예요. 언제까지인지는 깊이 생각해보지 않았지만 그저 습관적으로 이끌려 온 것 같아요."

에드나는 잠시 말을 멈추고 래티뇰 부인을 슬쩍 쳐다보았다. 그러고는 친구의 얼굴 가까이 몸을 숙이며 말했다.

"그런데요, 올 여름에는 가끔씩 마치 그때 그 푸른 초원을 다시 걷고 있는 듯한 생각이 들어요. 아무런 생각 없이 아무데나 정처 없이 한가롭게 혼자 걷고 있는 기분이에요."

래티뇰 부인이 옆에 있는 에드나의 손을 잡았다. 에드나가 손을 빼지 않고 가만히 있자, 그녀는 더 꼭 다정하게 잡아 주었다. 그리고 다른 한 손까지도 에드나의 손을 살살 어루만지며 낮은 소리로 말했다.

"가여운 내 친구."

래티뇰 부인의 이런 행동에 에드나는 순간 당황했지만, 이내 이 크리올 여인의 부드러운 손길에 자신을 맡겼다. 에드나는 자기 자신에게든 다른 사람에게든 이렇게 겉으로 감정을 드러내거나 말로 애정을 표현하는 방식이 어색했다. 여동생 자넷과는 습관처럼 무던히 싸우며 자랐다. 언니 마가렛은 점잖고 품위가 있는 여성이었는데, 아마도 일찍이 어머니를 여읜 탓에 어려서부터 침착했고 안주인으로서의 책임을 느꼈던 모양이다. 언니는 감성적이기보다 현실적이었다. 에드나는 가끔 친구들과 어울렸는데, 우연인지 모르겠지만 친구들 모두 한결같이 그녀처럼 말수가 적고 내성적인 애들이었다. 에드나는 이런 자기 성격이 상당 부분, 아마 거의 전부 다 친구들의 영향이라는 사실을 전혀 눈치 채지 못했다. 학교에서 에드나의 제일 친한 친구는 남다른 지적 재능에다 글쓰기 솜씨가 뛰어났다. 친구의 글을 읽고 감동받은 에드나는 친구처럼 되려고 애썼다. 그녀는 친구와 영국 고전 작품에 대해 열띤 토론을 벌이는가 하면 이따금 종교나 정치에 대해 논쟁을 벌이기도 했다.

겉으로 내색은 안하여도 마음속을 괴롭히는 한 가지 기질 때문에 에드나는 종종 당혹해 했다. 아주 어렸을 적, 아마도 물결치는 푸른 들판을 가로지르던 바로 그때 일로, 당시 켄터키 지방에 살고 있던 아버지를 방문한 기병대 장교에게 홀딱 빠져 지내던 기억이 있다. 위엄이 있으면서도 슬픈 눈을 가진 그 장교가 집에 머물고 있는 동안 그의 곁을 떠날 수도 없었고, 이마로 흘러내린 검은 머리카락에 나폴레옹을 닮은 그의 얼굴에서 눈을 뗄 수도 없었다. 그러나 장교는 어느새 그녀의 인생에서 흔적도 없이 사라졌다.

또 한 번은 이웃 농장의 여인을 찾아왔던 젊은 신사에게 마음을 빼앗겨 온 열정을 바친 적도 있었다. 이는 에드나의 가족 모두가 미시시피로 이사를 한 후의 일이었다. 농장 아가씨와 결혼을 약속한 그 젊은 남자는 해가 지면 마가렛을 만나러 마차를 타고 에드나의 집에 오곤 했다. 이제 막 십대로 접어든 꼬마 아가씨였던 에드나는 그 젊은 신사에게 자신이 아무 것도 아닌 정말 무의미한 존재라는 사실을 깨달았다. 이런 생각이 어린 그녀에게 뼈아픈 고통이었다. 그 신사 역시 어느덧 꿈길 속으로 사라지고 말았다.

그러던 어느 날 갑자기 운명의 절정과도 같은 일이 벌어졌을 때 그녀는 이미 성숙한 젊은 여성이었다. 당시 한 유명 비극 배우의 얼굴과 모습을 상상 속에 떠올리며 감성을 자극하던 때였다. 사랑의 열병에 세상의 참된 모습이 보였다. 이루어질 수 없는 사랑은 그녀의 삶을 위대한 열정이라는 고귀한 색채로 채색했다.

에드나는 그 배우의 사진을 액자에 끼워 책상 위에 올려놓았다. 배우의 사진 정도는 다른 사람의 의심이나 비난을 사지 않고 지닐 수 있는 일이었다. (이것은 그녀가 마음속으로 자신의 행동을 정당화시켰던 엉큼한 생각이었다.) 그녀는 사진 속 배우의 모습이 실물 그대로라고 강조하면서 다른 사람들에게 사진을 돌려 가며 보여주었고, 배우의 뛰어난 재능을 찬양하는가 하면 혼자 있는 시간에는 액자의 차가운 유리면에 열정적으로 키스를 퍼붓기도 했다.

그녀가 레옹쎄 퐁텔리에와 결혼한 것은 순전히 우연이었다. 결혼을 하늘의 뜻으로 가장하는 대부분의 사람들처럼 이들 역시 마찬가지였다. 레옹쎄를 만나자, 에드나는 남몰래 엄청난 열정에 빠져 버렸다. 남자들이 으레 그렇듯 레옹쎄도 사랑에 빠졌고, 그는 더 바랄 게 없을 정도로 열과 성의를 다해 청혼을 했다. 레옹쎄 덕분에 에드나는 행복했고, 그의 절대적인 헌신은 그녀의 마음을 흡족하게 해주었다. 그녀는 레옹쎄와 사상이나 취향 면에서 공감대를 형성했다고 생각했지만, 그것은 오해였다. 또한 천주교 신자와 결혼하겠다고 하자, 아버지와 언니 마가렛은 거세게 반대했다. 이로써 우리는 에드나가 퐁텔리에 씨를 남편으로 맞이하게 된 동기에 대해서는 더 이상 찾아

볼 필요가 없는 것이다.

비극 배우와 결혼했더라면 최고의 행복을 맛볼 수 있었겠지만, 그것은 세상이 에드나에게 준 그녀의 운명이 아니었다. 낭만과 꿈의 입구는 영원히 닫혔지만, 그녀는 자신을 아껴 주는 한 남자의 충실한 아내로서 현실 세계에 맞는 확실한 품위를 지켜 가야겠다고 생각했다.

그러나 비극 배우 역시 기병대 장교나 약혼한 젊은 신사를 비롯한 뭇 사내들처럼 그녀의 마음에서 이내 사라져 갔다. 그리고 이제 그녀는 현실에 정면으로 맞서고 있는 자신을 발견했다. 남편이 열정적인 사랑이나 과장된 거짓 온정을 보여주지 않았기 때문에 오히려 안정된 사랑을 할 수 있다는 사실이 마음에 들었고, 그 순간 남편이 점점 좋아지게 되었다.

에드나는 자기 기분 내키는 대로, 충동적인 방식으로 자식에 대한 사랑을 표현했다. 어느 때는 마음을 다해 두 아들을 열렬히 끌어안아 주다가도 어떤 때는 의식 속에서 까맣게 지우기도 했다. 작년 여름 아이들은 이버빌에 사는 친할머니 집에서 잠시 지냈었다. 그곳에서 아이들이 즐겁고 편안하게 지낸다는 생각에 그녀는 안심했다. 가끔씩 끔찍이 보고 싶다는 것만 빼면 그런대로 아이들 생각에서 벗어날 수 있었다. 에드나 스스로는 인정하지 않았지만 아이들의 부재는 그녀에게 일종의 구원과도 같았다. 아이들의 이러한 부재를 통해 운명의 여신이 미리 준비시키지 않고 내던져 준, 맹목적으로 떠맡았던 책임감에서 그녀는 해방되는 듯했다.

그 여름 날, 에드나는 래티뇰 부인과 바다를 마주하고 앉아 이런 모든 얘기를 다 주고 받지는 않았지만 상당 부분 마음을 열고 털어놓았다. 그녀는 래티뇰 부인의 어깨에 머리를 기댔다. 솔직한 느낌과 자신의 목소리에 스스로 취해 얼굴은 붉게 상기되었다. 마치 포도주를 마신 것처럼, 아니, 처음으로 자유의 숨결을 내쉰 것처럼 취해 있었다.

그때 어디선가 다가오는 소리가 들려왔다. 아이들 한 무리를 대동하고 로버트가 두 여인을 찾아나섰던 것이다. 무리 속에는 에드나의 두 아들도 보였다. 로버트는 래티뇰 부인의 어린 딸을 안고 있었고, 그 밖에 아이들 몇 명과 보모 두 명이 내키지 않은 표정으로 뒤따르고 있었다.

두 여인은 자리에서 벌떡 일어나 옷에 묻은 먼지를 털고 근육의 긴장을 풀었다. 퐁텔리에 부인은 베개와 양탄자를 탈의장 안으로 밀어 넣었다. 아이들 모두 텐트 안으로 우르르 몰려와 일렬로 늘어선 채 여전히 경건한 사랑의 맹세를 주고받는 두 연인을 지켜보고 있었다. 두 연인은 소리 없는 항의를 하며 자리에서 일어나 어딘가로 천천히 발걸음을 옮겼다. 아이들은 텐트 안을 온통 자기들 차지로 만들었고, 에드나는 아이들과 어울리기 위해 텐트로 다가갔다.

래티뇰 부인은 로버트에게 집까지 데려다 달라고 간청했다. 그녀는 손발이 저리고 관절이 뻣뻣하다고 투덜거리며 로버트의 팔에 기대 매우 지친 듯 걸어갔다.

8

"로버트, 부탁이 있어요."

래티뇰 부인과 로버트가 집을 향해 천천히 걸어가기 시작한 지 얼마 지나지 않아 로버트의 곁에 있던 아름다운 여인이 말했다. 로버트가 들고 있는 양산이 만들어 놓은 그늘 아래에서 그의 팔에 기대며 그녀는 남자의 얼굴을 올려다보았다.

"들어 드리죠. 얼마든지."

로버트는 이런저런 추측을 하며 골똘히 생각에 잠겨 있던 부인의 눈을 흘긋 내려다보며 답했다.

"한 가지만 부탁할게요. 퐁텔리에 부인을 가만 내버려두세요."

"저런! 래티뇰 부인이 질투를 하다니요."

로버트는 갑자기 해맑은 웃음을 터뜨렸다.

"말도 안 되는 소리! 진정으로 하는 말이에요. 진심으로 부탁하는데, 퐁텔리에 부인을 그냥 내버려두었으면 좋겠어요."

"어째서죠?"

로버트는 친구의 진지한 간청에 본인도 덩달아 심각한 표정으로 물었다.

"퐁텔리에 부인은 크리올 사람이 아니에요. 그녀는 우리와 다르다고요. 안타깝게도 부인이 당신을 심각하게 받아들이는 실수를 저지를 수도 있어요."

로버트는 화가 난 듯 얼굴을 붉혔다. 그는 중절모자를 벗어 짜증

난다는 듯 다리에 대고 툭툭 치며 걷기 시작했다.

"퐁텔리에 부인이 왜 저를 진지하게 받아들이면 안 된다는 거죠?"

그가 날 선 목소리로 말했다.

"내가 코미디언인가요, 광대인가요? 아니면 도깨비 상자인가요? 왜 안 된다는 거죠? 당신네, 크리올 사람들! 정말이지, 당신네들을 이해할 수가 없군요! 내가 뭐 언제나 남을 웃기는 볼거리로만 대접받아야 하나요? 오히려 퐁텔리에 부인이 나를 심각하게 생각해 주면 좋겠군요. 퐁텔리에 부인이 저를 농담이나 하는 그런 사람이 아닌, 제 내면의 진지한 모습을 헤아릴 수 있는 분이었음 좋겠어요. 그럴 가능성이 조금이라도 있다고 생각한다면……"

"아, 그만해요. 로버트!"

로버트가 격앙된 목소리로 화를 내자, 래티뇰 부인은 그의 말을 잘라 버렸다.

"로버트, 당신은 지금 기분 내키는 대로 말하고 있군요. 저기 모래 위에서 장난질 치고 있는 어린 애들처럼 별 생각도 없이 말하고 있는 거예요. 무슨 확실한 의도를 가지고 이곳 유부녀들에게 관심을 보여왔던 거라면, 당신은 우리 모두가 알고 있는 신사는 아니에요. 또한 당신을 신뢰하고 있는 사람들의 아내나 딸과 어울릴 자격도 없는 거고요."

래티뇰 부인은 자신이 믿고 있는 법칙과 신조에 대해 이야기했다. 젊은 청년 로버트는 어쩔 줄 몰라 하며 어깨를 으쓱해 보였다.

"오, 이런! 그런 뜻이 아닙니다."

로버트는 벗었던 모자를 머리에 꾹 눌러쓰며 말했다.

"방금 부인께서 하신 그런 말이 친구에게 하기는 좀 무례한 말이라는 걸 아셔야 해요."

"그럼 우리 관계가 줄곧 서로에게 칭찬만 해야 된다는 뜻인가요? 맙소사!"

"어떤 여자 분이 부인에게 그런 말을 하도록 시킨 거라면 기분 나쁘죠."

로버트는 무심코 말을 뱉었다가, 갑자기 말을 돌렸다.

"내가 아로뱅 같은 사람이라면…… 알쎄 아로뱅과 빌록시의 영사 부인 얘기 기억나시죠?"

그러고는 알쎄 아로뱅과 영사 부인 사이에 일어난 일들은 물론, 프랑스 오페라의 테너 가수였던 아무개가 절대 써서는 안 될 내용의 편지를 받았던 사건을 들려주었다. 그 외에도 우울한 이야기나 즐거운 이야기를 늘어놓았다. 이렇게 대화가 진행되다 보니 혹시나 젊은 남자들을 진지하게 받아들일지 모르는 퐁텔리에 부인의 기질에 대한 논의는 그들의 기억에서 완전히 잊혀졌다.

두 사람이 래티뇰 부인의 별채에 도착하자, 부인은 건강을 염려하여 안으로 들어가서 한 시간 정도 쉬었다. 로버트는 부인과 헤어지면서 좋은 의도로 했던 조언을 자신이 무례하게 받아들였던 성급한 행동에 대해 용서를 빌었다.

"아델, 당신이 착각하신 겁니다."

로버트는 가볍게 미소를 지으며 말했다.

"퐁텔리에 부인이 저를 진지하게 생각할 가능성은 눈곱만큼도 없어요. 오히려 제게 너무 심각하게 생각하지 말라고 주의를 주셨어야 했어요. 그랬다면 당신의 충고가 계기가 되어 좀더 진지하게 생각해 볼 수 있었을 거예요. 그만 가 볼게요. 좀 피곤해 보이시는군요."

로버트는 걱정스러운 듯 한마디 덧붙였다.

"고기 수프 좀 가져다 드릴까요? 아니면 야자 술 한 잔 어때요? 야자 술에 앙고스튜라[11]를 한 방울 떨어뜨려서 가져다 드릴게요."

래티뇰 부인은 그의 제안에 고마워하며 고기 수프를 부탁했다. 로버트는 자신이 직접 별채에서 떨어져 있는 본채 뒤쪽의 부엌으로 갔다. 그러고는 금갈색의 고급 세브르 컵에 고기 수프를 담고, 접시에 얇은 크래커 한두 조각을 올려 부인에게 직접 가져왔다.

래티뇰 부인은 열어 놓은 문을 가려 주는 커튼 뒤에서 맨 살을 드러낸 하얀 팔을 쑥 내밀어 수프 컵을 받아 들며 '멋진 친구'라고 말했다. 진심이 담긴 그녀의 칭찬에 로버트는 감사를 표하며 "본채"로 발길을 돌렸다.

연인들이 펜션의 정원으로 들어서고 있었다. 두 연인이 서로에게 기대어 있는 모습이 꼭 검참나무가 바다 쪽으로 굽어져 있는 듯했다. 그들의 발바닥은 모래 한 알 없이 깨끗했다. 아마도 파란 하늘을 밟으며 물구나무 자세로 왔던 모양이다. 두 남녀의 뒤를 살금살금 따라오던 검은 옷의 여인은 조금 창백한 얼굴에 평소보다 좀 더

---

11. 칵테일에 향을 더해 주기 위해 나무껍질에서 채취한 일종의 향료.

피곤해 보였다. 퐁텔리에 부인과 아이들의 모습은 보이지 않았다. 로버트는 그들의 모습이 어디선가 나타나지 않을까 하여 눈을 들어 멀리까지 훑어보았다. 그들은 분명 저녁 시간까지 바닷가에 남아 있을 터였다. 로버트는 어머니의 방으로 올라갔다. 어머니의 방은 본채의 맨 위층에 있었는데, 경사진 특이한 천장에 독특한 각을 이룬 구조였다. 널찍한 두 개의 지붕창은 멕시코만을 향해 있어서, 그곳에서의 시야는 만을 가로질러 무한대로 뻗어나갔다. 방에 비치해 놓은 가구들은 간소하면서도 실용적으로 잘 정리되어 있었다.

로버트의 어머니인 르브랭 부인은 재봉질에 분주했다. 어린 흑인 여자 아이가 바닥에 앉아 두 손으로 재봉틀의 발판을 작동시키고 있었다. 이 크리올 여인은 자신의 건강을 해칠 수도 있는 일을 마다하지 않았다.

로버트는 지붕창의 널따란 한쪽 창턱에 가서 걸터앉았다. 주머니에서 책을 꺼내 열심히 읽어 내려갔다. 책장을 넘기는 속도나 횟수로 미뤄 그는 분명 책에 몰입되어 있음에 틀림없었다. 덜커덕 덜커덕 재봉틀 돌아가는 소리가 방 안에 울려 퍼졌다. 그것은 육중한 구형 제품이었다. 재봉틀 소리가 잠깐 멈춘 사이 로버트와 그의 어머니는 이런저런 자잘한 대화를 주고받았다.

"퐁텔리에 부인은 어디 갔니?"

"아이들하고 저 아래 해변가에 있어요."

"부인에게 공꾸르¹²의 소설을 빌려주기로 했는데 나갈 때 잊지 말고 그 책 좀 내려 주렴. 저기 작은 탁자 위 책꽂이에 있단다." 덜커덕, 덜커덕, 덜커덕, 탁! 다시 오 분에서 팔 분쯤 흘렀다.

"빅토르는 사륜마차를 타고 어디 가는 거예요?"

"사륜마차라고? 빅토르가?"

"네, 저 아래요. 저 앞에 있잖아요. 마차를 타고 어디 멀리 가려나 본데요."

"불러 보거라." 덜커덕, 덜커덕, 덜커덕, 탁!

로버트는 부두까지 들릴 정도의 높은 소리로 날카롭게 휘파람을 불었다.

"쳐다보지도 않는데요."

르브랭 부인이 창문으로 달려왔다. 그녀가 "빅토르!" 하고 불렀다. 손수건까지 흔들면서 다시 한 번 불러 보았다. 그 시간, 밑에 있던 젊은 친구는 마차 안으로 들어가더니 전속력으로 말을 몰기 시작했다.

화가 치밀어 얼굴이 붉어진 르브랭 부인은 재봉틀로 다시 돌아갔다. 빅토르는 르브랭 부인의 막내아들로, 로버트의 동생이었다. 빅토르는 싸움을 몰고 다니는 말썽꾸러기에다 누구도 그 기세를 꺾을 수 없는 대단한 고집쟁이였다.

"어머니께서 언제든지 말씀만 하시면, 두 번 다시 말썽을 피우지

---

12. 19세기 프랑스 소설가로 사실주의, 자연주의 문학의 대표적 작가이다. 형 에드몽 드 공꾸르, 동생 쥘 드 공꾸르가 힘을 합하여 《샤를 두마이》, 《피로멘 자매》와 같은 작품을 남겼으며 이들의 성을 딴 '공꾸르 상'은 프랑스에서 가장 권위 있는 문학상이다.

못하도록 제가 빅토르를 혼내 볼게요."

"네 아버지가 살아만 계셨어도!" 덜커덕, 덜커덕, 덜커덕, 탁!

결혼 초 남편이 저 세상으로 가지 않았다면 분명 우주와 삼라만상이 한층 더 현명하고 질서 있게 움직일 수 있었을 거라고 르브랭 부인은 확고히 믿고 있었다.

"몬텔 씨에게서는 연락 없었어요?"

몬텔이란 사람은 지난 이십 년간 르브랭 씨가 세상을 떠나면서 르브랭 집안에 남겨 놓았던 빈자리를 자신의 헛된 야망과 욕망으로 대신 채워 온 중년의 신사였다. 덜커덕, 덜커덕, 덜커덕, 탁!

"어디엔가 편지를 두었는데."

르브랭 부인은 재봉틀 서랍을 열어 바느질 도구를 담은 바구니의 밑바닥에서 편지를 찾았다.

"다음 달 초에 베라 크루즈[13]에 머물 거라고 너에게 전해달라는구나. 덜커덕, 덜커덕! 네가 아직도 그 분과 함께 일할 생각이 있다면 말야." 탁! 덜커덕, 덜커덕, 탁!

"어머니, 왜 진작 말씀해 주시지 않았어요? 제가 그러고 싶어 하는 걸 알고 계시잖아요." 덜커덕! 덜커덕! 덜커덕!

"저기 퐁텔리에 부인이 아이들을 데리고 돌아오는 거 보이니? 부인은 오늘도 점심 식사에 늦겠구나. 제 시간에 와서 먹는 법이 없지."

---

13. 멕시코만 연안에 위치한 멕시코 제일의 무역항. 금·은·커피·잎담배·설탕 등을 생산하고, 기계·약품·섬유제품 등을 수입하며 수산물의 집산도 많다. 그 밖에 대모갑·산호 세공 등의 특산물이 있고, 제분·방적 등의 공업도 활발하다.

덜커덕, 덜커덕! "어디 가니?"

"공꾸르 책이 어디에 있다고 하셨죠?"

9

홀 안의 모든 조명들이 밝게 빛났다. 램프는 하나같이 열기로 인한 폭발이나 화재를 겨우 면할 정도의 선에서 한창 빛을 밝히고 있었다. 홀 전체를 빙 둘러 벽면에 일정한 간격으로 램프가 설치되어 있었다. 누군가 오렌지색, 레몬색 나뭇가지를 모아 램프 사이사이마다 꽃 줄 장식을 해 놓아 매우 고급스럽고 우아한 분위기를 연출했다. 짙은 녹색의 나뭇가지들이 창문에 예쁘게 드리워진 순백의 모슬린 커튼에 대비를 이루어 더욱 돋보였으며 불빛에 반짝거렸다. 멕시코 만을 강타한 사나운 바람의 거침없는 행진에 쳐놓은 커튼이 마구 부풀다가 공중으로 펄럭거렸다.

이날은 로버트와 래티뇰 부인이 해변에서 돌아오는 길에 그들만의 은밀한 대화를 나눈 지 몇 주일이 지난 어느 토요일 밤이었다. 그날따라 한 집안의 남편이자 아버지, 친구 등 많은 사람들이 주말을 보내러 섬으로 왔고, 르브랭 부인의 물질적인 도움으로 가족들과 즐거운 시간을 보내고 있었다. 식탁은 전부 홀의 한쪽 끝으로 옮겨 놓고, 의자들은 일렬로 정렬시켜 한 데 모아 두었다. 이른 저녁에는 가족 단위로 모여 저들끼리의 집안 이야기를 주고받았지만, 이제 조금씩 편안한 분위기가 감돌기 시작하자 서로 간에 친분이 더욱 두터워지고 점차 공통된 주제로 대화를 옮겨갔다.

보통 때 같으면 벌써 잠자리에 들었을 시간이었지만 그날만큼은 아이들 대부분이 자지 않고 함께 그 자리에 남아 있었다. 어떤 아이들은 바닥에 배를 깔고 누워 퐁텔리에 씨가 육지에서 가지고 온 칼라판 만화책을 한 장 한 장 넘기고 있었고, 퐁텔리에 씨의 어린 두 아들은 아이들에게 만화책을 빌려주며 주인 노릇을 톡톡히 하고 있었다.

음악, 춤 그리고 낭독과 같은 오락 시간이 마련되어 있었다. 좀더 정확히 말하자면 지원자를 받는 형식이었다. 하지만 사전 준비나 계획은 바랄 것도 없고, 체계적인 프로그램 하나 전혀 없는 상태였다.

이른 저녁 파히발 씨의 쌍둥이 손녀들이 피아노를 연주해 달라는 대중의 성화에 못 이겨 피아노 앞에 앉았다. 쌍둥이들은 열네 살이었다. 그들은 세례를 받을 때 성모 마리아에게 평생을 바치기로 다짐했기 때문에 언제나 성처녀 마리아를 상징하는 하늘색과 흰색의 옷만 입었다. 그들은 〈장파〉에 나오는 듀엣 곡을 연주한 후, 그 자리에 모인 모든 사람들의 열화와도 같은 앙코르 부탁에 〈시인과 농부〉 서곡을 연주하는 것으로 화답했다.

"그만 가세요! 제발!"

문 밖에서 앵무새가 소리를 질렀다. 그해 여름만 해도 쌍둥이 소녀들의 우아한 피아노 연주를 들은 게 한두 번이 아니라고 솔직하게 시위하는 유일한 존재는 오직 이 앵무새뿐이었다. 쌍둥이 자매의 할아버지인 노신사 파히발 씨는 손녀들의 연주를 방해하는 훼방꾼에게 화를 내며, 앵무새를 깜깜한 곳에 격리시켜야 한다고 주장했다. 그러나 빅토르는 이 의견에 반대했다. 그의 결정은 운명의 여신이 내리는 명령만큼이나 확고한 것이어서 쉽사리 바꿀 수 없었다. 다행히 앵무새는 더 이상 이 흥겨운 시간을 방해하지는 않았지만 그동안 쌍둥이 소녀들을 향해 내면에 쌓아 왔던 잠재된 원한이 한꺼번에 폭발된 점으로 보아, 그간 악의를 품고 있다가 때마침 덤벼들었던 것이리라.

다음은 어린 남매가 낭독을 했다. 그것은 좌중의 모든 사람들이 매해 겨울마다 뉴올리언스에서 열리는 이브닝 쇼에서 여러 번 들었던 것이다.

자그마한 꼬마 소녀가 무대 중앙으로 나와 캉캉 춤을 선보였고, 소녀의 엄마는 춤에 맞춰 반주를 했다. 춤을 추는 딸을 지켜보는 엄마의 눈길에는 날카로운 불안과 자랑하고 싶은 욕심이 반반 섞여 있었다. 엄마는 딸아이를 걱정할 필요가 없었다. 소녀는 그 자리의 주인공이나 마찬가지였으니 말이다. 소녀는 춤을 추기 위해 검정색 베일을 두르고, 같은 색의 실크로 된 타이츠를 신고 있었다. 가녀린 목과 팔은 맨 살로 드러나 있었고, 머리에 물결 파마를 한 모습이 마치 보들보들한 검정색 깃털을 달고 있는 것처럼 한층 돋보였다. 동작 하나하나가 우아함으로 가득했다. 또한 그녀는 빠르고 날렵한 발동작으로 관객들을 사로잡았는데, 뛰어 오를 때마다 슬쩍 보이는 검정색 신발의 앞부분이 반짝반짝 빛났다.

물론 다른 사람들도 춤을 추지 말라는 법은 없었다. 하지만 래티뇰 부인은 춤을 출 수 없었기 때문에, 대신 사람들을 위해 기꺼이 반주를 해주겠다고 나섰다. 그녀의 연주 실력은 뛰어났다. 왈츠의 템포를 잘 맞추는가 하면 사람들이 좋아하는 가락을 반주에 넣어 연주했다. 레티뇰 부인은 아이들 때문에 언제나 음악을 가까이 한다고 말했다. 그것은 래티뇰 부인과 그녀의 남편 둘 다 음악이 집안 분위기를 밝게 해주고, 매력적인 가정의 원동력이라고 생각했기 때문이다.

거의 모든 사람들이 춤을 췄지만 쌍둥이들은 잠시라도 서로 떨어지지 않으려 했다. 어느 한 쪽이 어떤 남자의 품에 안겨 홀을 한 바퀴 돌고 오는 아주 짧은 시간조차도 허용하지 않았다. 자기들끼리라도 추었으면 됐을 텐데, 거기까지는 생각이 미치지 못했다.

아이들은 잠자리로 들어가야 했다. 순순히 말을 듣는 아이도 있는 반면 악을 지르고 떼를 쓰며 억지로 질질 끌려가는 아이도 있었다. 그런 아이들은 아이스크림을 다 먹을 때까지만 자지 않아도 좋다는 허락을 받았는데, 그 이후는 인간적인 관용을 베풀기 힘든 시간이었다.

금색과 은색의 케이크를 하나하나 번갈아 담아 둔 접시가 아이스크림과 함께 사람들에게 돌아갔다. 아이스크림은 부엌 뒤쪽에서 흑인 하녀 두 명이 빅토르의 지시에 따라 반나절 내내 만들어 냉동시켜 둔 것이었다. 물론 매우 훌륭하다는 평을 받았다. 하지만 바닐

라를 좀 덜 넣었다면, 설탕을 더 넣었다면, 좀더 단단하게 얼렸거나, 소금을 조금만 덜 넣었다면 더 맛있는 아이스크림이 될 수 있지 않았을까 하는 아쉬움이 남았다. 자기가 만든 아이스크림에 뿌듯한 마음이 든 빅토르는 사람들 사이를 돌아다니며 먹어보라고 권유했다. 심지어 너무 지나치게 강요하는 모습을 보이기도 했다.

퐁텔리에 부인은 남편과 두 번 정도 춤을 추고, 한 번은 로버트와 또 한 번은 래티뇰 씨와 춤을 추었다. 멀대 같이 키가 크고 비쩍 마른 래티뇰 씨는 춤출 때 그 모습이 마치 바람에 휘청거리는 갈대 같았다. 세 명의 남자와 춤을 춘 후, 부인은 베란다로 나가 낮은 창턱에 걸터앉았다. 그곳에 앉으니 홀 안에서 벌어지고 있는 광경이 한눈에 들어왔고, 멕시코만의 풍경도 볼 수 있었다. 동쪽으로 눈부신 광채가 은은하게 빛나고 있었다. 달이 서서히 떠올랐고, 달 주위의 신비로운 광채가 저 멀리 요동치는 수면 위로 수백만 개의 빛줄기를 뿜어냈다.

"라이즈 양의 연주를 듣고 싶으신가요?"

로버트가 퐁텔리에 부인이 있는 베란다로 다가오며 물었다. 에드나는 물론 듣고 싶었지만, 라이즈 양에게 부탁을 해 봤자 소용없을까 봐 그게 두려웠다.

"제가 부탁해 보겠습니다. 부인이 라이즈 양의 연주를 듣고 싶어한다고 말하겠어요. 라이즈 양은 부인을 좋아해요. 꼭 올 겁니다."

로버트는 돌아서서 라이즈 양이 느릿느릿 걸어가고 있는 별채로 발걸음을 재촉했다. 라이즈 양은 방 안의 의자를 끌고 나오면서 옆

집 별채의 보모가 재우려고 애쓰는데도 계속 울음을 터뜨리고 있는 아기의 울음소리에 짜증을 내고 있었다. 그녀는 자기주장이 강하고 남의 권리를 무시하는 기질 때문에 사람들과 어울리기 힘든 까다로운 성격으로, 이제는 젊다고 하기에는 다소 나이가 있는 작은 체구의 여자였다. 하지만 로버트는 별다른 애를 쓰지 않고도 그녀를 설득할 수 있었다.

댄스 시간이 잠시 중단되었을 때 라이즈 양과 로버트는 홀 안으로 들어왔다. 그녀는 어색한 듯 거만하게 고개만 살짝 끄떡이며 들어왔다. 쪼글쪼글한 몸과 얼굴에 이글거리는 눈까지 볼품없는 모양새에다, 옷에 대한 안목이라고는 눈을 씻고 찾아봐도 없었다. 그녀는 낡은 검정색 레이스 옷에, 조화로 된 제비꽃 한 묶음을 머리 옆에 꽂고 있었다.

"퐁텔리에 부인에게 어떤 곡을 듣고 싶은지 물어보세요."

라이즈 양이 로버트에게 부탁했다. 로버트가 라이즈 양의 메시지를 전하려고 에드나가 있는 창가로 가는 동안 그녀는 피아노 건반에 손도 대지 않고 그저 가만히 앉아 있었다. 홀 안의 사람들 모두 피아니스트가 들어오는 모습을 보자 놀라워하며 환호했다. 홀 전체가 조용해졌고, 다들 기대에 찬 표정이었다. 에드나는 이 거만한 여자가 자신에게 호의를 베풀겠다고 하자 조금 당황스러웠다. 그녀는 자신이 감히 곡을 고를 수 없으니 라이즈 양 본인의 선택에 따르겠다고 했다.

에드나는 음악을 매우 좋아했다. 잘 짜인 음악의 선율은 그녀의 마음속에 어떤 그림들을 떠올리게 했다. 래티뇰 부인이 피아노를 연주하거나 연습을 하는 아침이면 에드나는 그 방에 앉아 있기를 좋아했다. 한번은 래티뇰 부인이 연주한 곡에 에드나가 〈고독〉이라는 제목을 붙인 적도 있다. 그 곡은 구슬픈 선율의 짧은 단조 곡이었다. 곡명은 따로 있었지만 에드나는 그 곡을 〈고독〉이라 불렀다. 그 피아노 선율을 듣고 있으면 바닷가의 황량한 바위 옆에 서 있는 한 남자의 형상이 떠올랐다. 상상 속의 그 남자는 벌거벗은 모습이었다. 날개를 퍼덕이며 그에게서 멀어져 가는 새를 바라보는 남자는 희망을 잃고 체념한 모습이었다.

어떤 곡은 어느 왕국의 의상을 차려입은 고귀한 젊은 여인이 높이 솟은 울타리가 끝없이 펼쳐지는 샛길을 춤추듯 내려오는 모습을 떠올리게 했다. 또한 놀고 있는 아이들을 연상시키거나, 새치름한 여자가 홀로 앉아 고양이를 쓰다듬고 있는 모습을 상상하게 만드는 곡도 있었다.

드디어 라이즈 양이 피아노 건반의 첫 화음을 넣는 순간, 퐁텔리에 부인은 등을 따라 흘러내리는 강렬한 전율을 느꼈다. 물론 에드나가 피아니스트의 연주를 들은 것이 이번이 처음은 아니었다. 하지만 그녀가 마음의 준비를 한 것은 아마도 이번이 처음이었다. 그러니까 영원불변한 진리를 가슴 깊이 새겨 두려고 온 마음의 문을 열었던 첫 번째 순간이었던 것이다.

에드나는 마음속에 불러 모은 상상의 그림들이 활활 타올라 실제 모습으로 나타나기를 기다렸다. 그러나 그녀의 기다림은 헛된 것이었다. 그녀는 고독, 희망, 갈망, 절망의 그림 그 어느 것도 볼 수 없었다. 하지만 에드나의 영혼 안에서 바로 그런 열정들이 스스로 깨어나 그녀의 영혼을 흔들고 채찍질했다. 마치 매일 육지로 부딪혀 오는 파도처럼 그녀의 빛나는 육체를 일깨우는 것만 같았다. 에드나는 부르르 몸을 떨었고 숨이 탁 막혔다. 그리고 눈물이 앞을 가렸다.

라이즈 양이 연주를 마쳤다. 그녀는 자리에서 일어나 거만한 자세로 뻣뻣하게 인사를 한 다음 관객들의 환호와 갈채를 뒤로 하고 홀 밖으로 나가 버렸다. 복도를 걸어가면서 라이즈 양은 에드나의 어깨를 톡톡 쳤다.

"음, 제 연주가 맘에 들었나요?"

라이즈 양이 물었다.

퐁텔리에 부인은 대답할 수가 없었다. 그녀는 피아니스트의 손을 있는 힘껏 꼭 잡았다. 라이즈 양은 부인이 크게 감명 받았고 심지어 눈물까지 흘렸다는 것을 알아차렸다.

"내 연주를 들을 자격이 있는 사람은 부인뿐이군요. 저런 사람들은, 흥!"

라이즈 양은 퐁텔리에 부인의 어깨를 한 번 더 다독거려 주며 이렇게 말한 후, 옆으로 뻗은 복도를 따라 자기 방으로 신발을 끌며 황급히 사라졌다.

"저런 사람들"이라는 라이즈 양의 빈정거림은 오해였다. 왜냐하면 그녀의 피아노 연주를 들은 관객들은 열광의 도가니 상태였기 때문이다.

"굉장한 열정을 가진 사람이야!"

"정말 멋진 피아니스트야!"

"라이즈 양처럼 쇼팽을 잘 치는 사람을 본 적이 없다고 내가 늘 말했었잖아요."

"마지막에 친 서곡! 세상에! 사람 마음을 흔들어 놓는군."

시간이 꽤 흘러 사람들 모두 자기 별채로 돌아가는 분위기였다. 그러나 단 한 사람만이 신비로운 시간, 신비로운 달빛 아래에서 수영을 생각했다. 그 사람은 아마도 로버트였던 것 같다.

10

아무튼 로버트는 그런 의견을 냈고, 그 생각에 반대하는 사람은 아무도 없었다. 로버트가 앞장만 선다면 모두 따라갈 준비가 되어 있는 사람들이었다. 하지만 로버트는 먼저 나서지 않고 해변으로 가는 길만 알려주었다. 정작 그 자신은 연인들 뒤에서 어정버정 걷고 있었다. 두 연인들은 수영 생각이 별로 없고, 다른 사람들과 떨어져 단둘이 있고 싶다는 마음을 은근히 내보였던 터였다. 로버트는 두 연인 사이를 비집고 걸었는데, 심술이 나서 그랬는지 아니면 장난기가 발동해서인지 스스로도 자신의 의도를 명확히 알 수 없었다.

퐁텔리에 부부와 래티뇰 부부가 앞서 걸었다. 두 여인은 각자 남편의 팔짱을 끼고 기대어 걷고 있었다. 에드나는 뒤에서 따라오며 가끔씩 뭔가를 말하는 로버트의 목소리를 들을 수 있었다. 로버트가 왜 자기들과 같이 가지 않는지 그녀는 궁금했다. 이전의 그답지 않은 행동이었다. 요즘 들어 로버트는 하루 종일 그녀 앞에 나타나지 않다가 잃어버린 시간을 보충이라도 하려는 듯이 다음날 또 그 다음날, 몇 배나 더 헌신적인 모습을 보여주었다. 해가 쨍쨍 비칠 때는 별 생각이 없다가도 구름 낀 날에는 햇빛을 보고 싶어 하듯, 에드나는 로버트가 이런저런 핑계를 대면서 자기 앞에 모습을 보이지 않자 그가 보고 싶었다.

사람들은 삼삼오오 무리 지어 해변으로 향했다. 서로 대화를 주고받다가 깔깔거리기도 하고, 어떤 이들은 흥얼흥얼 노래를 부르기도 했다. 저 아래 클라인 호텔에서는 한 밴드가 연주를 하고 있었다. 그 선율은 멀어서 자그맣게 들려왔지만 해변으로 가고 있는 사람들의 귓가에 은은하게 전해졌다. 말로 설명할 수 없는 야릇한 냄새가 사방에 퍼져 있었다. 그것은 근처 어느 하얀 꽃밭에서 나는 강한 꽃 냄새와 바다 냄새, 풀 냄새, 새로 일군 땅의 축축한 냄새가 한 데 뒤섞인 냄새였다. 어느새 바다와 대지 위로 깜깜한 밤이 사르르 내려앉았다. 어둠의 무게도, 그림자의 무게도 없었다. 신비롭고 부드러운 잠처럼 흰 달빛이 온 세상을 뒤덮고 있었다.

대부분의 사람들은 물속이 마치 인간 본연의 본거지인 양 걸어 들어갔다. 고요한 바다는 커다란 파도를 만드느라 서서히 부풀어 올랐다가 또 다른 파도 속으로 계속 녹아 들어갔다. 하얀 뱀이 어슬렁

거리며 뛰노리를 틀 듯, 거품이 이는 자그마한 물마루는 해변으로 다가오면 부서지곤 했다.

에드나는 그해 여름 내내 수영을 배우려고 했다. 그녀는 남녀 구분 없이 모두에게 수영을 배웠고, 어떤 때는 어린 아이들까지도 그녀에게 수영을 가르쳐주었다. 로버트도 거의 매일 체계적으로 가르쳐 주려고 애를 썼지만, 헛수고라는 생각이 들자 반 자포자기 상태에 이르렀다. 물속에서의 에드나는 손닿는 거리에 도움의 손길이 없으면 억제할 수 없는 두려움에 바르르 떨었다.

그러나 그날 밤, 에드나는 휘청거리며 아무나 잡으려고 뒤뚱거리던 어린 아이가 자기의 힘을 갑자기 깨닫고 자신감에 넘쳐 처음으로, 혼자 힘으로, 당당하고 씩씩하게 걷기 시작한 듯한 기분이 들었다. 그녀는 너무 기쁜 나머지 소리라도 지르고 싶었다. 팔을 힘차게 한두 번 놀려 수면 위로 몸을 띄웠을 때 그녀는 너무 기뻐서 정말로 소리를 질렀다.

그녀는 자신의 신체와 영혼의 활동을 지배하는 엄청난 힘에 이끌려 가는 것처럼 환희의 감정에 온몸을 온전히 내맡겼다. 자기 능력을 과대평가하게 된 에드나는 점점 대담하고 무모하게 행동했다. 그녀는 지금까지 어느 여인도 헤엄쳐 가보지 못한 곳까지 멀리 수영하고 싶었다.

에드나의 예기치 못한 성취로 그녀는 모든 이들의 경이와 환호, 그리고 감탄의 대상이 되었다. 사람들은 저마다 자신의 특별한 지도 덕분이라고 연신 자랑을 늘어놓았다.

'정말 쉽구나!'

에드나는 속으로 생각하다가, 큰 소리로 말했다.

"별 거 아니네요. 왜 전에는 아무것도 아니라는 걸 몰랐을까요. 아기처럼 물장구치느라 허비한 시간을 생각해보세요."

에드나는 떠들썩하게 무리 지어 놀고 있는 사람들과 합류하지 않고, 자신이 새롭게 정복한 능력에 도취되어 홀로 헤엄쳐 갔다.

그녀는 바다 쪽으로 얼굴을 돌려 광활한 바다와 달빛 하늘이 만나 녹아드는 공간과 고독의 흔적을 하나하나 주워 모았다. 이런 광경에 그녀는 마음이 매우 들떠 공상에 젖어 들었다. 수영을 하자 자기 자신까지도 삼켜 버릴 듯한 무한의 세계를 향해 힘차게 나아가는 기분이었다.

고개를 돌려 떠나온 해변과 그곳에 있는 사람들을 바라봤다. 노련한 수영 선수만큼 아주 먼 거리를 헤엄쳐 온 것은 아니었다. 하지만 아직 수영에 서툰 자신의 눈으로 볼 때, 등 뒤로 뻗은 물의 길이는 혼자서는 절대 극복할 수 없는 장애물로 여겨졌다.

순간 마음속에 죽음의 그림자가 드리워져 온 감각들을 얼어붙게 만들고 무력화시켰다. 하지만 에드나는 힘껏 요량을 발휘해 서툴게나마 계속해서 헤엄을 쳐 가까스로 육지에 다다랐다.

그녀는 남편에게 자신이 죽을 뻔 했으며 너무 무서웠다는 얘기는 직접적으로 하지 않았고, 다만 이렇게 돌려 말할 뿐이었다.

"저기서 혼자 죽는 거 아닌가 했어요."

"여보, 당신 그 정도로 멀리 가지는 않았어. 내가 다 지켜보고 있었거든."

퐁텔리에 씨가 말했다.

에드나는 곧장 탈의장으로 가서 마른 옷으로 갈아입은 후, 사람들이 해변에서 돌아오기 전에 별채로 돌아갈 준비를 했다. 그녀는 혼자 집 쪽으로 발걸음을 옮기기 시작했다. 물가에서 놀던 사람들 모두 에드나를 소리쳐 불렀다. 그러나 그녀는 손을 저어 보이며 거절의 뜻을 전했다. 사람들이 가지 말라며 다시 한 번 그녀를 만류했지만 에드나는 더 이상 신경 쓰지 않고 계속 걸었다.

"어떨 때 보면 퐁텔리에 부인은 변덕이 심한 것 같아요."

르브랭 부인이 말했다. 부인은 기분이 굉장히 좋았는데 에드나가 갑자기 집으로 돌아가는 바람에 분위기를 망치는 게 아닐까 내심 불안했다.

"저도 제 아내가 좀 그렇다고 생각해요. 하지만 어쩌다 그런 거지, 자주 그렇지는 않답니다."

퐁텔리에 씨도 아내의 그런 기질을 부인하지는 않았다.

집으로 돌아가는 길의 반의반도 채 못 갔을 즈음, 로버트가 그녀를 따라잡았다.

"제가 무서워할까 봐 오셨어요?"

에드나의 질문에는 귀찮은 기색이 전혀 없었다.

"아뇨, 무서워하실 리가 없죠."

"그럼 왜 따라 온 거죠? 다른 사람들과 함께 어울리지 않고."

"그 생각은 전혀 하지 않았어요."

"그럼 무슨 생각에서 따라 온 거죠?"

"어떤 이유건, 그게 중요한가요?"

"전 지금 많이 피곤해요."

에드나는 퉁명스럽게 툭 내뱉었다.

"알고 있습니다."

"당신은 알지 못해요. 어떻게 알 수가 있겠어요. 지금까지 살아오면서 이렇게 힘든 적이 없었어요. 하지만 그리 나쁜 기분은 아니네요. 오늘 밤 수 천 가지 감정이 제 속을 휩쓸고 갔어요. 그 감정을 제대로 이해할 수 있으면 좋으련만. 제 말에 신경 쓰지 마세요. 그냥 혼잣말 하는 거니까요. 아까 라이즈 양의 연주를 듣고 감동했을 때처럼 또 그런 경험을 할 수 있을지 모르겠어요. 오늘 같은 이런 밤이 앞으로도 또 있을까요? 꿈에서나 만날 수 있으려나. 주변 사람들이 인간 모습과는 거리가 있는 불가사의한 존재들 같아요. 오늘 밤에는 온 사방에 정령들이 돌아다니고 있는 게 분명해요."

"맞아요. 오늘이 8월 28일이에요."

"8월 28일이요?"

"네, 8월 28일 자정에 떠오르는 달은 틀림없이 오래전부터 이 해변에 자주 출몰하는 정령이지요. 멕시코만 위로 모습을 드러낸 정령은 투시력을 발휘해 연옥[14]으로 몇 시간 동안 데리고 갈 만한 친구를

---

14. 단테의 《신곡》에서 인용함. 천국과 지옥의 사이를 일컫는 영역으로 로마 가톨릭에서는 죽은 후 지옥에 갈 정도의 죄는 없지만 천국에 바로 갈 수 없는 영혼이 천국에 대한 희망을 품고 얼마 동안 머무는 장소 또는 과정이 있다고 믿는데, 이를 연옥이라고 한다.

찾지요. 오늘날까지 정령은 적절한 친구를 구하지 못해 상심하여 다시 바다 밑으로 돌아갔다고 해요. 하지만 오늘 밤 그 정령이 드디어 부인을 발견한 겁니다. 아마도 부인을 마법에서 완전히 풀어주지는 않을 겁니다. 그토록 신성한 존재의 보호 아래 있다면, 부인은 두 번 다시 가련하고 하찮은 인간으로 고통 받지 않을 거예요."

"놀리지 마세요."

에드나는 로버트가 아무렇게나 함부로 말하는 듯하자 기분이 나빴다. 로버트는 에드나의 응답에는 신경 쓰지 않았지만 애원하듯 동정을 불러일으키는 그 미묘한 어조는 마치 질책으로 느껴졌다. 그는 자신의 감정을 뭐라고 말로 설명할 수 없었다. 그녀의 기분을 꿰뚫어 보고 있으며 그것을 다 이해한다는 말을 할 수 없었던 것이다. 다만 에드나가 매우 지쳐 보였기 때문에 별 다른 말없이 그녀를 부축하기 위해 팔을 내밀었다. 팔을 축 늘어뜨리고 하얀 색 치마를 질질 끌며 이슬이 내린 좁은 길을 따라 혼자 걸어온 터라 에드나는 매우 지쳐 있었다. 그녀는 로버트가 내민 팔에 몸을 기대지는 않고 생각이 다른 데 가 있는 사람처럼 힘없이 아무렇게나 손을 내맡겼다. 마치 몸과는 별도로 저만치 앞서가는 자신의 생각을 잡아 보려고 애쓰는 것 같았다.

로버트는 에드나가 머무는 별채 밖의 문기둥과 나무 기둥 사이를 연결한 해먹으로 그녀를 데려다 주었다.

"여기에서 퐁텔리에 씨를 기다리시겠어요?"

로버트가 물었다.

"그러죠. 잘 가요."

"베개를 갖다 드릴까요?"

"여기 하나 있네요."

사방이 캄캄해서 아무것도 보이지 않았기 때문에 이리저리 손을 더듬으며 에드나가 말했다.

"그건 더러울 거예요. 아이들이 그걸로 뒹굴면서 놀았거든요."

"괜찮아요."

그녀는 베개를 찾아 머리맡에 받쳐 놓았다. 그러고는 깊은 안도의 숨을 쉬면서 해먹 깊숙이 몸을 눕혔다. 그녀는 거만하거나 지나치게 고상한 척하는 여인이 아니었다. 해먹에 누울 기회가 많지 않았지만. 이제 그렇게 누워 있자니 몸 전체로 파고드는 안락함과 편안함이 느껴졌다. 그건 요염하게 거드름을 피우는 고양이의 자세와는 달랐다.

"퐁텔리에 씨가 돌아올 때까지 곁에 있어 드릴까요?"

로버트가 계단 모서리에 앉아 문기둥에 튼튼하게 묶어 둔 해먹을 잡으며 물었다.

"괜찮다면 그러세요. 해먹을 흔들지는 마세요. 본채 창틀에 흰색 숄을 두고 왔는데 갖다 주시겠어요?"

"추운가요?"

"아뇨, 좀 있으면 추울 것 같아서요."

"좀 있으면 이라고요?"

로버트가 깔깔대며 웃었다.

"지금이 몇 신 줄 알아요? 얼마나 오래 있으려고 그러세요?"

"글쎄요. 숄 좀 가져다주세요."

"물론 가져다 드리죠."

로버트가 일어서며 말했다.

그는 잔디밭을 따라 본채 쪽으로 걸어갔다. 에드나는 달빛 사이로 걸어가는 로버트를 지켜보았다. 자정이 넘은 매우 고요한 밤이었다.

로버트가 숄을 가지고 돌아오자 에드나는 그것을 받아 손에 들고만 있을 뿐 몸에 두르지는 않았다.

"퐁텔리에 씨가 돌아올 때까지 여기에 있어도 된다고 했죠?"

"원하시는 대로 하세요."

그는 다시 자리를 잡고 앉아 아무 말 없이 시가를 피웠다. 퐁텔리에 부인 역시 말이 없었다. 많은 말들을 주고받았다고 해도 이런 정적의 순간보다 더 큰 의미를 지니지는 못했을 것이며, 두근대는 욕망의 첫 느낌을 품게 하지도 못했을 것이다.

물놀이를 마치고 돌아오는 사람들 소리가 들리자 로버트는 작별 인사를 했다. 에드나에게서 응답이 없었다. 그는 그녀가 잠들었다고 생각했다. 에드나는 조금 전에 그랬듯이 달빛 사이로 걸어가는 로버트의 모습을 유심히 바라보았다.

11

"여보, 여기서 뭐해? 난 당신이 벌써 자고 있을 줄 알았는데."

해먹에 누워 있는 아내를 보며 남편이 말했다. 그는 르브랭 부인과 같이 걸어오다가 본채 앞에서 부인과 헤어지고 들어오는 길이었다. 아내는 아무 대답이 없었다.

"잠든 거요?"

몸을 구부려 아내를 가까이 들여다보며 남편이 말했다.

"아뇨."

에드나의 초롱초롱한 눈이 강렬하게 번뜩였다. 남편을 바라보는 아내의 눈에는 졸린 기색이 전혀 없었다.

"새벽 한 시가 지났어. 어서 들어갑시다."

그는 층계를 올라 방으로 들어갔다.

"에드나!"

몇 분 후, 그가 안에서 아내를 불렀다.

"기다리지 마세요."

에드나가 이렇게 답하자, 퐁텔리에 씨가 문 밖으로 머리를 내밀었다.

"거기 있으면 감기 걸린다고."

짜증 섞인 투로 남편이 말했다.

"왜 이런 바보 같은 짓을 하는 거지? 어서 들어와요."

"춥지 않아요. 숄이 있어서 괜찮아요."

"모기 물려."

"모기 없어요."

에드나는 남편이 방 안에서 서성이는 소리를 들었다. 내딛는 발소리마다 초조함과 짜증이 배어 있었다. 다른 때 같으면 남편이 요구하는 대로, 언제나 그렇듯 남편이 원하는 대로 따라 들어갔을 것이다. 지금까지는 습관처럼 남편이 요구하는 대로 따라온 터였다. 남편이 자기 뜻을 강요하기 때문에 그것에 복종하거나 따라야겠다는 생각이 들어서라기보다 그저 걷고, 움직이고, 앉거나 서는 것처럼 우리에게 주어진 수레바퀴 같은 일상적인 일들을 별 생각 없이 무심코 수행하는 것뿐이었다.

"에드나, 여보, 바로 들어오는 게 어때?"

남편이 또다시 물었다. 이번에는 부드럽고 간곡한 말투였다.

"싫어요. 여기에 있을게요."

"당신, 이렇게 멍청하다니."

남편이 무심결에 불쑥 내뱉은 말이었다.

"당신을 밤새 거기에 내버려 둘 수가 없으니 지금 당장 들어와."

아내는 짜증난다는 몸짓으로 부스럭거리더니, 해먹에 몸을 더 깊숙이 밀어 넣었다. 그녀는 자신의 의지가 아무도 막을 수 없을 만큼 너무도 완고하게 강렬히 불타고 있음을 느꼈다. 그 순간에는 거부하고 저항하는 것 말고는 달리 할 수 있는 일이 없었다. 에드나는 남편이 전에도 이런 식으로 말한 적이 있었는지, 그럴 때 자기가 남편 말에 순순히 따랐었는지 생각해봤다. 물론 그랬었다. 그녀의 기억 속에는 남편의 뜻에 복종했던 사실만이 남아 있었다. 그렇지만 에드나는 그렇게 했을 때의 느낌을 떠올리면서 왜, 어떻게 그대로 따르기만 했었는지 도무지 이해할 수 없었다.

"레옹쎄, 어서 자요."

그녀가 말했다.

"전 계속 여기 있을게요. 안으로 들어가고 싶지 않아요. 그럴 마음도 없고요. 그리고 다시는 그런 식으로 말하지 말아요. 대답하지 않을 거니까요."

퐁텔리에 씨는 이미 잠자리에 들 준비를 끝냈지만 잠옷 위에 또 다른 옷을 걸치고 있었다. 그는 포도주 병을 땄다. 아담한 진열장에는 언제나 최고급 포도주들이 늘어서 있었다. 그는 포도주를 한 잔 마시고 베란다로 나가 아내에게도 한 잔 건넸다. 에드나는 별로 마시고 싶지 않았다. 남편은 흔들의자를 끌어당겨 앉더니 슬리퍼를 신은 발을 난간 위에 걸쳐 놓은 채 시가를 태우기 시작했다. 그는 두 개를 태우고는 안으로 들어가 포도주를 한 잔 더 마셨다. 남편이 또 다시 한 잔을 권했지만 이번에도 아내는 거절했다. 퐁텔리에 씨는 조금 전처럼 다리를 들어 올리고 앉아 있다가, 잠시 시간이 흐른 후 다시 시가에 불을 붙였다.

에드나는 불가능하고 어처구니없지만 달콤했던 꿈에서 점점 깨어나 현실의 무게가 영혼을 짓누르기 시작하는 것을 느꼈다. 갑자기 온몸에 졸음이 쏟아졌다. 지금껏 자신을 지탱해주고 기운을 북돋아 주던 마음의 충만함이 이제는 그녀를 무력화시키고, 자신을 몰아치는 상황에 굴복하게 만들었다.

동이 트기 전 이른 새벽의 가장 조용한 시간, 온 세상의 만물이 숨을 죽이고 있는 것 같았다. 깊이 잠든 하늘 위에 낮게 걸린 달이 은빛에서 구릿빛으로 변하고 있었다. 부엉부엉 울던 늙은 올빼미도 이제 잠잠해졌고, 검찰나무도 들고 있던 가지 끝을 내리면서 더 이상 신음하지 않았다.

몸을 일으키려고 하자, 해먹에 너무 오래 가만히 있었던 탓인지 손발이 저려왔다. 그녀는 비틀거리며 겨우 계단을 올라왔지만 집안으로 들어가지 못하고 간신히 문기둥을 붙잡았다.

"레옹쎄, 당신도 들어올 거죠?"

남편에게 몸을 돌리며 에드나가 말했다.

"그러지, 이것만 다 태우고 곧 들어갈게."

뿌옇게 내뿜은 담배 연기에 눈을 던지며 남편이 말했다.

12

에드나는 몇 시간 밖에 자지 못했다. 뭔지 모르게 불안하고 열에 들 떠 잠을 제대로 이룰 수가 없었다. 어렴풋한 꿈에서 깨고 보니, 그것은 뭔가 잡을 수 없는 모호한 인상만을 남겨줄 뿐이었다. 그녀는 이른 아침의 시원한 공기를 맞으며 옷을 차려 입었다. 아침 공기의 상쾌함이 심신을 조금은 편안하게 해주었다. 그렇지만 에드나는 외부 환경에서나 내적으로나, 어느 것에서도 활력을 얻으려고 하지 않았다. 대신 그녀는 그게 무엇이든 충동이 이끄는 대로, 맹목적으로 따랐다. 마치 생소한 손이 지시하는 대로 내맡겨 자신의 영혼을 모든 책임감에서 풀어 주는 듯했다.

사람들이 대부분 아직 잠들어 있는 이른 아침이었다. 셰니에 섬으로 미사를 드리러 가려는 몇 사람들만이 분주히 움직이고 있었다. 연인들도 전날 밤 미리 계획을 세운 대로 이미 부두 쪽으로 향하고 있었고, 그 뒤로 그리 멀지 않은 곳에서는 검은 옷의 여인이 벨벳 소재에 금 버클로 장식한 주일 기도서와 은으로 된 주일용 묵주를 손에 들고 뒤따랐다. 노신사 파히발 씨도 잠자리에서 일어나 마음 가는 대로 아무거나 하면서 하루를 보내면 어떨까 생각하고 있었다. 그는 커다란 짚 모자를 쓰고 현관 걸이에서 우산을 꺼내 들고 나와 검은 옷의 여인을 뒤따랐다.

르브랭 부인의 재봉틀 발판에 매달려 일을 하던 어린 흑인 여자아이는 빗자루를 들고 건성으로 바닥을 쓸고 있었다. 에드나는 그 소녀를 본채로 올려 보내 로버트를 깨우게 했다.

"가서 내가 셰니에 섬으로 갈 거라고 말해 줘. 배가 준비되어 있으니 어서 서두르라고 해."

두 사람은 곧 만났다. 에드나가 그를 부르려고 사람을 보낸 건 이번이 처음이었다. 그에게 와 달라고 부탁한 적도, 한 번도 로버트가 보고 싶었던 적도 없었던 것 같았다. 그녀는 로버트를 부르면서도 자신이 평소와 좀 다르다는 사실을 의식하지 못했다. 로버트 역시 지금 이 상황이 특별한 경우라는 생각은 하지 않았다. 그러나 에드나를 만났을 때 로버트의 표정은 매우 환한 빛으로 물들고 있었다.

두 사람은 커피를 마시러 부엌으로 함께 들어갔다. 제대로 차려진 음식을 기대할 시간이 없었다. 그들은 창문 밖에 서서 요리사가 건넨 커피와 롤빵을 창턱에 올려놓고 함께 먹었다. 에드나는 맛있다고 말했지만 사실 커피는커녕 어떤 것도 먹을 생각은 전혀 하지 않았다. 로버트는 예전부터 에드나가 계획성이 부족한 것을 알고 있었다고 털어놓았다.

"셰니에 섬에 갈 생각을 하고, 당신을 깨울 생각을 한 것만으로도 충분하지 않나요?"

그녀가 웃으며 말했다.

"모든 걸 다 내가 생각해야 되나요? 이 말은 레옹쎄가 화났을 때 잘하는 말이에요. 남편을 뭐라고 하는 건 아니에요. 나만 아니면 남편은 화날 일이 없을 거예요."

두 사람은 모래밭을 가로질러 지름길을 택했다. 멀리 떨어진 곳에 부둣가로 향하고 있는 행렬의 모습이 신기해 보였다. 어깨를 나란히 하고 천천히 걸어가는 연인들과 꾸준히 그들의 뒤를 따라가는 검은 옷의 여인, 그리고 조금씩 간격이 벌어지고 있는 노신사 파히발 씨, 그 뒤로는 한 스페인 소녀가 맨발을 하고 머리에는 붉은 수건을 두른 채 바구니를 들고 행렬의 마지막을 따르고 있었다.

소녀를 알고 있던 로버트는 배 위에 오르자 소녀에게 몇 마디 건

넀다. 배에 함께 타고 있던 사람들은 그들이 무슨 말을 나누는지 알아듣지 못했다. 소녀의 이름은 마리퀴타였다. 동그스름하면서도 가녀린 얼굴은 매력적이었고 눈은 유난히 검게 빛났다. 소녀는 자그마한 손으로 바구니의 손잡이를 꼭 움켜쥐고 있었다. 발은 볼이 넓고 거칠었지만 소녀는 그것을 감추려 하지 않았다. 소녀의 발을 본 에드나는 볕에 그을린 발가락 사이사이에 모래와 진흙이 잔뜩 끼어 있는 것을 보았다.

보들레는 마리퀴타가 자리를 너무 많이 차지하고 있다고 투덜거렸다. 사실 그는 노신사 파히발 씨가 배에 타고 있어서 화가 난 터였다. 보들레는 노인 양반보다 자신이 더 훌륭한 선원이라 생각하고 있었지만 파히발 씨처럼 나이가 많은 사람과 다툴 마음은 없었기 때문에 괜스레 마리퀴타를 걸고넘어진 것이다. 그 순간 마리퀴타는 로버트에게 탄원하듯 도와 달라는 눈길을 보냈다. 뒤이어 그녀는 짓궂게 머리를 위아래로 끄덕이면서 로버트에게 "추파"를 던졌고, 보들레에게는 "입"을 삐죽거렸다.

두 연인은 다른 사람들과 떨어져 있었다. 그들은 주변 사람들에게 전혀 관심이 없었다. 검은 옷의 여인은 세 차례 묵주를 돌리며 기도하고 있었다. 노신사 파히발 씨는 자신은 배의 조종 방법을 잘 알고 있지만 보들레는 그런 걸 잘 모른다고 끊임없이 이야기했다.

에드나는 이 모든 것이 좋았다. 그녀는 마리퀴타의 검은 눈동자에부터 못생긴 구릿빛 발에 이르기까지 차분히 훑어보았다.

"저 부인은 왜 저렇게 나를 쳐다보는 거죠?"

소녀가 로버트에게 물었다.

"네가 예쁘다고 생각하나 보지. 내가 물어봐 줄까?"

"아뇨. 저 부인이 당신 애인인가요?"

"부인은 결혼도 했고, 아이가 둘이나 있어."

"아! 아이가 넷이나 있는 실바노 부인도 프란시스코와 도망을 쳤는데요 뭐. 그 둘은 아이를 하나 데리고 실바노 씨의 전 재산과 배까지 훔쳐 갔어요."

"조용히 하지 못해!"

"저 부인이 알아듣나요?"

"입 다물라니까!"

"저쪽에 서로 기대고 있는 두 사람은 결혼했나요?"

"물론 안 했지."

로버트는 웃었다.

"물론 안 했지."

마리퀴타도 로버트의 의견에 동의하듯 확신에 차서 고개를 끄덕이며 그가 한 말을 되풀이했다.

태양이 높이 솟아올라 햇살이 따가워지기 시작했다. 모두를 집어삼킬 듯 이글이글 타오르고 있었다. 에드나에게는 휙 불어오는 미풍이 속에 감춰 둔 독침으로 얼굴과 손의 모공을 콕콕 찌르는 듯싶었다. 로버트는 양산을 펴서 그녀의 머리 위로 받쳐 주었다.

배가 물살을 가르며 비스듬히 나아가자 거센 바람에 돛이 팽팽하게 부풀어 올랐다. 노신사 파히발 씨는 돛을 쳐다보며 무엇 때문인지 찬웃음을 지었고, 보들레는 그런 늙은이를 향해 낮은 목소리로 욕을 퍼부었다.

만을 가로질러 셰니에 섬으로 항해하는 동안 에드나는 자신을 단단히 붙들고 있던 닻의 고리가 느슨해지면서, 정박지에서 점점 벗어나는 기분이 들었다. 전날 밤 로버트가 말하던 그 신비스러운 정령이 정말로 여기저기 나타나 자신이 가고자 하는 곳은 어디로든 자유롭게 다닐 수 있도록 도와 준 것만 같았다. 로버트는 쉬지 않고 계속해서 그녀에게 말을 붙였고 더 이상 마리퀴타를 의식하지 않았다. 마리퀴타는 작은 새우들이 담긴 대나무 바구니를 들고 있었다. 온통 이끼로 뒤덮인 새우들이었다. 소녀는 우악스럽게 이끼를 털어 내고는 부루퉁하게 중얼거렸다.

"우리 내일 그랑 테르 섬으로 갈래요?"

로버트가 에드나에게 낮은 목소리로 제안했다.

"거기에서 뭘 하려고요?"

"언덕 위의 고성에 올라가 꿈틀거리는 황금 뱀도 보고, 일광욕하는 도마뱀도 보지요."

에드나는 그랑 테르 섬 쪽으로 멀리 시선을 던지면서, 그곳의 태양 아래 로버트와 단둘이 포효하는 파도 소리를 들으며 고성의 잔해 속에서 꿈틀거리는 도마뱀이나 보며 살고 싶다는 생각을 했다.

"그리고 다음날, 아니면 다음다음 날에는 배를 타고 베이유 브륄로우로 갈 수 있어요."

로버트가 계속 말했다.

"거기에서는 또 뭘 하죠?"

"뭐든 할 수 있지요. 미끼로 물고기라도 잡죠."

"안 돼요. 그냥 다시 그랑 테르로 돌아가요. 물고기는 건드리지 말고요."

"부인이 원하는 곳은 어디든 가겠습니다. 토니에게 오라고 해서 내 배를 손질해 달라고 해야겠어요. 보들레나 다른 사람에게 부탁하지 않아도 돼요. 통나무배라 무서운가요?"

"아, 아뇨."

"그럼 달빛이 환한 밤에 통나무배 위로 부인을 모시겠습니다. 아마 멕시코만의 정령이 보물이 숨겨져 있는 장소를 속삭여 주겠지요. 어쩌면 바로 그곳으로 데려다 줄지도 모르고요."

"하루아침에 부자가 되겠네요. 그 보물을 모두 당신께 드릴게요. 해적이 숨겨 둔 황금이나 우리가 땅 속에서 파낼 수 있는 보물을 전부 다요. 당신이라면 보물을 어떻게 써야 할지 알 거예요. 해적의 황금은 저축하거나 생활비로 쓸만한 건 아니잖아요. 아무 생각 없이 흥청망청 써 버리고 바람결에 날려 버리는 거예요. 금빛 조각이 하늘 위로 두둥실 떠다니는 모습을 지켜보며 즐기는 거죠."

에드나가 웃으며 말했다.

"그럼 우리 둘이 함께 그걸 바람에 날려 버립시다."

로버트가 말했다. 그의 얼굴이 발갛게 상기되었다.

두 사람은 예스러운 느낌의 고딕 양식으로 지어진 아담한 성모 마리아 교회로 함께 올라갔다. 교회는 햇빛에 반사되어 온통 갈색과 노란색으로 반짝였다.

교회 밖에는 보들레만이 남아 자신의 배를 점검하고 있었고, 마리퀴타는 새우를 담은 바구니를 들고 걸어가면서 로버트를 향해 어린애다운 불쾌감과 비난의 눈초리를 보냈다.

13

미사가 진행되는 동안 나른함과 답답함이 에드나를 덮쳐 왔다. 머리가 아파 왔고, 성찬대의 불빛이 눈앞에서 흔들렸다. 다른 때 같으면 평정심을 찾으려 노력이라도 해봤겠지만, 지금은 오로지 숨 막힐 듯한 교회의 분위기에서 벗어나 활짝 트인 신선한 공기를 맛보고 싶은 생각뿐이었다. 그녀는 자리에서 일어나 낮은 목소리로 미안하다는 말을 남기고 로버트의 발을 넘어갔다. 이 모습에 당황한 노신사 파히발 씨는 무슨 일인가 궁금해서 따라 일어섰지만 로버트가 그녀를 뒤쫓아 가는 것을 보고는 도로 자리에 앉았다. 노신사는 검은 옷의 여인에게 무슨 일인지 너무 궁금하다고 속삭였지만, 그녀는 대답은 커녕 신경도 쓰지 않은 채 오직 벨벳으로 감싼 기도서의 페이지들만 뚫어지게 쳐다보았다.

"현기증이 났었는데 지금은 많이 나아졌어요. 미사가 끝날 때까지 앉아 있을 수가 없었어요."

에드나는 본능적으로 머리 위로 손을 올려 이마가 드러나도록 짚 모자를 살짝 밀어 올리며 말했다.

두 사람은 교회 밖 그늘 아래 앉아 있었다. 로버트의 머릿속은 온통 에드나를 걱정하는 마음으로 가득했다.

"미사를 끝까지 보는 것은 고사하고, 애당초 미사를 드리러 오자고 생각한 것부터가 어리석었어요. 앙투안 부인의 집으로 가죠. 그곳에 가면 쉴 수 있을 겁니다."

로버트는 걱정스러운 듯 그녀의 얼굴을 계속 내려다보며 팔을 잡아 부축했다.

아, 이 얼마나 고요한 섬인가! 들려오는 소리라고는 오직 소금물을 머금고 자라나는 갈대 사이로 속삭이는 바다 소리뿐이었다. 온갖 비바람에 시달린 잿빛의 자그마한 집들이 오렌지 나무 사이에 옹기종기 길게 모여 있었다. 그녀는 평화롭고 나지막한 이런 섬이야말로 분명 신이 주관하고 있는 곳이라고 생각했다. 두 사람은 물을 좀 얻어 마시기 위해 걸음을 멈추고, 바다에서 떠밀려 온 나무로 만든 얼키설키한 울타리 너머로 들여다보았다. 온화한 표정의 한 젊은 아카디아인[15]이 저수탱크에서 물을 길어 올리고 있었다. 저수탱크는 땅속에 박힌 녹슨 부표로 한쪽에 구멍이 나 있었다. 젊은이가 양철통에 건네준 물은 그리 차갑지는 않았지만 에드나의 얼굴에 피어 오른 열

---

15. 아카디아의 프랑스계 주민으로 1755년 프렌치인디언 전쟁 중 강제 추방되어 프랑스 식민지에서 스페인령이 된 루이지애나 주 뉴올리언스로 흩어져 이주하였다. '케이준'이라고도 부른다.

기를 식혀 주기에는 충분했다. 물을 마신 덕에 그녀는 원기를 회복했고 기분까지 상쾌해졌다.

앙투안 부인의 작은 집은 마을의 후미진 곳에 있었다. 환한 햇살을 집안으로 들이듯, 부인은 두 사람을 진심으로 반갑게 맞이했다. 다소 살집이 있는 앙투안 부인은 묵직한 걸음으로 뒤뚱거리며 걸어왔다. 부인은 영어를 전혀 할 줄 몰랐다. 그러나 로버트가 자신과 함께 온 여인이 몸 상태가 좋지 않아 휴식을 취하고 싶다는 의사를 전달하자, 부인은 자기 집처럼 편히 쉬라고 열렬히 환영했다.

부인의 집은 구석구석 먼지 하나 없이 깨끗했으며, 네 개의 기둥이 받치고 있는 순백의 커다란 침대는 누구라도 누워 보고 싶을 정도였다. 침대는 곁방에 있었고, 거기에서는 좁게 뻗은 잔디밭을 가로질러 건너편의 헛간이 보였다. 헛간에는 망가진 배가 뒤집어진 채로 놓여 있었다.

앙투안 부인은 미사를 드리러 가지 않았다. 부인의 아들 토니는 미사를 드리러 갔지만, 곧 돌아올 거라고 생각한 부인은 로버트에게 집안에 앉아서 기다리라고 했다. 그러나 그는 문밖에 앉아 담배를 피웠다. 부인은 널따란 거실에서 부지런히 저녁 식사를 준비했다. 그녀는 커다란 화로의 벌겋게 타오르는 석탄불에 숭어 찌개를 끓이고 있었다.

작은 곁방에 홀로 남은 에드나는 단추를 풀어 겉옷을 벗고, 두 개의 창문 사이에 놓인 세면대에서 얼굴과 목, 팔을 씻었다. 신발과 스타킹도 벗어버리고, 높이 솟은 새하얀 침대의 한가운데에 몸을 쭉

고 누웠다. 이리도 이국적이고 고풍스런 침대에 누워 시트와 매트리스에서 풍겨 오는 월계수 향 같은 시골의 달콤한 냄새를 느끼며 쉴 수 있다니, 이 얼마나 호사스러운 일인가! 그녀는 조금 쑤셨던 건강한 팔과 다리를 쭉 뻗고 풀어헤친 머리를 잠시 손으로 빗어 내렸다. 통통한 자신의 팔을 뻗어 차례로 주무르면서, 마치 처음 보는 듯 건강하고 탱탱한 팔의 살결을 유심히 살펴보았다. 그런 다음 머리 위로 편안하게 깍지를 낀 채 이내 잠이 들었다.

처음에는 얕게 잠이 들어 주위에서 일어나는 일이 어렴풋이 느껴졌다. 사포로 닦은 바닥 여기저기를 질질 끌며 왔다 갔다 하는 앙투안 부인의 육중한 발소리가 들려왔다. 창밖에서는 병아리 몇 마리가 잔디에 놓인 자갈들을 헤집어 대며 삐악 삐악 울어대었다. 얼마 후 헛간 아래에서 로버트와 토니가 도란도란 얘기하는 소리도 조금씩 들려왔다. 에드나는 몸을 꼼짝하지 않았다. 심지어 눈꺼풀에도 아무런 느낌이 없었고, 오직 잠에 취한 두 눈만이 짓누르듯이 무겁게 느껴졌다. 토니의 질질 끄는 듯한 늘어지는 아카디아인 말투와 로버트의 빠르면서도 부드럽고 매끄러운 프랑스어가 계속 이어졌다. 그녀는 자신이 직접 대면하는 경우가 아니면 프랑스어를 제대로 이해하지 못했기 때문에, 그들의 목소리는 자신의 감각을 달래 주는 나른하고 잔잔한 소리로 들려올 뿐이었다.

잠에서 깨어났을 때 그녀는 오랫동안 푹 잤다는 확신이 들었다. 헛간 아래에서 들려오던 소리도 잠잠해졌고 옆방에서 들려오던 앙투안 부인의 발소리도 더 이상 들리지 않았다. 다른 곳으로 가 버렸는지 병아리들의 삐악 거리는 소리도 들리지 않았다. 침대 위로 캐노피 모기장이 둘러져 있었다. 잠든 사이 앙투안 부인이 들어와서 쳐준 모양이었다. 에드나는 사뿐히 일어나 커튼 사이로 비스듬히 밀려오는 햇살을 보고 이미 오후 시간이 많이 흘렀음을 알았다. 로버트는 헛간 아래 그늘에서 뒤집혀진 배의 비스듬한 용골에 기대어 책을 읽고 있었다. 토니의 모습은 보이지 않았다. 에드나는 같이 섬에 온 다른 사람들은 어디에 있는지 궁금했다. 창문 사이에 놓인 세면대에서 세수를 하며 두서너 번 로버트를 훔쳐봤다.

앙투안 부인은 좀 거칠긴 하지만 깨끗한 수건을 의자에 걸어 놓았고, 손이 닿는 곳에 화장 분갑도 갖다 두었다. 에드나는 비친 모습이 약간 어그러져 보이는, 세면대 위쪽의 거울에 얼굴을 가까이 들이 밀고 콧등과 볼에 파우더를 톡톡 문질렀다. 초롱초롱한 눈은 이제 잠에서 완전히 깨어난 모습이었으며 얼굴은 발그레했다.

몸단장을 마친 에드나는 옆방으로 건너갔다. 배가 매우 고팠지만 옆방에는 아무도 없었다. 하지만 벽에 맞대어 놓여 있는 식탁 위에 식탁보가 펼쳐져 있었고, 한 사람 분의 접시가 천으로 덮여 있었는데, 그 옆에는 바삭바삭한 빵과 포도주 한 병이 놓여 있었다. 그녀는 새하얀 단단한 이빨로 빵을 베어 물었다. 유리잔에 포도주를 조금 따라 마셨다. 그러고는 조용히 문밖으로 나가, 낮게 드리운 나뭇가지에서 오렌지를 하나 따서 자신이 일어난 줄 모르고 있는 로버트를 향해 던졌다.

에드나를 본 로버트의 얼굴이 환하게 피어올랐다. 그는 오렌지

나무 아래 서 있는 에드나에게 다가갔다.

"제가 몇 년 동안 잠들어 있었나요? 섬 전체가 변한 것 같아요. 당신과 나만 과거의 유물로 남겨진 채 신 인류가 생겨난 느낌이에요. 앙투안 부인과 토니가 죽고 몇 년이나 흐른 거죠? 그랜드 섬에서 우리와 함께 왔던 사람들은 지구에서 언제 사라졌나요?"

에드나가 이렇게 묻자, 로버트는 친숙하게 그녀의 어깨 위의 옷 주름을 매만져 주었다.

"당신은 정확히 백 년 동안 잠들어 있었어요. 자고 있는 당신을 보호하기 위해 저는 이곳에 남아 있었지요. 백 년 동안 헛간 아래에서 책을 읽고 있었어요. 다만 한 가지 안타까운 일은, 구워 놓은 닭고기가 말라 버린 거예요."

"그게 돌로 변했어도 저는 그걸 먹을게요."

에드나는 이렇게 말하고 로버트와 함께 집안으로 들어갔다.

"그런데 정말, 파히발 씨와 다른 분들은 어떻게 됐어요?"

"몇 시간 전에 그랜드 섬으로 돌아갔어요. 부인이 잠들어 있는 걸 보고 깨우지 않는 게 좋겠다고 하더군요. 그러지 않았어도, 그 사람들이 당신을 깨우는 걸 제가 허락하지 않았을 겁니다. 제가 여기에 왜 남아 있었겠어요?"

"남편이 걱정하지 않을까 모르겠어요."

에드나는 식탁에 앉아 생각에 잠겼다.

"걱정하시지 않을 겁니다. 레옹쎄 씨도 부인 옆에 제가 있다는 걸 알고 있으니까요."

로버트는 이렇게 말한 후, 아직까지 화로 위에 있던 뚜껑 덮인 식기들과 여러 개의 팬을 다루느라 정신이 없었다.

"앙투안 부인과 토니는 어디 갔어요?"

에드나가 물었다.

"저녁 기도를 드리러 갔는데, 제 생각엔 친구들을 만나고 올 것 같아요. 그리고 부인이 떠날 준비가 되시면 언제든지 제가 토니의 배로 부인을 모실 겁니다."

로버트는 구워 놓았던 고기가 다시 지글거리도록 깜빡깜빡 숨이 죽어 가는 석탄재를 섞었다. 그가 에드나 앞에 펼쳐 놓은 식사는 제법 근사했다. 두 사람은 새로 내린 커피도 함께 마셨다. 앙투안 부인이 숭어 외에 별다른 음식은 준비해 놓지 않아서, 로버트는 에드나가 잠든 사이 먹을거리를 찾아 섬을 돌아다닌 터였다. 자신이 구해 온 음식을 맛있게 먹는 모습에 그는 아이처럼 기뻤다.

"바로 떠날까요?"

에드나가 잔을 비우고 빵 조각 부스러기를 털어 내며 말했다.

"해가 저물려면 아직 두 시간은 남았는걸요."

"두 시간 후면 해가 지고 없을 거예요."

"지려면 지라고 하죠. 상관없어요!"

두 사람은 한동안 오렌지 나무 아래 앉아 있었다. 마침내 앙투안 부인이 숨을 헐떡이며 어기적어기적 걸어와 집을 비운 연유와 사과의 말을 수없이 되풀이했다. 토니는 돌아올 수가 없었다. 그는 수줍음을 많이 탔고, 엄마 말고는 어떤 여자와도 마주 하려 하지 않았다.

오렌지 나무 아래에 앉아 점점 저물어 가는 서쪽 하늘이 구릿빛과 금빛으로 타오르는 광경을 지켜보는 건 너무도 황홀한 일이었다. 그림자가 점점 길어지더니 기괴한 괴물처럼 잔디밭을 스르르 빠져나갔다.

에드나와 로버트는 둘 다 땅바닥에 주저앉았다. 아니, 정확히 말하면 로버트는 에드나 옆에 누워 이따금 그녀가 걸친 모슬린 드레스의 끝자락을 만지작거렸다.

앙투안 부인은 육중한 몸으로 문 옆 벤치 위에 한 자리 차지하고 앉았다. 부인은 오후 내내 수다를 떨며 이런저런 얘기들을 들어온 참이라 옛날이야기 해주듯 자연스럽게 대화의 장을 열었다.

부인이 두 사람에게 해준 이야기들이란! 살면서 딱 두 번, 그것도 아주 잠깐, 셰니에 섬을 떠나 본 적이 있다는 얘기였다. 평생을 이 섬에서 주저앉아 어기적거리며 살아오는 동안 부인은 바라타리아만과 바다에 얽힌 전설들을 알게 되었다고 했다. 어느새 밤이 찾아와 달빛이 어둠을 밝히고 있었다. 에드나는 망자가 속삭이는 소리와 감싸 둔 황금이 서로 부딪히는 소리를 들었다.

로버트와 에드나가 빨간 삼각돛이 달린 토니의 배를 타자 형체를 알 수 없는 정령들이 어둠 속에서 갈대 사이를 어슬렁거렸고, 물 위에는 유령선이 속도를 높여 두 사람을 쫓고 있었다.

14

래티뇰 부인은 제일 어린 에티엔을 제 엄마의 손에 넘겨주면서, 에티엔이 어찌나 말을 안 들었는지 모른다고 불평을 털어놓았다. 아이가 자지 않고 놀겠다며 떼쓰는 바람에 자신이 떠맡아 달래느라 애를 썼다는 거였다. 라울은 이미 두 시간 전에 잠자리에 든 후였다.

에티엔은 흰 색의 기다란 가운을 입고 있어서 래티뇰 부인과 손을 잡고 걸어오는 내내 가운 자락에 걸려 넘어지곤 했다. 눈에는 졸음이 가득한 데다 기분까지 별로 좋지 않았던 아이는 다른 쪽 손으로 눈을 비볐다. 에드나는 에티엔을 품에 안고 흔들의자에 몸을 묻었다. 그러고는 아이를 이리저리 소중히 쓰다듬어 어르고 달래는가 하면, 갖가지 애칭을 불러 주며 재웠다.

시간이 많이 흘러 밤자 아직 9시였다. 아이들을 빼고는 아직 누구도 잠자리에 들지 않았다.

래티뇰 부인은 레옹쎄가 처음엔 매우 불안해하며 당장 셰니에 섬으로 가려고 했다는 이야기를 전해 주었다. 하지만 노신사 파히발 씨가 부인은 단지 너무 피곤해서 잠에 취해 있는 것이고, 나중에 토니가 부인을 안전하게 데려다 줄 거라며 레옹쎄를 안심시켰던 것이다. 자초지종을 들은 레옹쎄는 만을 건너려는 생각을 접었다. 에드나가 돌아온 지금 남편은 클라인 호텔에 가고 없었다. 담보, 어음 교환, 주식, 채권, 그밖에 래티뇰 부인이 정확히 기억나지 않는다고 한 뭔가를 알아보기 위해서 어떤 목화 브로커를 만나러 간 것이다.

남편은 그렇게 많이 늦지는 않을 거라고 말했다. 래티뇰 부인은 자기도 지금 열이 나고 몸이 무거워 힘들다고 했다. 부인은 소금을 담은 병과 커다란 부채를 들고 있었다. 그녀는 혼자 있는 걸 무엇보다 싫어하는 남편을 혼자 두고 왔다며 에드나와 더 오래 있을 수 없겠다고 했다.

에티엔이 깊이 잠들자 에드나는 아이를 건넛방에 눕혔고, 로버트가 얼른 뒤따라와 아이를 침대에 편히 눕힐 수 있도록 모기장을 위로 들춰 주었다. 보모는 어디에 있는지 보이지 않았다. 에드나의 별채에서 나온 로버트는 그녀에게 잘 자라고 인사했다.

"로버트, 우리가 오늘 아침부터 하루 종일 함께 있었다는 거 아세요?"

헤어지면서 에드나가 말했다.

"부인이 잠들어 있던 백 년을 빼고는 그랬지요. 잘 자요."

로버트는 에드나의 손을 꼬옥 잡아 준 다음 해변 쪽으로 멀어져 갔다. 그는 어떤 사람들하고도 어울리지 않고 멕시코만을 향해 혼자 걸었다.

에드나는 남편이 돌아오길 기다리며 밖에 있었다. 자고 싶은 마음도 집안으로 들어가고 싶은 마음도 별로 없었다. 게다가 래티뇰 부부와 어울려 얘기를 나누고 싶은 마음은 더더욱 들지 않았다. 르브랭 부인과 몇 사람들이 본채 앞에서 모여 앉아 화기애애하게 담소를 나누는 소리를 들었을 때도 그들과 합류하고 싶지 않았다. 그녀는 그랜드 섬에서 지내 온 나날들을 되짚어 보면서, 올해 여름이 자기 인생의 지나간 여름들과 무엇이 다른지 생각해 내려 애썼다. 하지만 현재의 자신이 이전과는 조금 달라졌다는 사실만 깨달을 뿐이었다. 자신이 다른 눈으로 세상을 보고 있으며 주위 환경을 채색하고 변화시킨 자기 내부의 새로운 상황에 친숙해지려 한다는 점을, 본인 스스로는 아직 눈치 채지 못하고 있었다.

에드나는 로버트가 왜 자기를 남겨 두고 가 버렸는지 의아해 할 뿐 자신과 하루 종일을 함께 있으면서 피곤했을 거라는 생각은 전혀 하지 못했다. 그녀 자신이 로버트와 같이 있는 게 지루하지 않았기에 그 역시 그랬을 거라 생각한 것이다. 그녀는 로버트가 가 버린 게 서운했다. 꼭 가야만 하는 상황이 아니었다면 자기 옆에 있어 주는 게 지극히 당연하다고 생각했다.

남편을 기다리면서 에드나는 만을 건너올 때 로버트가 불러 주었던 노래를 나지막이 흥얼거렸다. 그 노래는 "아! 그대가 알아주기만 한다면"으로 시작했고, 매 절마다 "그대가 알아주기만 한다면"으로 끝을 맺었다.

로버트의 목소리는 가성이 아니었다. 그의 음색은 음악적인 감성이 살아 있고 진지했다. 목소리, 음조, 전체적인 후렴구가 그녀의 뇌리에서 떠나지 않고 계속 맴돌았다.

15

어느 날 저녁, 에드나는 늘 그랬듯이 조금 늦게 식당으로 들어갔는데, 그곳에는 평소와 달리 화기애애한 대화가 오고가고 있었다. 여러 사람들이 동시에 떠들어댔고, 심지어 빅토르는 자기 엄마보다 더 큰 목소리로 분위기를 장악하고 있었다. 에드나는 수영을 하다 늦게 돌아와 다소 서둘러 옷을 갈아입고 오는 바람에 얼굴이 상기되어 있었다. 우아한 흰색 가운을 걸쳐 입은 그녀의 얼굴은 마치 활짝 핀 예쁜 꽃을 연상시켰다. 그녀는 노신사 파히발 씨와 래티뇰 부인 사이에 자리를 잡고 앉았다.

에드나가 식당으로 들어왔을 때 이미 수프가 놓여 있었다. 그녀가 자리를 잡고 수프를 뜨려는 순간, 로버트가 멕시코로 갈 예정이라는 이야기를 여러 사람이 너나 할 것 없이 동시다발적으로 전해주었다. 그녀는 스푼을 내려놓고 당황하여 주위를 둘러보았다. 로버트는 오전 내내 자기 옆에서 책을 읽었을 뿐 멕시코에 대해서는 일언반구도 없었다. 오후에는 그를 전혀 보지 못했지만 로버트가 어머니와 본채 꼭대기 층에 있다고 누군가 말하는 걸 얼핏 듣기는 했다. 그때 에드나는 이를 대수롭지 않게 여겼었다. 물론 해변으로 내려갔을 때도 오후 늦게까지 로버트가 자기를 만나러 오지 않았던 것이 놀랍기는 했지만 말이다.

식당의 주인 역할을 맡고 있는 르브랭 부인 옆에 로버트가 앉아 있었다. 그를 건너다보는 에드나의 얼굴에 당황한 기색이 여지없이 드러났지만, 그녀는 그것을 굳이 감추려 하지 않았다. 로버트는 에드나의 응시에 화답이라도 하듯 그럴싸한 미소를 지어 보이며 눈썹을 치켜 올렸다. 그는 난처하고 불안해 보였다.

"로버트가 언제 떠나나요?"

에드나는 마치 로버트가 그 자리에 없어서 직접 답을 해줄 수 없는 상황이라도 되는 듯 좌중을 향해 물었다.

"오늘 밤!"

"바로 오늘 저녁!"

"정말, 이거 놀라운데!"

"뭐가 그렇게 급하지?"

이러한 답변들이 프랑스어와 영어로 동시에 들려왔다.

"말도 안 돼요!"

에드나는 소리를 질렀다.

"지금 당장 그랜드 섬에서 멕시코로 가는 게 무슨 클라인 호텔이나 부둣가나 해변에 내려가듯 쉬운 일인가요?"

"저는 처음부터 멕시코로 갈 예정이라고 말했습니다. 이 얘기를 몇 년 동안이나 줄곧 해 왔다고요!"

로버트가 벌떼처럼 몰려드는 독충으로부터 자신을 방어하는 사람처럼 몹시 흥분되고 화난 목소리로 외쳤다.

르브랭 부인이 나이프 손잡이로 식탁을 두드리며 큰 소리로 말했다.

"로버트가 떠나는 이유가 뭔지, 왜 굳이 오늘 밤에 떠나야 하는

지 제발 조용히 좀 들어봅시다. 정말이지 이놈의 모임은 날이 갈수록 점점 더 정신병원처럼 되어 가고 있어요. 한꺼번에 다 같이 말을 해대니. 어떤 때는 정말이지 빅토르가 입을 열지 못하게 됐으면 하고 바랄 때도 있답니다. 하나님, 용서하세요."

빅토르는 그런 신성한 바람을 가지신 어머니께 감사하다고 빈정거리며 웃음을 터뜨렸다. 그러면서 그런 소망이 이루어져 봐야 사람들에게 이익이 될 것은 하나도 없고, 단지 어머니 혼자 말할 기회만 실컷 많아질 뿐이라고 응수했다.

파히발 씨는 빅토르를 어렸을 때 바다 한가운데로 데리고 나가 물속에 빠뜨렸어야 했다고 생각했다. 반면 빅토르는 모든 사람들이 싫어할 만한 소리를 저렇게 당당하게 주장하는 노인들의 입을 막을 좋은 논리가 분명 있을 거라고 생각했다. 르브랭 부인은 점점 히스테리를 부렸고, 로버트 역시 아주 모질고 매섭게 동생을 몰아세웠다.

"어머니, 더 이상 설명할 게 없습니다."

말은 이렇게 했지만, 그래도 로버트는 사정을 이야기해 나갔다. 그동안 그의 눈은 줄곧 에드나를 향해 있었다. 그의 설명에 따르면, 그렇고 그런 날에 뉴올리언스를 출발하는 이러저러한 배를 잡아타야만 그는 베라 크루즈에서 합류하고자 하는 한 신사를 만날 수 있다는 거였다. 또한 마침 오늘 밤 보들레가 작은 배에 야채를 싣고 떠날 예정이라서, 그의 배를 타고 가면 제 시간에 뉴올리언스에 도착해서 베라 크루즈로 가는 배를 탈 수 있다고 논리적으로 설명했다.

"그런데 이 모든 것을 언제 결정했나?"

파히발 씨가 물었다.

"오늘 오후에 결정했습니다."

로버트는 귀찮다는 듯 대답했다.

"오늘 오후 몇 시에 말인가?"

이 늙은 신사는 법정에서 죄수에게 반대 심문 하듯 흔들림 없이 끝까지 다그쳐 물었다.

"오늘 오후 4시에 했습니다, 파히발 씨."

다소 격앙된 목소리로 거만하게 대답하는 로버트를 보자, 에드나는 무대 위의 어떤 연극배우가 떠올랐다.

에드나는 쿠르 부이용[16]을 억지로, 간신히 다 먹은 후 수프 속에 들어 있는 생선 덩어리를 포크로 찔렀다.

연인들은 사람들이 멕시코에 대한 대화를 나누느라 정신이 없는 틈을 타 둘만의 관심사를 소곤소곤 속삭였다. 검은 옷을 입은 여인은 예전에 멕시코에 갔다가 선물로 받은 아주 섬세하게 만들어진 진귀한 묵주 한 쌍에 대해 말하면서, 그 묵주에는 특별한 은총이 깃들어 있다고 했는데 과연 멕시코 국경을 넘어가도 그 은총이 발휘되는지 확인할 수가 없다고 했다. 대성당의 포셸 신부님이 그것에 대해 설명해 주려고 했지만, 신부님의 설명은 뭔지 모르게 그녀의 맘에 들지 않았다. 그래서 그녀는 로버트에게 이 신비로운 멕시코 묵

---

16. 쿠르 부이용(court bouillon): 포도주, 후추, 버터 따위를 합쳐 만든 일종의 진한 수프로 생선을 넣어 익히기도 한다.

주에 깃든 은총을 자신이 받을 수 있는지 특별히 관심을 좀 갖고 알아봐 달라고 부탁했다.

래티뇰 부인은 멕시코 사람들과 만날 때 각별히 조심하라고 주의를 주면서, 그들에겐 믿음이 가지 않고 비양심적이거나 앙심을 품은 사람들이 많다고 했다. 부인은 멕시코인들을 그렇게 비난하는 일이 결코 부당하다고 생각지 않았다. 부인이 개인적으로 알고 있는 어느 멕시코 사람은 특별한 타말리[17] 요리를 직접 만들어 팔았고 말투도 아주 부드러워서, 그녀는 그를 절대적으로 신뢰하고 있었다. 그러나 어느 날 그는 아내를 칼로 찔러 죽인 혐의로 체포되었다. 그가 교수형을 당했는지는 래티뇰 부인도 전혀 알지 못했다.

빅토르는 점점 기분이 좋아져서 어느 해 겨울 도핀 스트리트의 한 식당에서 코코아를 날라다 준 멕시코 여자 아이에 대한 이야기를 시작하려고 했다. 그러나 그의 말에 귀 기울여 주는 사람은 한 명도 없었다. 오직 파히발 씨만이 그의 우스꽝스러운 이야기에 자지러지게 웃음을 터뜨렸다.

에드나는 사람들이 이처럼 마구 이야기하고 떠들어대는 것을 보니 모두 다 미쳐 가는 것은 아닐까 하는 의구심이 들었다. 자신은 멕시코나 멕시코 사람들에 대해서 할 말이 하나도 생각나지 않았다.

"몇 시에 출발해요?"

---

17. 옥수수 반죽 사이에 여러 가지 재료를 넣고 익힌 멕시코 전통 요리로 만두와 비슷하다.

에드나가 로버트에게 물었다.

"열 시요. 보들레가 달이 뜨기를 기다리자고 하네요."

로버트가 대답했다.

"준비는 다 했어요?"

"거의 다 했습니다. 그냥 손가방 하나만 가지고 가서 트렁크 짐은 뉴올리언스에서 싸려고요."

로버트가 어머니의 질문에 답하려고 몸을 돌리자, 에드나는 블랙커피를 다 마시고 바로 자리에서 일어났다.

그녀는 곧장 자기 방으로 갔다. 밖에 있다 작은 별채에 들어오니 너무 갑갑하고 숨이 막혔지만 그것에 신경 쓸 겨를이 없었다. 그것 말고도 방 안에는 자신의 관심을 필요로 하는 것들이 백 가지는 되어 보였기 때문이다.

에드나는 옆방에서 아이들을 재우고 있는 보모의 게으름을 불평하면서 화장실의 작은 테이블을 올바로 정리했다. 의자 등받이에 여기저기 걸어 놓은 옷가지들을 한데 모아 각각 원래의 보관 장소인 옷장이나 서랍장에 집어넣었다. 그녀는 편하고 좀더 넉넉한 실내복으로 갈아입고 평소보다 더 열심히 머리를 빗어 내렸다. 그런 다음 옆방으로 건너가서 보모를 도와 아이들을 재웠다.

두 사내아이들은 장난기가 가득했고, 계속 이야기를 나누고 싶어 했다. 얌전히 누워서 자는 것만 제외하고 다른 건 모두 다 하고 싶어 하는 아이들 같았다. 에드나는 보모에게 어서 가서 저녁 식사를 하라고 하면서 다시 돌아올 필요는 없다고 말했다. 그러고는 아이들 곁에 앉아 이야기를 들려주었다. 아이들은 엄마의 이야기를 들으며 잠들기는커녕 오히려 너무나 흥미로운 나머지 잠이 확 달아났다. 엄마는 다음날 이야기의 결말을 마저 들려주겠다는 약속을 하고 자리에서 일어났다. 한편 두 아이는 엄마가 약속한 이야기의 결말에 대해 각자 상상의 나래를 펴고 자기 말이 맞을 거라며 열띤 토론을 시작했다.

에드나의 방으로 어린 흑인 여자아이가 찾아와서, 에드나가 본채로 와서 로버트가 떠날 때까지 그들과 함께 있기를 바란다는 르브랭 부인의 말을 전했다. 에드나는 자신은 이미 실내복으로 갈아입었고 몸이 별로 좋지 않다고 하면서 그래도 조금 이따 상황을 봐서 본채로 건너가겠다는 전갈을 주어 소녀를 돌려보냈다. 그녀는 다시 옷을 갈아입기 시작했고 급기야 실내복까지 벗었다. 그러나 또다시 마음이 바뀌어 실내복을 도로 입고 밖으로 나가 문 앞에 앉았다. 그녀는 몹시 흥분되고 짜증이 나서 한동안 있는 힘껏 부채질을 했다. 래티뇰 부인이 무슨 일인가 하여 직접 내려왔다.

"식당에서 사람들이 주고받는 대화 소리가 너무 시끄럽고 혼란스러워서 당황했던 것 같아요."

에드나가 답했다.

"게다가 저는 충격적이거나 놀라운 소식에 예민해요. 로버트도 그래요, 그렇게 터무니없이 갑자기 떠난다는 발표를 하다니요! 마치 그게 삶과 죽음의 문제인 것처럼 말이죠. 오전 내내 함께 있으면서도 떠난다는 말은 한마디도 하지 않았어요."

"그러게요."

래티뇰 부인이 동의를 표했다.

"내 생각에도 우리 모두를, 특히 당신을 배려하지 않았다고 생각해요. 이번만큼 나를 놀라게 한 적은 없었어요. 르브랭 집안사람들은 모두들 그렇게 영웅처럼 추대받기를 원하는 거 같아요. 그래도 로버트가 그럴 줄은 정말 몰랐어요. 하지만 함께 가보는 게 어때요? 어서요. 여기 이러고 있는 건 별로 좋아 보이지 않아요."

"아뇨. 옷을 다시 갈아입기도 귀찮고 별로 가고 싶지 않네요."

에드나는 조금 퉁명스럽게 말했다.

"갈아입을 필요 없어요. 지금 그대로도 좋은걸. 허리에 벨트만 하면 될 것 같아요. 자! 봐요."

"가지 않겠어요."

에드나는 고집을 부렸다.

"그래도 부인은 가세요. 우리 둘 다 가지 않으면 르브랭 부인이 서운해 하실 테니까요."

래티뇰 부인은 에드나에게 잘 자라며 키스를 하고 멀어져 갔다. 사실 래티뇰 부인은 아직도 이어지고 있을 멕시코와 그곳 사람들에 관한 활기찬 이야기에 동참하고 싶었던 것이다.

어느 정도 시간이 흘러 로버트가 손가방을 들고 나타났다.

"기분이 별로 좋지 않으신가요?"

로버트가 물었다.

"아, 그런대로 괜찮아요. 바로 떠나시나요?"

로버트는 성냥에 불을 붙이고는 시계를 쳐다보았다.

"이십 분 후에요."

그가 답했다. 순간 성냥의 불꽃이 짧은 섬광을 발하며 잠시나마 어둠을 밝혀 주었다. 그는 아이들이 현관에 내다 놓은 조그만 의자에 걸터앉았다.

"편한 의자를 가져다 앉으세요."

에드나가 말했다.

"이것도 괜찮습니다."

로버트는 이렇게 답했다. 그는 안절부절못하며 중절모자를 썼다 다시 벗더니, 이번에는 손수건으로 얼굴을 문지르며 더위를 불평했다.

"이걸로 부치세요."

에드나가 로버트에게 부채를 건네며 말했다.

"아, 아닙니다. 고마워요. 부채를 써도 소용없어요. 언젠가는 부채질을 멈춰야만 하고, 그 이후에는 그만큼 더 덥게 느껴질 테니까요."

"사람들은 항상 그런 어리석은 말을 하더군요. 부채질에 대해서 다르게 말하는 사람을 본 적이 없어요. 얼마나 오랫동안 가 있을 건가요?"

"아마도 영원히요. 저도 잘 모르겠어요. 상황에 따라 달라지겠지요."

"그럼, 영원히 머물지 않는 경우라면 어느 정도 있다 올 건가요?"

"모르겠습니다."

"나도 내가 이러는 게 어리석고 주제넘은 짓이라고 생각해요. 나도 이런 내가 싫어요. 그렇지만 오늘 아침에도 떠난다는 말은 한 마디도 없었잖아요. 왜 아무 말도 하지 않고 비밀처럼 그랬는지 그 동기를 이해할 수가 없군요."

로버트는 여전히 침묵을 지키며 변명조차 하려 하지 않았다. 그저 시간이 조금 지나 이렇게 말할 뿐이었다.

"기분 나빠하며 헤어지지 말았으면 좋겠어요. 부인이 저에게 정나미가 떨어졌다는 태도를 보인 적이 전에는 한 번도 없었습니다."

"저 역시 기분 나쁘게 헤어지고 싶지 않아요."

에드나가 말했다.

"그런데 모르시겠어요? 이제 당신을 보는 게 점점 익숙해졌단 말이에요. 항상 당신과 함께 있는 거 말이에요. 그런데 당신은 정말 무정하고 냉정하시네요. 변명조차 하지 않는군요. 이런! 그런 줄도 모르고 난 돌아오는 겨울에 뉴올리언스에서 당신과 만나면 얼마나 좋을까 생각하면서 함께 지낼 계획을 세우고 있었으니."

"저도 그랬어요."

로버트가 불쑥 말했다.

"아마 그건⋯⋯."

로버트는 갑자기 일어나서 손을 내밀었다.

"안녕히 계세요, 퐁텔리에 부인. 부인이 저를 완전히 잊지 않기를 바라는 마음뿐입니다."

에드나는 로버트의 손을 꼭 잡고 그를 붙들어 보려고 했다.

"로버트, 도착하면 편지 보내세요. 그럴 거죠?"

에드나는 간곡히 부탁했다.

"그러죠. 고마워요. 잘 있어요."

이 얼마나 로버트답지 않은가! 아주 조금만 친한 사이여도 그렇게 간청하면 이런 대답보다는 좀더 명확한 확답을 해주었을 것이다.

로버트는 이미 본채에서 사람들과 작별 인사를 한 게 분명했다. 왜냐하면 그는 계단을 내려가 보들레와 합류하러 갔기 때문이다. 보들레는 저 아래에서 어깨에 노를 메고 로버트를 기다리고 있었다. 두 사람은 어둠 속으로 사라져 갔다. 에드나는 오직 보들레의 목소리만 들을 수 있었다. 로버트는 자신의 동반자에게 인사말 한 마디 건네지 않은 게 틀림없었다.

에드나는 부르르 떨며 손수건을 물어뜯었다. 다른 사람뿐 아니라 자기 자신에게조차 숨겨 왔었던, 자신을 괴롭히는, 아니, 마음을 찢어 놓고 있는 감정을 억제하고 숨기려 했다. 눈에 눈물이 그렁그렁 차올랐다.

인생 초년에 그녀는 어린 아이로서, 십대 초반의 소녀로서, 그 후 젊은 여성으로서 느꼈었던 사랑의 열병 증상을 처음으로 새롭게 인식할 수 있었다. 그러나 그것을 깨달았다 해도 현실이 나아진 것은 아니었으며, 심리적 불안의 징조나 암시를 통해 발견한 통렬한 아픔은 줄어들지 않았다. 과거는 그녀에게 아무것도 아니었고 마음에 새겨 두고자 하는 어떠한 교훈도 제시해 주지 않았다. 게다가 미래는 그녀가 들어가 보려고 시도조차 해본 적 없는 신비의 세계였다. 오직 현재만이 의미 있는 것이고 그것만이 그녀의 것이었다. 그런데 자신이 붙들고 있던 것이 사라지고 새롭게 깨어난 자신의 열정적인 요구가 거부당했다는 비통한 확신 때문에 에드나는 괴로웠다.

16

"친구가 많이 보고 싶죠?"

어느 날 아침 해변에 가려고 막 별채를 나선 에드나의 뒤를 라이즈 양이 살금살금 따라오며 물었다. 에드나는 마침내 수영의 기술을 습득한 그날 이후로 물속에서 많은 시간을 보냈다. 하지만 그랜드 섬을 떠날 날이 점점 가까워 오자 그녀는 자신의 유일한 기쁨인 수영에만 너무 많은 시간을 보내자니 아깝다는 생각이 들었다. 라이즈 양이 다가와 어깨를 툭 치며 건넨 말이 그녀의 마음속에 영원히 지워지지 않고 남아 있던 생각을 불러일으킨 것 같았다. 아니, 그보다는 오히려 끊임없이 자신을 사로잡고 있던 느낌을 일깨워 준 것 같았다.

로버트가 떠나자 모든 것의 빛과 색이 바랬고 의미가 없어졌다. 에드나의 생활은 하나도 변한 게 없었지만, 더 이상 입을 가치가 없는 빛바랜 옷처럼 삶 자체가 무기력해졌다. 그녀는 어디에서나 로버트의 흔적을 찾으려 했다. 가끔은 다른 사람들이 로버트 얘기를 하도록 유도하기도 했다. 아침마다 르브랭 부인의 방으로 올라가 낡은 재봉틀의 덜커덕거리는 소리에 맞서는 용기를 보이기도 했다. 그녀는 그곳에 앉아서 로버트가 그랬듯이 이따금 그의 어머니와 담소를 나눴다. 그리고 방을 둘러보며 벽에 걸려 있는 그림이나 사진을 눈여겨 살펴보기도 했고, 한쪽 구석에서 오래된 가족 사진첩을 발견하기도 했다. 에드나는 사진첩에 특별한 관심을 보이며 한 장 한 장 넘길 때마다 사진 속 여러 인물이나 얼굴에 대해 르브랭 부인에게 설명해 줄 것을 간청했다.

사진첩에는 르브랭 부인이 아기 때의 로버트를 무릎에 안고 찍은 사진이 있었다. 둥근 얼굴의 아기는 주먹을 입에 넣고 있었다. 오직 아기의 눈에서만 어른이 된 지금의 모습이 남아 있었다. 그리고 또 다른 사진은 긴 곱슬머리의 다섯 살 꼬마 로버트가 킬트[18]를 입고 손에 채찍을 든 모습이었다. 여기에 로버트가 처음으로 긴 바지를 입고 있는 모습을 본 에드나는 웃음을 터뜨렸다. 그녀가 관심을 보였던 또 다른 사진은 로버트가 대학에 진학하기 위해 집을 떠나면서 찍은 사진이었다. 사진 속 그는 말라 보였고, 엄숙한 표정의 두 눈에는 열정과 야망 그리고 결의가 가득해 보였다. 그러나 5일 전, 공허와 황량함만 남겨 놓은 채 떠난 로버트의 최근 모습이 담긴 사진은 어디에도 없었다.

"아, 로버트는 자기가 비용을 지불해야 하니까 사진을 찍지 않았

---

18. 스코틀랜드 남자가 입는 스커트.

어요. 좀더 현명하게 돈을 쓰는 법을 알게 됐다고 하더군요."

르브랭 부인이 설명했다. 부인은 로버트가 뉴올리언스를 떠나기 전에 보낸 편지를 가지고 있었다. 에드나가 편지를 보고 싶어 하자, 부인은 테이블 위나 옷장 위 아니면 벽난로 위를 찾아보라고 했다.

편지는 책꽂이에 있었다. 에드나는 편지에 상당히 관심을 보였고 너무나 궁금해 했다. 편지 봉투, 그것의 크기와 모양, 봉투에 찍힌 소인, 로버트의 필체, 이 모든 것들이 새롭고 신기했다. 그녀는 편지를 열어 보기 전에 겉에서부터 매우 꼼꼼하게 살펴보았다. 편지를 펼치자 내용은 단 몇 줄뿐이었다. 그날 오후 뉴올리언스를 떠날 예정이라는 것, 여행 가방은 제대로 잘 꾸렸다는 내용, 자신은 잘 지내고 있고, 어머니를 사랑한다는 말, 섬에 있는 모든 사람들에게 온 애정을 담아 자신의 안부를 전해 달라는 내용이었다. 특별히 자신에게 따로 남기는 말은 없었고, 다만 추신으로 자신이 떠나기 전에 퐁텔리에 부인에게 읽어 주었던 책을 부인이 끝까지 마저 보고 싶다고 하면, 어머니가 자신의 방 탁자 위에 놓인 다른 책들 사이에서 그 책을 찾아 전해 주라는 이야기만 담겨 있을 뿐이었다. 에드나는 로버트가 자신이 아닌 그의 어머니에게 편지를 보낸 것에 질투를 느끼며 괴로워했다.

사람들 모두 에드나가 로버트를 그리워하는 걸 당연하게 생각하는 것 같았다. 심지어 남편까지도 로버트가 떠난 그 주 토요일 섬에 왔을 때 그가 떠나 버린 사실을 유감스러워 했다.

"에드나, 로버트가 없는데 어떻게 지내고 있소?"

남편이 물었다.

"로버트가 없으니 무료해요."

에드나는 순순히 인정했다. 퐁텔리에 씨가 뉴올리언스에서 로버트를 만난 적이 있다고 하자, 그녀는 남편에게 이것저것 질문을 퍼부었다. '어디에서 만났어요?' '아침에 캐론델릿 스트리트에서. 우리 둘은 어느 곳에 들어가 함께 술을 마시고 시가도 피웠지.' '무슨 얘기했어요?' '멕시코의 경제 전망에 대한 이야기였지. 나는 멕시코의 전망이 밝다고 생각해.' '로버트는 어땠어요? 우울해 보였나요? 아님 좋아 보이던가요?' '아주 좋아 보이던데. 그리고 멕시코를 여행할 생각에 정신이 없더군. 행운과 모험을 찾아 낯설고 신비한 나라로 떠나는 젊은 친구에게는 당연히 그럴 수밖에 없을 거라고 난 생각했어.'

에드나는 초조한 마음에 발을 동동 굴렀다. 그러면서 아이들은 어째서 뙤약볕인데도 나무 그늘 아래로 들어가지 않고 계속 밖에서 놀려고 그러는지 모르겠다며 화제를 돌렸다. 그녀는 아이들이 있는 곳으로 내려가 그늘로 데리고 오면서 쿼드룬 보모에게 왜 좀더 주의하지 않았냐며 나무랐다.

에드나는 남편과 로버트 얘기를 하고 또한 남편이 그에 대해 자연스럽게 말하도록 유도하는 자신의 행동이 전혀 이상하게 느껴지지 않았다. 그녀가 로버트에게 느끼는 감정은, 남편에 대한 현재의 감정이나 과거에 느꼈던 감정, 혹은 장차 느낄 거라고 예상되는 감정과는 차원이 달랐다. 그녀는 생각이나 감정을 입 밖에 내보내지 않고 마음속에 감싸두는 일에 평생 익숙해 있었다. 그것들을 한 번도 투

쟁의 형태로 표출한 적도 없었다. 그런 감정들은 바로 에드나 자신의 것이었기에, 그녀는 자기 마음대로 제 감정들을 다룰 권리가 있고, 자기를 제외한 누구도 자신의 감정과 상관없다고 확신했다. 언젠가 래티뇰 부인에게 자신은 아이들을 위해서 혹은 그 어떤 누구를 위해서라도 결코 희생할 수 없을 거라고 말한 적이 있었다. 그때 이런 문제로 두 여인 사이에 다소 격앙된 논쟁이 벌어졌었는데, 두 사람 모두 서로의 의견을 이해하려 하지 않은 채 계속 자기주장만 내세웠다. 에드나는 친구의 기분을 달래주려고 노력하면서 이렇게 설명했다.

"저는 본질적이지 않은 것은 포기할 수 있어요. 돈도 내어 줄 수 있고, 자식들을 위해 내 목숨도 줄 수 있어요. 하지만 본연의 나 자신은 절대 버릴 수 없어요. 요즘에 와서야 비로소 이런 사실을 깨닫기 시작했고, 이제 막 서서히 그런 생각이 들기 시작해서인지 좀 더 명확하게 설명을 못하겠네요."

"부인이 말하는 본질적이라는 것이 무엇인지 또 비본질적이라고 규정한 것이 무엇인지 저는 잘 모르겠는걸요. 그렇지만 여자로서 자기 자식을 위해 목숨을 내어줄 수 있으면 됐지 그 이상 뭐가 더 필요하겠어요? 성경에도 그렇게 쓰여 있잖아요. 난 그 이상 무엇도 할 수 없다고 확신해요."

래티뇰 부인이 명랑하게 말했다.

"오, 부인은 당연히 하실 수 있어요!"

에드나가 웃으며 말했다.

그날 아침, 라이즈 양이 해변으로 가는 에드나의 뒤를 따라와 어깨를 툭 치며 로버트가 보고 싶지 않은지 물어 왔을 때, 그녀는 결코 놀라지 않았다.

"아, 라이즈 양! 안녕하세요? 당신이었군요. 왜 안 보고 싶겠어요. 당연히 보고 싶지요. 수영하러 가는 길이세요?"

"여름 내내 파도를 탄 적이 없었는데, 여름도 다 지나간 지금에 와서 무엇 때문에 수영하러 가겠어요?"

라이즈 양이 볼멘소리로 대꾸했다.

"미안해요."

에드나는 조금 당황하여 사과했다. 그제야 그녀는 라이즈 양이 물가에 가지 않으려 한다는 사실이 사람들 사이의 흥밋거리로 종종 화두에 올랐었다는 게 떠올랐다. 사람들은 라이즈 양이 가발을 썼기 때문이라는 둥, 또는 머리에 꽂고 있는 인조 제비꽃이 젖을까 봐 그러는 거라는 둥, 아니면 예술가적인 기질이 있는 사람은 원래 물을 싫어하는 경향이 있다고 주장하는 이들도 있었다. 라이즈 양은 종이봉투 속의 초콜릿 몇 개를 호주머니에서 꺼내 에드나에게 건넸는데, 이는 그녀가 에드나에게 나쁜 감정이 전혀 없음을 말해 주었다. 라이즈 양은 초콜릿이 기력을 유지시켜 준다고 굳게 믿어 왔던 터라 습관적으로 초콜릿을 먹어 왔다. 그녀는 초콜릿을 조금만 먹어도 영양이 풍부하다고 말했다. 그러면서 초콜릿을 먹으면 굶어 죽지는 않을 거라고 덧붙이고는, 르브랭 부인이 차려 주는 음식만으로는 살아가기 힘들다고 말했다. 그리고 르브랭 부인처럼 뻔뻔스러운 사람이나 그런 형편없는 음식을 차려놓고 그렇게 비싼 값을 요구하는 거라고 불평을 털어놓았다.

"아들이 떠나서 부인이 굉장히 허전하실 거예요. 거기다 특별히 더 아끼던 아들이었잖아요. 그런 아들을 떠나보낸다는 게 정말 힘든 일이었을 거예요."

에드나가 화제를 돌려보려고 이렇게 말했다.

그러자 라이즈 양이 적의에 찬 표정으로 웃었다.

"제일 아끼던 아들이라고요! 어머, 맙소사! 누가 그런 말을 하던 가요? 알랭 르브랭은 빅토르를 위해 살았어요. 오로지 빅토르 하나만을 위해서요. 르브랭 부인은 그 작은 아들을 아주 형편없는 인간으로 잘못 키웠어요. 부인은 심지어 그 아들이 걸어 다니는 땅까지도 숭배한답니다. 어느 면에서 보면 로버트는 꽤 괜찮은 사람이에요. 가족을 위해 자신이 버는 돈을 몽땅 다 내놓고, 정작 본인은 아주 조금만 가져간답니다. 가장 아끼는 아들이요? 세상에! 나도 그 불쌍한 친구가 너무 보고 싶네요. 로버트와 만나고, 뉴올리언스에 대한 이야기를 듣는 게 좋았어요. 르브랭 집안에서 그나마 괜찮은 사람은 로버트뿐이랍니다. 로버트는 뉴올리언스에서 종종 저를 보러 왔어요. 나는 그를 위해 연주하는 게 좋아요. 못된 빅토르! 그런 놈한테는 교수형을 내려도 모자라요. 로버트가 왜 오래전에 동생을 죽도록 두들겨 패주지 않았는지 이상하죠."

"제 생각에도 로버트가 동생에게는 상당히 인내심을 베푸는 것 같아요."

에드나는 이렇게 말하면서 무슨 얘기든 그게 로버트에 관한 이야기라 매우 좋았다.

"아! 일, 이년 전쯤인가 로버트가 동생을 흠씬 두들겨 준 적이 있지요."

라이즈 양이 말했다.

"어떤 스페인 여자 아이 때문이었어요. 빅토르는 자기가 그 여자 아이를 차지할 권리가 있다고 생각했죠. 언젠가 로버트가 그 아이랑 이야기를 했었던가, 같이 걸어갔던가, 아니면 수영을 했었나, 바구니를 들어주면서 얘기한 건지, 어쨌거나 지금은 기억이 잘 나지 않는데 빅토르가 그 모습을 보고 아주 무례할 정도로 형에게 함부로 말했어요. 그러자 로버트가 동생을 그 자리에서 엄청 때려 주었고, 그이후로 한동안은 얌전하게 지내더군요. 그런데 이제 또다시 혼날 때가 온 것 같아요."

"그 스페인 여자 아이의 이름이 마리퀴타였나요?"

에드나가 물었다.

"맞아요, 마리퀴타. 바로 그 이름이었어요. 그동안 잊고 있었는데. 그 애는 간사하고 못됐어요. 그 마리퀴타라는 아이 말이에요."

에드나는 라이즈 양을 보면서 자신이 어떻게 그토록 오랜 시간 동안 그녀가 내뱉는 독설을 듣고 있는지 스스로 의아했다. 무슨 이유에서인지 에드나는 우울해졌고 급기야 자신이 불행하다고까지 느껴졌다. 물속에 들어갈 생각은 전혀 없었지만 그녀는 수영복으로 갈아입고 아이들의 텐트 그늘에 앉아 있는 라이즈 양을 내버려 둔 채 바닷물 속으로 들어갔다. 여름이 막바지로 갈수록 바닷물은 점점 차가워졌다. 물속으로 뛰어들어 자유롭게 헤엄을 치자 오싹하면서도 원기를 회복하는 느낌이 들었다. 그녀는 한동안 물속에 있으면서 라이즈 양이 자기를 기다리지 말고 그냥 혼자 돌아가기를 내심 바랐다.

그러나 라이즈 양은 에드나를 기다리고 있었다. 물에서 나와 돌아가는 길에는 에드나에게 아주 상냥하게 대해 주었으며 수영복을 입은 모습이 멋지다며 극찬을 늘어놓았다. 라이즈 양은 음악에 대해 이야기했다. 뉴올리언스로 돌아가더라도 자신을 만나러 오라며 호주머니에서 엽서 한 장을 꺼내 몽당연필로 주소를 적어 주었다.

"당신은 언제 떠나나요?"

에드나가 물었다.

"다음 주 월요일에요. 부인은요?"

"저는 그 다음 주에 가려고요."

에드나가 대답했다.

"올 여름은 정말 즐거웠어요. 그렇지 않아요?"

에드나가 덧붙여 말했다.

"글쎄요."

라이즈 양은 어깨를 으쓱해 보이더니 곧 이어 자신도 그렇다고 인정했다.

"즐거웠던 편이었어요. 모기랑 파히발 씨네 쌍둥이들만 없었더라면 말이죠."

17

퐁텔리에 가족은 뉴올리언스의 에스플러네이드 스트리트[19]에 아주 멋있는 집을 한 채 가지고 있었다. 집은 이중 구조로, 매우 널찍한 앞 베란다에, 홈을 새긴 기둥들이 경사진 지붕을 지탱하고 있었다. 외벽은 눈부신 하얀 색깔로 칠해져 있었고 바깥쪽 셔터와 덧문은 녹색이었다. 빈틈없이 정돈된 뜰에는 남부 루이지애나 주에서 번식하는 온갖 종류의 꽃과 나무들이 자라고 있었다. 문을 열고 안으로 들어가면 갖가지 비품들이 틀에 박힌 방식으로 완벽하게 갖춰져 있었다. 마루에는 아주 부드러운 카펫과 양탄자가 깔려 있었고, 풍성하고 휘황찬란한 커튼이 문과 창문을 장식하고 있었다. 또한 벽에는 정확한 안목과 판단으로 엄선된 그림들이 걸려 있었다. 매일 식탁에 오르는 세공 유리잔과 은제품 그리고 두툼한 다마스크[20] 식탁보는 퐁텔리에 씨만큼 아량이 넓지 못한 남편과 사는 뭇 여성들이 부러워하는 물건들이었다.

퐁텔리에 씨는 혹시 수리가 필요한 곳이 없는지 보려고 집안 곳곳을 돌아다니면서 비품들이며 자잘한 물건들을 살펴보는 것을 즐겼다. 그는 자신의 소유물에 대해 '자기 것'이라는 이유로 매우 소중히 여겼다. 그림이며, 작은 조각상, 혹은 어디에서도 보기 힘든 레

---

19. 부유한 크리올 사람들이 모여 사는 뉴올리언스의 손꼽히는 고급 주택가.
20. 올이 치밀한 자카드직 천. 바탕에 큰 모양의 무늬를 나타낸 무늬 직물로, 테이블보나 이브닝드레스, 커튼 등 실내장식용으로 많이 쓰임.

이스 달린 커튼 등 일단 사들인 다음 집안의 수호신들 사이에 가져다 놓고 그것들을 가만히 바라보면서 마음껏 기쁨을 만끽했다.

퐁텔리에 부인이 손님을 맞는 날인 매주 화요일 오후[21]가 되면, 방문객들이 줄을 지어 몰려들었는데, 어떤 부인들은 마차나 시내 전차를 타고 오기도 하고, 멀지 않은 곳에 사는 부인들은 날씨가 맑으면 걸어서 오기도 했다. 피부색이 백인에 가까운 흑인 혼혈 남자 아이가 연미복을 입은 채 손님들의 명함을 담을 작은 은쟁반을 들고 손님을 맞이했다. 주름이 잡힌 모자를 쓴 여자 아이는 손님들에게 리큐어[22], 커피, 초콜릿을 원하는 대로 제공해 주었다. 퐁텔리에 부인은 멋있는 드레스로 차려 입고 오후 내내 응접실에서 손님들을 접대했다. 저녁에는 가끔 남자들이 부인과 함께 오는 경우도 있었다.

퐁텔리에 부인은 6년 전 결혼했을 때부터 매우 철저하게 이런 접대를 해오고 있었다. 그녀는 주중에 한두 번 저녁 시간을 이용해서 남편과 오페라나 연극을 보기도 했다.

퐁텔리에 씨는 아침 9시에서 10시 사이에 집을 나섰고, 언제나 7시 반에 저녁 식사가 시작되는데도 불구하고 6시 반이나 7시 이전에 들어오는 적은 별로 없었다.

그랜드 섬에서 돌아온 지 몇 주가 흐른 어느 화요일 저녁, 퐁텔

---

21. 당시 뉴올리언스의 부유층 귀부인들은 일주일에 한 번씩 손님을 맞는 관습이 있었다.

22. 혼성주. 과실과 같은 재료를 알코올 또는 포도주 등에 담가 향기, 맛, 유효 성분을 추출한 술의 일종.

리에 씨는 아내와 단둘이 식탁에 앉았다. 두 아이들은 잠자리에 들여보냈는데, 가끔씩 두 꼬마 녀석들이 맨발로 이리저리 뛰어다니는 소리와 쿼드룬 보모가 아이들을 따라다니며 조용조용 야단을 치거나 간청하는 소리가 들려왔다. 퐁텔리에 부인은 평소 화요일이면 입는 드레스를 입지 않고 평범한 실내복 차림이었다. 평소 이런 점들을 잘 관찰하는 남편은 시중드는 소년 대신 직접 스프를 떠 주면서 아내의 복장을 알아차렸다.

"에드나, 많이 피곤한가 보군? 어떤 손님들이 왔었소? 많이 왔었나?"

남편이 물었다. 그는 수프를 맛보더니 거기에 후추, 소금, 식초, 겨자 등 손에 닿는 대로 넣기 시작했다.

"아주 많이 왔었어요."

수프를 맛있게 먹고 있던 에드나가 대답했다.

"집에 돌아와 보니 명함이 많더라고요. 전 외출했었거든요."

"외출을 했었다고!"

식초가 담긴 병을 내려놓던 남편은 아연실색한 목소리로 안경 너머 아내를 바라보았다.

"아니, 화요일인데 무슨 일 때문에 외출을 한 거지? 꼭 해야 할 일이 있었던 건가?"

"아뇨, 그저 나가고 싶다는 생각이 들어서 외출을 한 거예요."

"그럼, 당신이 적당히 핑계를 대고 나갔겠군."

남편은 다소 진정되었는지 수프에 고춧가루를 조금 더 넣으며 이렇게 말했다.

"아뇨, 아무 말도 남기지 않았어요. 그냥 외출했다는 말만 전하라고 조에게 일러두었어요."

"세상에. 여보, 이제 당신도 그런 식으로 일을 처리해서는 안 된다는 걸 알 때가 됐을 텐데. 사람들과 원만한 관계를 지속하려면 '사회적 규범들'을 준수해야만 해. 오늘 오후에 꼭 집을 비워야만 했다면 적절한 이유라도 남겨 두었어야지. 이 수프는 정말 못 먹겠군. 아직도 수프 하나 제대로 끓이지 못한다니, 참 이상하군. 마을 매점의 공짜 수프도 이것보다는 낫겠어. 오늘 벨스로프 부인이 왔었나?"

"조, 명함을 담은 쟁반을 가져와 봐. 오늘 누가 왔었는지 기억이 나질 않네."

소년은 잠시 후 숙녀들의 방문 카드가 가득 담긴 자그마한 은쟁반을 들고 돌아와서 퐁텔리에 부인에게 건네주었다.

"이걸 퐁텔리에 씨께 갖다 드려."

에드나가 말했다.

조는 퐁텔리에 씨에게 쟁반을 건네주고 수프 그릇을 치웠다.

퐁텔리에 씨는 아내를 찾아온 사람들의 이름을 훑어보고 그중 몇 사람의 이름을 크게 불러 보며 한마디씩 덧붙였다.

"델라시다스 댁 아가씨들! 오늘 아침 델라시다스 씨하고 한 건 크게 계약했지. 참 멋진 아가씨들이야. 이제 결혼들 할 때가 되었는데……. 벨스로프 부인! 에드나, 당신에게 일러둘 게 있는데 벨스로프 부인을 함부로 대해서는 안 돼. 그게, 벨스로프 씨는 우리 회사를 열 번은 사고 팔 수 있을 정도로 부자거든. 그 사람이 지금 하는 사업으로 우리도 엄청난 돈을 벌 수 있단 뜻이야. 부인에게 오늘 자리를 비워 미안하다고 당신이 간단히 적어서 보내는 게 좋을 것 같군. 제임스 하이캠프 부인! 휴우! 하이캠프 부인과는 친하게 지내지 않는 게 좋을 거야. 라포쎄 부인! 안쓰러워라. 나이도 많으신 분이 그 먼 캐롤튼에서 여기까지 오셨다니. 위그스 양!, 엘리노어 볼튼스 부인!"

남편은 명함들을 옆으로 밀어 놓았다.

"세상에!"

에드나는 씩씩거리며 외쳤다.

"도대체 당신은 별 것도 아닌 일에 왜 그렇게 야단법석을 피우는 거죠?"

"내가 언제 야단법석을 떨었다는 건지 모르겠군. 내 말은, 사소하게 보이는 것들이라도 조심스럽게 다뤄야 한단 얘기야. 그게 중요한 거지."

생선이 검게 그을렸다. 퐁텔리에 씨는 생선에 손도 대지 않았다. 에드나는 생선이 조금 타긴 했어도 상관없다고 했다. 어쨌거나 남편은 구운 생선이 마음에 들지 않았고, 야채도 이런 식으로 먹는 건 별로 좋아하지 않았다.

"내가 보기엔 우리 집이 적어도 한 끼 정도는 먹는 사람이 뿌듯해 하며 식사를 할 수 있을 만큼 충분히 식비를 지출하고 있다고 생각하는데, 당신 생각은 어때?"

"당신은 늘 우리 집 요리사가 맘에 꼭 든다고 말했었죠."

에드나는 별 관심 없다는 듯이 대답했다.

"처음엔 그랬지. 하지만 요리사도 결국 사람이니, 다른 계층의 하인들처럼 당신이 감독을 해줘야 할 필요가 있다는 거야. 내가 우리 사무실에서 일하는 직원들을 관리하지 않고 그냥 내버려두면 아마 내 사업은 곧 엉망이 되고 말겠지."

"어디 가세요?"

이것저것 양념을 친 수프만 한 숟갈 맛보았을 뿐, 다른 음식은 손도 대지 않은 채 자리에서 일어나는 남편을 보고 에드나가 물었다.

"클럽에 가서 먹겠소. 잘 자요."

남편은 거실로 가더니 작은 테이블에 두었던 모자와 지팡이를 들고 집을 나섰다.

에드나는 이제 이런 일에 어느 정도 익숙해 있었다. 전에는 이런 상황이 벌어질 때마다 비참한 생각이 들었다. 이런 일이 벌어질 때면 입맛도 싹 사라져 버려 늦게나마 부엌으로 들어가 요리담당 하녀를 질책하는 경우도 있었다. 또 어떤 때는 자기 방으로 들어가 저녁 내내 요리책을 들여다보며 고심한 끝에 다음 주 식단을 짜놓은 적도 있지만, 결국 자신이 별다른 성과를 올리지 못했다는 사실에 괴로울 뿐이었다.

그러나 그날 저녁, 에드나는 혼자 남아 지나칠 정도로 천천히 식사를 끝마쳤다. 얼굴은 붉게 상기되었고 눈은 마음속에서 활활 타오르는 불꽃으로 이글거렸다. 저녁 식사를 마친 후 에드나는 조에게 혹시 손님들이 더 오면 자신은 몸이 좀 좋지 않아 누워 있다고 전하라며 방으로 들어갔다.

에드나의 방은 크고 아름다웠다. 하녀가 약간 어둡게 켜 둔 부드럽고 희미한 불빛 덕분에 방 전체가 화려하고 그림처럼 멋있었다. 에드나는 방으로 들어가 열어 둔 창문 앞에 서서 저 아래 얼기설기 엉켜 있는 무성한 정원을 내려다보았다. 꽃과 나뭇잎들이 만들어 내는 향기와 구불구불 비틀린 선 사이로 밤의 모든 신비와 마법이 한데 모여 드는 것 같았다. 그녀는 자기 기분과 잘 어울리는 그런 달콤한 어스름 속에서 자기 자신을 찾고 또 찾으려 했다. 그러나 대지의 어둠, 캄캄한 밤하늘, 빛나는 별, 그 어느 것에서도 위로의 목소리를 얻을 수 없었다. 그 목소리들은 그녀를 비아냥거렸고, 약속도 희망도 없는 구슬픈 곡조로 울려 퍼졌다. 그녀는 창문에서 돌아서서 방 안을 이리저리 쉬지 않고 서성거렸다. 그러고는 손에 쥐고 있던 얇은 손수건을 찢어서 리본으로 만들었다가 둥글게 공처럼 뭉쳐 버리더니 바닥에 휙 던져 버렸다. 잠시 걸음을 멈춘 에드나는 손가락에서 결혼반지를 빼내 카펫 위에 내동댕이쳤다. 카펫 위에 던져진 반지가 눈에 들어오자 그녀는 그것을 뭉개 버리기라도 하듯 발뒤꿈치로 마구 짓밟았다. 그러나 조그만 구두 뒤꿈치로는 반짝이는 자그마한 반지에 흠집은커녕 아무런 자국도 남기지 못했다.

감정이 격해진 에드나는 테이블 위에 놓여 있던 유리 꽃병을 들어 벽난로의 타일 위로 내던졌다. 그녀는 뭔가를 부숴 버리고 싶었다. 무엇이든 쨍그랑 깨져 박살나는 소리를 듣고 싶었던 것이다.

유리 깨지는 소리에 놀라 방으로 뛰어 들어온 하녀는 꽃병이 깨진 것을 보았다.

"벽난로에서 꽃병이 떨어졌어. 괜찮으니까 내일 아침까지 그냥 내버려 둬."

에드나가 말했다.

"아! 마님 발에 유리 파편이 박힐지도 몰라요."

젊은 하녀는 카펫에 흩어진 꽃병의 유리 조각들을 주우며 고집스럽게 말했다.

"그리고 마님, 여기 의자 밑에 마님의 반지가 떨어져 있네요."

에드나는 손을 내밀어 반지를 받아 손가락에 다시 밀어 넣었다.

18

다음날 아침 퐁텔리에 씨는 사무실로 나서면서 아내에게 물었다. 자기와 시내에서 만나 서재에 들여 놓을 비품 몇 가지를 둘러보자는 거였다.

"내 생각에는 가구를 새로 살 필요가 없을 것 같은데요. 이제 새 물건들은 그만 사세요. 당신은 돈을 너무 낭비하는 거 같아요. 저축할 생각은 전혀 하지 않는 것 같다고요."

"여보, 에드나, 부자가 되는 길은 돈을 버는 것이지 저축을 하는 게 아니야."

남편이 말했다.

그는 아내가 자기와 함께 시내로 나가 가구들을 둘러 볼 마음이 없다는 걸 알고 서운했다. 남편은 아내에게 다녀오겠다는 키스를 하고, 안색이 별로 좋아 보이지 않으니 푹 쉬라는 말을 남겼다. 아내는 평소와 달리 유난히 창백하고 말이 없었다.

남편이 집을 나설 때 에드나는 앞 베란다에 서서 재스민 나뭇가지를 멍하니 하나 둘 꺾었다. 꺾은 재스민 나뭇가지에 활짝 핀 꽃의 향기를 들이마신 다음 하얀 실내복의 가슴 부분에 몇 송이 꽂았다. 그녀의 두 아들은 소형 '급행 마차'에 나무토막과 장작을 싣고는 보도를 따라 끌면서 놀고 있었다. 쿼드룬 보모는 잰걸음으로 아이들 뒤를 쫓아다니며 일부러 재미있고 즐거운 시늉을 했다. 길가에서 과일을 팔고 있는 과일 장수의 큰 목소리가 들려왔다.

에드나는 골몰히 생각에 잠겨 정면을 똑바로 응시하고 있었다. 그녀는 주변에서 무슨 일이 일어나고 있는지 전혀 관심이 없었다. 거리, 자식들, 과일 장수, 눈앞에서 자라고 있는 꽃들, 이 모든 것이 갑자기 자기와는 적대 관계가 되어 버린, 낯선 세계였다.

그녀는 다시 집안으로 들어갔다. 지난 밤 요리사가 저지른 실수에 대해 한마디 주의를 주려고 생각했지만, 퐁텔리에 씨는 그런 불쾌한 일이 아내에게는 어울리지 않는다고 생각하여 자신이 이미 아내 대신 한마디 해 놓은 상태였다. 보통 고용인들은 퐁텔리에 씨의 주장을 잘 수긍하는 편이었다. 퐁텔리에 씨는 집을 나서면서 그날 저녁 혹은 이후 며칠 동안은 제대로 된 저녁 식사를 하게 될 거라고 확신했다.

에드나는 예전에 그려 두었던 스케치들을 보면서 한두 시간을 보냈다. 이제 그림의 문제나 잘못된 점이 눈앞에 여실히 드러나 보였다. 조금 고쳐 보려고 했지만 지금은 그럴 기분이 아니라는 것을 스스로도 잘 알고 있었다. 결국 그녀는 자신이 생각하기에 적어도 욕은 먹지 않을 만한 스케치를 몇 점 골라, 잠시 뒤 옷을 차려 입고 집을 나섰다. 외출복으로 갈아입은 에드나는 멋지고 기품이 있었다. 얼굴에는 지난여름 해변에서 검게 탔던 모습이 여전히 남아 있었고 풍성한 황갈색 머리카락 아래로 매끈한 하얀 이마가 빛나고 있었다. 볼에는 약간의 주근깨가, 아랫입술 근처에는 자그마한 까만 점이, 관자놀이에도 점 하나가 더 있었지만 머리카락에 가려 잘 보이지 않았다.

에드나는 거리를 따라 걸으며 로버트를 생각했다. 여전히 그에 대한 열렬한 감정이 남아 있었다. 그러나 기억만 하고 있다는 건 소용이 없음을 깨달은 에드나는 로버트를 잊어 보려고 노력했다. 하지만 그에 대한 생각은 마치 강박 관념처럼 여전히 자신을 짓누르고 있었다. 그렇다고 로버트와 만났을 때의 일을 하나하나 모두 기억하거나 그의 성격의 어떤 특별하고 독특한 면을 회상하는 것도 아니었다. 그녀의 생각을 지배하는 것은 로버트의 존재, 로버트라는 사람 그 자체였다. 그의 존재는 때론 망각의 안개 속으로 녹아 들어가는 것처럼 서서히 사라졌다가도, 이해할 수 없는 갈망으로 또다시 그녀의 마음을 가득 채우며 뜨겁고 강렬하게 되살아났다.

에드나는 래티뇰 부인의 집으로 가는 길이었다. 그랜드 섬에서 친하게 지내기 시작했던 두 사람은 도시로 돌아온 후에도 제법 자주 만나곤 했다. 래티뇰 가족은 에드나의 집에서 그리 멀지 않은 골목길 모퉁이에 살고 있었다. 래티뇰 씨는 그곳에서 약국을 운영했는데 나날이 번창해 가고 있었다. 아버지에게 이 사업을 물려받은 래티뇰 씨는 마을 사람들로부터 성실하고 똑똑한 사람으로 인정받고 있었다. 래티뇰 가족들은 약국 위층의 넓은 집에 살고 있었는데, 차고 문 안쪽으로 들어오면 한쪽 끝에 위층으로 통하는 문이 있었다. 에드나는 이들 가족의 전반적인 생활 방식에서 매우 프랑스적이고, 뭔가 이국적인 느낌을 받았다. 널찍한 집만큼 드넓고 쾌적한 응접실에서 래티뇰 부부는 2주일에 한 번씩 친구들을 불러 모아 '음악의 밤'을 열었는데, 곡 사이사이에 카드놀이를 하기도 했다. 어떤 친구는 첼로를 연주했고, 어떤 친구는 플루트를 가져왔는가 하면 바이올린을 가져와 연주를 하는 친구도 있었다. 또한 노래를 하는 사람도 있었고, 다양한 스타일과 템포로 피아노를 치는 사람들도 있었다. 래티뇰 부부의 '음악의 밤'은 주변에 널리 알려졌고, 사람들은 이 행사에 초대받는 일을 하나의 특권으로 여기게 되었다.

에드나가 집안으로 들어갔을 때 래티뇰 부인은 그날 아침 배달된 세탁물을 하나씩 정리하고 있었다. 래티뇰 부인은 바로 하던 일을 멈추고 친구를 맞았다. 에드나는 허물없이 친구에게 다가갔다.

"시뗴도 내가 하는 만큼 이 일을 잘 할 수 있는데. 사실 이건 시뗴가 해야 하는 일이거든요."

에드나가 일을 방해해서 미안하다고 하자, 래티뇰 부인이 이렇게 말했다. 그런 다음 부인은 젊은 흑인 하녀를 불러 자신이 건네준 목록을 보고 세탁물을 하나씩 꼼꼼하게 대조하라고 프랑스어로 지시했다. 특히 지난주에 빠뜨리고 보내오지 않았던 남편의 얇은 리넨 손수건이 있는지 잘 살펴보라고 일렀으며, 혹시 수선이나 꿰맬 옷이 있으면 잊지 말고 한쪽으로 따로 빼놓을 것을 당부했다.

지시를 마친 래티뇰 부인은 에드나의 허리에 팔을 두르더니 그녀를 집 정면의 응접실로 안내했다. 응접실 안은 시원했으며 벽난로 위의 항아리에 꽂아 둔 장미의 달콤한 향기로 가득했다. 집에서 보는 래티뇰 부인은 평소보다 더 아름다웠다. 그녀는 팔이 거의 다 드러나고, 하얗고 미끈한 목선이 풍성하게 드러나는 실내복 차림이었다.

"부인의 모습을 그릴 수 있는 날이 왔으면 좋겠어요."

에드나가 자리에 앉으며 미소를 띤 채 말했다. 그런 다음 둥글게 말아 온 그림을 꺼내 펼쳐 놓았다.

"그림을 다시 그려야겠어요. 뭔가를 하고 싶다는 생각이 들거든요. 이 그림들 어때요? 부인 생각에 제가 그림 공부를 좀더 하는 게 괜찮을 것 같나요? 래드포어 씨에게 얼마간 교육을 받을까 해요."

에드나는 래티뇰 부인이 이런 문제에 대해 신통한 의견을 내놓을 거라는 기대는 하지 않았으며 이미 자신은 마음을 먹고 결심을 한 후였다. 그래도 친구가 칭찬과 격려의 말을 해주어 자신의 도전에 용기를 줄 수 있기를 바랐다.

"에드나, 당신은 정말 재능이 뛰어나요!"

"에이, 농담 마세요!"

에드나는 기분이 좋았지만 손을 내저었다.

"진심이에요. 정말 굉장해요."

래티뇰 부인은 에드나의 그림을 가까이 놓고 하나하나 살펴보면서 계속 최고라고 말했다. 부인은 팔을 길게 뻗어 그림을 멀리 놓고 눈을 가늘게 떠 바라보기도 하고, 고개를 한쪽으로 기울여 살펴보기도 했다.

"이 바이에른 농부의 그림은 액자에 끼워 걸어 두면 아주 멋지겠어요! 바구니에 담긴 사과 좀 봐요! 이토록 실물처럼 똑같은 사과는 본 적이 없어요. 누구라도 손을 뻗어서 하나 집고 싶은 생각이 들겠는걸요."

에드나는 스스로도 자기가 그린 그림이 쓸 만하다는 걸 깨닫고 있었지만, 막상 친구의 칭찬을 듣고 보니 흐뭇한 안도감을 주체할 수 없었다. 그녀는 그림을 몇 점만 남겨 두고 나머지를 모두 친구에게 주었다. 래티뇰 부인은 그림들의 실제적인 가치를 뛰어 넘어 그 선물을 고맙게 생각했으며, 시간이 얼마 지나 남편이 점심 식사를 하러 약국에서 올라왔을 때에도 자랑스럽게 그림들을 펼쳐 보여 주었다.

래티뇰 씨는 세상의 소금이라고 불리는 사람 중 하나였다. 그는 한없이 명랑한 사람이었다. 그런 쾌활함은 선량하고 자비로운 마음씨 그리고 상식적인 언행과 조화를 이루었다. 래티뇰 부부가 영어로 대화를 나누는 것을 들어보면 영어답지 않은 강세 때문에 주의를 기울이어야만 알아들을 수 있었다. 에드나는 남편이 영어로 말할 때 전혀 어색함을 느낀 적이 없었다. 래티뇰 부부는 서로를 완벽하게 이해하고 있었다. 이 지구상에서 두 인간이 완전히 융화된 경우를 찾는다면 바로 이 래티뇰 부부를 들 수 있을 정도로 말이다.

에드나는 래티뇰 부부와 식사를 하기 위해 식탁에 앉으면서 '채식을 하는 게 더 좋겠구나'라는 생각을 했다. 하지만 얼마 지나지 않아 이것은 단순히 야채 위주의 식사가 아니라 소박하면서도 정선된, 모든 면에서 만족스럽고 달콤한 식사라는 것을 깨달았다.

래티뇰 씨는 에드나를 보자 반가워했다. 그는 에드나에게 그랜드 섬에서보다 혈색이 좋지 않은 것 같다고 하며 토닉 한 잔을 권했다. 래티뇰 씨는 상당히 다양한 주제를 화제로 올렸다. 정치 이야기, 몇몇 도시의 새로운 소식들, 그리고 동네에 떠도는 소문들에 대해서도 이야기했다. 너무나 활기차고 열정적으로 얘기를 했던 터라 그의 입에서 나오는 말 한마디 한마디가 매우 중요한 것처럼 여겨졌다. 래티뇰 부인은 남편이 하는 모든 얘기들에 열심히 귀를 기울이며, 좀 더 집중하기 위해 포크까지 내려놓은 채 남편의 입에서 나오는 말에 맞장구를 쳐주었다.

래티뇰 부부의 집에서 나온 에드나는 마음이 진정되기는커녕 오히려 의기소침해졌다. 눈앞에서 가정의 화목한 모습을 본 후에도 그녀는 자신의 삶이 후회스럽거나 그들이 부럽지 않았다. 그런 모습은 자기 삶에는 맞지 않다고 생각했으며, 오히려 그런 모습에서 소름 끼치고 절망적인 무료함을 맛보았을 뿐이었다. 에드나는 래티뇰 부인에게 일종의 연민을 느꼈는데, 그것은 맹목적인 만족의 영역에서 한 번도 벗어나 본 적이 없고, 고뇌의 순간이 그녀의 영혼에 한 번도 찾아온 적이 없으며, 생의 무아경을 단 한 번도 맛보지 못했다는 점에 대한 연민이었다. 에드나는 자기가 '생의 무아경'이라는 말을 어떤 의도로 사용했는지 막연히 자문해 보았다. 그 말은 마치 전혀 바란 적 없었던, 이질적인 느낌으로 그녀에게 다가왔던 것이다.

19

에드나는 결혼반지를 짓밟고, 크리스털 꽃병을 타일에 던져 깨부쉈던 일을 떠올리면서 자신이 너무도 어리석고 유치하다는 생각이 들었다. 그날 이후 그런 무익한 방향으로 이끌었던 감정의 폭발은 그녀에게 더 이상 일어나지 않았다. 그녀는 마음이 내키는 대로 행동했고, 마음 가는 대로 느끼기 시작했다. 화요일이면 집에서 손님을 맞는 일도 이제 완전히 중단했고, 방문했던 사람들을 다시 찾아가 인사하는 일도 그만두었다. 그녀는 훌륭한 가정주부로서 집안을 잘 돌보려는 헛된 노력은 하지 않은 채, 마음이 이끄는 대로 들고 나는가 하면 순간적인 변덕에 최대한 자신을 내맡겼다.

폰텔리에 씨는 아내가 어떤 무언의 복종을 하는 모습을 보이면 그나마 친절하고 자상한 남편이 되었다. 그러나 예상치 못한 아내의 새로운 모습을 보고 남편은 당황할 수밖에 없었다. 남편은 충격에 휩싸였다. 그리고 그녀가 아내로서의 도리를 완전히 무시하자 분노에 휩싸였다. 퐁텔리에 씨가 거칠게 행동하자, 에드나도 점점 무례해졌다. 그녀는 절대로 한 발자국도 물러나지 않겠다고 결심했다.

"도대체 여자가 집안에서 가장 노릇을 하려고 하다니 어리석군. 게다가 아이가 둘씩이나 있는 애 엄마가 가정의 안정을 위해 투자해야 하는 시간을 화실에서 보낸다는 게 말이나 되는 일인가."

"전 그림을 그리고 싶어요. 이런 마음이 평생 가지 않을 수도 있겠죠."

"맙소사, 그림이라니! 여하튼 가정을 엉망으로 만들지는 말아 줘. 래티뇰 부인을 좀 보지. 부인은 음악을 하면서도 모든 가사 일을 다 잘하고 있잖아. 그리고 당신이 가진 미술 재능보다 부인의 음악 실력이 더 나을 거야."

"래티뇰 부인은 음악가가 아니고, 나도 화가가 아니에요. 내가 그림 때문에 이러는 게 아니라고요."

"그럼 왜 그러는 거지?"

"아! 나도 모르겠어요. 제발 저를 좀 내버려 두세요. 날 괴롭히지 말아 줘요."

퐁텔리에 씨는 종종 아내가 정신적으로 점점 불안정한 상태가 되어 가고 있는 게 아닌가 하고 생각할 때가 있었다. 그는 아내가 평소와 다르다는 것을 똑똑히 알 수 있었다. 그러나 사실 남편은 아내가 조금씩 자기 본연의 모습을 찾아가고 있다는 사실과, 우리가 마치 사람들 앞에서 보이기 위해 입는 옷과 같은 허구적인 자아를 매일 하나씩 벗어버리고 있다는 사실을 눈치 채지 못했다.

퐁텔리에 씨는 아내가 원하는 대로 그녀를 내버려 두고 사무실로 나갔다. 에드나는 집 꼭대기 층, 볕이 잘 드는 자신의 화실로 올라갔다. 그녀는 엄청난 열의와 열정을 쏟아 그림에 몰두했지만 스스로 만족할 만한 성과를 조금도 거두지 못했다. 그녀는 한동안 자신의 예술 세계에 집안사람들을 동참시켰다. 두 아이들은 엄마를 위해 포즈를 취했다. 처음에 아이들은 그 일을 재미있어 했지만 그것이 자신들의 오락 놀이가 아니라는 사실을 깨닫고 나자 곧 흥미를 잃었다. 쿼드룬 보모 역시 에드나의 팔레트 앞에서 원시인의 모습으로 그저 인내심을 발휘하며 몇 시간이고 앉아 있었다. 그러는 사이 보모 대신 하녀가 아이들을 돌보는 바람에 응접실은 먼지투성이였다. 에드나는 그 하녀 역시 자신의 모델로 만들었는데, 젊은 여인의 고전적인 등과 어깨의 선, 모자 속에 감추어져 있던 머리카락이 하늘하늘 풀어헤쳐진 모습을 보고 영감을 받았던 것이다. 에드나는 그림을 그리는 중간 중간 "아! 그대가 알아주기만 한다면" 하는 멜로디를 나지막이 흥얼거렸다.

이 노래는 에드나에게 많은 추억을 불러일으켰다. 그녀는 또다시 찰싹거리는 잔물결 소리와 바람에 돛이 펄럭이는 소리를 들을 수 있었다. 또한 만에 반사된 달빛을 볼 수 있었으며, 뜨거운 남풍이 잔잔한 돌풍이 되어 거세게 불어 닥치는 것을 느낄 수 있었다. 미묘한 욕망의 전류가 그녀의 온몸으로 타고 흘러, 붓을 들고 있던 손에 힘이 풀렸고 눈은 이글이글 타올랐다.

영문도 모른 채 행복감에 휩싸이는 날들도 있었다. 그녀는 살아

숨 쉬고 있다는 사실 자체가 행복했다. 그럴 때면 자신이 남쪽의 햇살이며, 그곳의 색깔, 냄새, 풍성한 따스함과 오롯이 혼연일체를 이루는 것만 같았다. 이런 기분이 들면 그녀는 익숙지 않은 낯선 곳을 찾아가 혼자 거니는 것이 좋았다. 그녀는 꿈에 젖어 들기 좋은, 볕이 잘 들고 조용한 곳을 많이 찾아냈다. 아무에게도 방해 받지 않고 혼자 조용히 꿈에 파묻힐 수 있다는 게 얼마나 좋은 일인지 깨달았다.

그러나 이유도 알지 못한 채 슬픔에 잠겨 지내는 날도 많았다. 그럴 때면 기쁘거나 슬픈 것, 살아 있거나 죽는 것, 그 어느 것에도 가치를 부여할 수 없었다. 그녀에게 삶이란 기괴한 아수라장처럼 보였고, 인류란 피할 수 없는 소멸을 향해 맹목적으로 발버둥치는 벌레들 같아 보였다. 그런 날이면 그림을 그릴 수 없었고, 맥박이 고동치고 피가 끓는 상상들을 엮어 나갈 수도 없었다.

20

이처럼 우울한 나날의 연속이던 어느 날 에드나는 라이즈 양을 찾아 나섰다. 에드나는 그들이 마지막으로 만났을 때 느꼈던 불쾌한 감정을 잊지 않았지만 그래도 라이즈 양을 만나보고 싶었고, 무엇보다 그녀의 피아노 연주가 너무나도 듣고 싶었다. 어느 날 오후, 에드나는 일찍부터 이 피아니스트에 대해 탐문하기 시작했다. 안타깝게도 라이즈 양의 명함을 잘못 놔둔 건지 아니면 잃어버렸는지 도저히 찾을 수가 없자, 시에서 발행한 주소록을 들춰 그녀의 주소를 찾아보았다. 그녀는 얼마 떨어지지 않은 비엔빌 스트리트에 살고 있었다. 하지만 에드나가 손에 들고 있는 주소록은 1년이 넘은 것이어서 거기에 나와 있는 주소대로 찾아가 보니 그 집에는 교양 있는 혼혈인 가족이 세 들어 살고 있었다. 그 사람들은 6개월 전 즈음에 이 집으로 이사를 왔는데 라이즈 양에 대해서는 아는 사실이 전혀 없었다. 사실 그들은 이웃 사람들에 대해서는 아는 바가 하나도 없었지만 같은 건물에 세 들어 사는 사람들 모두 명성이 높은 사람들이라고 에드나에게 장담했다. 에드나는 푸퐁 부인과 신분이나 명성에 대한 잡담을 나누며 어물쩍 시간을 보내고 싶지 않았기에 서둘러 자리에서 일어나 근처 식료품 가게로 갔다. 혹시라도 라이즈 양이 그곳에 주소를 남겨 놓지 않았을까 하는 기대감이 들었기 때문이다.

식료품 상인은 라이즈 양에 대해 별로 알고 싶은 마음은 없지만 그녀를 잘 알고 있다고 말했다. 사실 그는 지금까지 비엔빌 스트리트에 살았던 사람들 가운데 가장 기분 나쁘고 평판이 좋지 않은 라이즈 양에 관해, 그리고 그녀와 관련된 어떤 것도 알고 싶지 않았다. 식료품 가게 주인은 라이즈 양이 이 동네를 떠난 것이 그렇게 고마울 수가 없으며, 어디로 이사를 갔는지 알 수 없다는 게 얼마나 감사한지 모르겠다는 말까지 했다.

이와 같은 예상치 못했던 장애물로 라이즈 양을 만나고 싶은 욕망은 오히려 더 끓어올랐다. 그녀는 라이즈 양의 소식을 누가 알고 있을까 곰곰 생각해보다가 불현듯 '르브랭 부인이 가장 잘 알고 있지 않을까'라는 생각이 떠올랐다. 에드나는 래티뇰 부인에게 물어봐야 소용이 없음을 잘 알고 있었다. 왜냐면 부인은 라이즈 양과의 관계가 소원하고 그녀에 대한 일은 아무것도 알고 싶어 하지 않았기 때문이다. 언젠가 래티뇰 부인은 모퉁이의 그 식료품상인 만큼이나 라이즈 양에 대한 자신의 의사를 단호하게 표현한 적이 있었다.

11월 중순이었기 때문에, 에드나는 르브랭 부인이 뉴올리언스로 돌아왔다는 사실을 알고 있었다. 또한 르브랭 가족들이 샤트르 스트리트에 살고 있다는 것도 알고 있었다.

르브랭 가족이 살고 있는 집은 밖에서 보면 꼭 감옥 같았다. 문과 낮은 창문에 쇠창살이 달려 있기 때문이었다. 쇠창살은 과거 스페인의 점령 시기에 남겨진 유물이었는데, 어느 누구도 그것을 없애야겠다는 생각을 하지 않았다. 집 옆으로는 울타리가 높이 솟아올라 정원을 에워싸고 있었다. 큰 길로 통하는 대문이나 쪽문은 굳게 잠겨 있었다. 에드나는 쪽문에 달린 벨을 누르고는 보도에 서서 기다렸다.

대문을 열어 준 사람은 빅토르였다. 흑인 여자 하나가 앞치마에 손을 닦으면서 빅토르의 뒤에 바짝 서 있었다. 에드나는 그 두 사람의 얼굴을 보기도 전에 그들이 말다툼 하는 소리를 먼저 들었는데, 이례적인 일이지만 아주 분명하게 여자는 자신의 임무를 수행할 권리를 주장하면서 벨 소리에 응답하는 것도 자기 업무 중 하나라고 말하고 있었다.

빅토르는 퐁텔리에 부인을 보고 놀람과 동시에 반가워하며 그런 감정을 전혀 숨기려 하지 않았다. 그는 열아홉 살 청년으로 눈썹이 짙고 잘생긴 얼굴이었다. 외향적으로는 그의 어머니 모습을 아주 많이 닮았지만 급한 성격은 그녀보다 열 배 이상이었다. 빅토르는 흑인 여자에게 당장 르브랭 부인에게 가서 퐁텔리에 부인이 찾아온 사실을 전하라고 했다. 흑인 여자는 어차피 자기 일을 다 수행하는 것이 허용되지 않았으므로 이번 일도 하지 않겠다고 거절하면서 잠시 중단했었던 정원의 잡초를 다시 정리하기 시작했다. 그러자 빅토르는 닥치는 대로 거의 욕에 가까운 험한 말을 퍼부었는데, 그 말이 얼마나 빠르고 앞뒤가 맞지 않는지 에드나로서는 한 마디도 알아들을 수 없었다. 어쨌거나 그의 욕설이 설득력이 있었던지, 흑인 여자는 호미를 내려놓고 중얼거리면서 집안으로 들어갔다.

에드나는 안으로 들어가고 싶지 않았다. 의자 몇 개와 등나무 가지로 만들어진 긴 흔들의자, 작은 테이블이 놓여 있는 측면의 베란다가 매우 쾌적해 보였다. 그녀는 오랜 시간 걸어온 탓에 지쳐 있었다. 그래서 의자에 앉아 앞뒤로 흔들면서 실크 양산을 접어 조심스레 정돈하고 있었다. 빅토르가 자기 의자를 그녀 옆으로 끌고 와 앉았다. 그러고는 자신이 직접 이곳에 머물면서 교육을 시키지 못해 흑인 여자가 그런 불손한 행동을 한 것이라고 단번에 해명을 했다. 그는 전날 아침에 섬에서 나왔으며 그 다음날 돌아갈 예정이었다. 겨우내 섬에 머물면서 별채들을 관리하고, 여름에 올 손님 맞을 준비를 해야 했던 것이다.

그러나 빅토르는 사람에게는 때때로 휴식이 필요한 법이라고 이야기하면서 그 때문에 자신은 일부러 한두 번씩 도시로 올 구실을 만든다고 했다. 이런! 전날 밤 그는 정말 즐거운 시간을 보냈던 것이다! 그는 어머니가 이런 사실을 아는 게 싫었기 때문에 소곤소곤 말하기 시작했다. 빅토르는 지난밤을 생각하면서 흥분을 감추지 못했다. 물론 그는 에드나에게 모든 것을 다 말할 생각은 없었는데, 그것은 부인도 여자니까 그런 일들을 이해하지 못할 거라고 생각했기 때문이다. 하지만 그는 자신이 길을 지나가는데 한 여자애가 덧문을 통해 자기를 몰래 엿보면서 미소를 지어 보였다는 이야기를 시작으로 모두 다 털어놓고 말았다. 아! 그녀는 정말 예뻤다! 빅토르는 미소로 화답하며 그녀에게 다가가 말을 건넸다. 빅토르가 그런 기회를 그냥 그대로 흘려보내는 사람이라고 퐁텔리에 부인이 생각했다면 그녀는 그를 잘 모르는 거다. 에드나는 자신도 모르는 사이에 젊은 청년 덕분에 기분이 좋아졌다. 표정에서 그녀가 흥미 있어 하고 즐거워한다는 게 어느 정도 드러났음이 분명했다. 청년은 점점 대담해졌으며, 적당한 시점에 르브랭 부인이 나타나지 않았다면, 에드나는 청년이 굉장히 과장해 꾸며낸 이야기에 흠뻑 심취해 있는 자신을 발견했으리라.

르브랭 부인은 여름 습관 때문인지 아직도 흰 옷을 입고 있었다. 그녀는 도에 넘칠 정도로 환영의 눈빛을 보냈다. 퐁텔리에 부인, 안으로 들어오세요? 시원한 것 좀 드릴까요? 왜 한 번도 들르지 않았어요? 친애하는 퐁텔리에 씨는 어떻게 잘 지내시지요? 그리고 귀여운 꼬마 녀석들도 잘 자라고 있겠지요? 이처럼 따듯한 11월을 지내 본 적이 있나요?

빅토르는 어머니의 등 뒤쪽 등나무 의자로 가서 그것을 흔들며 에드나의 얼굴을 바라보았다. 그는 에드나와 이야기를 나눌 때 그녀의 양산을 받아 쥐고 있었는데, 지금은 의자 위에 등을 대고 누워 그것을 머리 위에서 빙빙 돌리고 있었다. 르브랭 부인은 도시로 돌아오니 너무 지루하다며 투덜거렸다. 요즘 들어 부인은 사람들을 거의 만나지 않고 있으며, 심지어 빅토르가 하루 이틀 도시에 다녀갈 때에도 뭐가 그리 바쁜지 그를 자주 볼 수가 없었다고 했다. 그러자 빅토르는 의자 위에서 몸을 틀며 에드나를 향해 장난기 가득한 윙크를 날려 보냈다. 어찌됐든 에드나는 범죄 행위의 공모자가 된 기분이 들어 엄하게 나무라는 표정을 지어 보이려 했다.

로버트에게 온 편지는 두 통뿐이었는데 그마저도 별 내용이 없었다고 모자(母子)는 털어놓았다. 빅토르는 형의 편지가 안으로 들어가서 찾아올 만큼의 가치가 없다고 말했지만, 어머니는 아들에게 제발 가서 편지를 가져오라고 재촉했다. 빅토르는 자신이 편지 내용을 다 외운다고 주장했고, 그럼 실제로 확인해 보자고 하니, 정말이지 청산유수처럼 술술 내용을 쏟아냈다.

편지는 각각 베라 크루즈와 멕시코 시티에서 보낸 것이었다. 로버트는 몬텔 씨를 만났고, 그는 로버트의 일이 잘 풀릴 수 있도록 물심양면으로 도와주고 있었다. 뉴올리언스를 떠나올 때의 재정 상황과 비교하면 아직까지는 별로 나아진 것이 없지만 그래도 전망이 꽤 밝다고 했다. 로버트는 멕시코 시티에 대해, 그곳의 건물과 사람들, 그들이 살아가는 모습, 그리고 그곳에서 알게 된 생활환경 등을 편지에 적고 있었다. 그는 가족에게 애정을 표시했다. 어머니 앞으로 수표 한 장을 동봉하면서, 친구들과 그밖에 지인들에게 친절하게 자신의 안부를 전해 달라고 부탁했다. 이것이 두 통의 편지에 적힌 전부였다. 에드나는 로버트가 자기에게 전하는 소식이 있었다면 벌써 받았을 거라는 생각이 들었다. 집을 떠나오면서 느꼈던 의기소침한 기분이 다시금 자신을 억누르고 있음을 의식한 에드나는 이곳에 온 이유가 라이즈 양을 찾으려는 목적이었음을 상기했다.

르브랭 부인은 라이즈 양이 살고 있는 곳을 알고 있었다. 부인은 에드나에게 주소를 건네주면서 라이즈 양은 다른 날 만나고 그날 오후는 자신과 함께 보내자고 제안했지만, 거절당하자 매우 유감스러워 했다. 이미 오후 시간이 저물고 있었다.

빅토르는 에드나를 따라 마차가 있는 보도까지 함께 걸어가면서 그녀의 머리 위로 양산을 받쳐 주었다. 그는 아까 자신이 털어놓았던 이야기들은 극비 사항임을 꼭 명심해 달라고 부탁했다. 에드나는 웃음을 터뜨리며 빅토르를 골려 주었는데, 나중에서야 그녀는 자신이 위엄을 지키고 신중하게 행동했어야 했다고 후회했다.

"퐁텔리에 부인은 정말 멋지더구나!"

르브랭 부인이 아들에게 말했다.

"너무 매력적이죠!"

아들 역시 그렇게 생각했다.

"도시의 분위기가 부인을 아름답게 만들었나 봐요. 어쨌거나 부인은 예전에 제가 알던 여인으로 보이지는 않아요."

21

라이즈 양이 언제나 지붕 바로 밑, 그러니까 맨 꼭대기 층의 집을 고르는 이유에 대해 어떤 사람들은 거지나 행상인, 방문객들의 접근을 피하기 위한 거라고 주장했다. 자그마한 거실에는 창문이 아주 많았다. 창마다 대부분 먼지가 끼어 있었지만, 거의 언제나 그것을 열어놓았기 때문에 더러운 흔적이 별로 눈에 띄지는 않았다. 창문을 통해 연기나 그을음이 방 안으로 상당히 많이 들어왔지만, 한편으로는 공기와 빛이 잘 들어온다는 좋은 점도 있었다. 라이즈 양의 집 창문에서는 강물 위에 뜬 초승달, 배의 돛대, 미시시피 강을 오가는 증기선의 높은 굴뚝까지도 볼 수 있었다. 장엄한 피아노 한 대가 거실을 꽉 채웠다. 라이즈 양은 거실 옆방에서 잠을 잤고, 제일 끝 세 번째 방에는 근처 식당으로 내려가고 싶지 않을 때 직접 식사를 준비할 수 있도록 가스난로가 놓여 있었다. 그곳에서 그녀는 식사를 하기도 하고, 백 년 정도 묵어 보이는 때 끼고 찌그러진 보기 드문 낡은 찬장 안에 소지품들을 보관하기도 했다.

에드나가 똑똑 문을 두드리고 라이즈 양의 거실로 들어갔을 때,

그녀는 창가에 서서 프루넬라 천으로 만든 낡은 구두를 수선하고 있었던 건지 아니면 천 조각을 잇고 있었던 건지, 뭔가에 매우 몰두해 있었다. 몸집이 작은 이 음악가는 에드나를 보자 환한 웃음을 터뜨렸다. 라이즈 양은 웃을 때 표정이 일그러졌고, 몸의 근육도 모두 다 뒤틀리는 것 같았다. 오후의 햇살을 받으며 창가에 서 있는 라이즈 양은 놀라울 정도로 초췌해 보였다. 그녀는 아직도 닳아 해진 레이스를 달고, 머리 한쪽에는 조화 제비꽃 한 뭉치를 꽂고 있었다.

"부인이 드디어 내 생각을 해주었군요! 난 속으로, '쳇! 부인은 날 찾아오지 않을 거야!' 하고 생각했었어요."

라이즈 양이 말했다.

"제가 오기를 바라고 있었나요?"

에드나는 미소를 머금고 물었다.

"그런 생각은 별로 하지 않았어요."

라이즈 양이 대답했다. 두 사람은 벽 쪽에 놓인, 등받이가 없는 작은 소파에 앉았다.

"어쨌거나 부인이 나를 찾아오다니, 기쁘네요. 저쪽에서 물을 끓이고 있었어요. 지금 막 커피를 마시려던 참이었거든요. 한 잔 드시겠어요? 그나저나 아름다운 부인, 어떻게 지내셨어요? 부인은 언제나 위엄이 넘치시는군요! 언제나 건강미도 넘치고! 언제나 만족스러워 보여요!"

라이즈 양은 깡말랐지만 다부진 손가락 끝으로 아주 느슨하게 에드나의 손을 잡더니 손등과 손바닥에 이중의 테마를 연주하듯 가볍게 톡톡 두드렸다.

"그래요."

라이즈 양이 계속 말했다.

"가끔 이런 생각을 했어요. '부인은 나를 절대 찾아오지 않을 거야. 사교계의 부인들이 다 그렇듯 부인도 그냥 별 의미 없이 약속한 거겠지. 나를 찾아오는 일은 없을 거야.' 왜냐면 퐁텔리에 부인, 저는 부인이 저를 좋아한다고는 생각하지 않거든요."

"제가 당신을 좋아하는지 그렇지 않은지 실은 제 자신도 잘 모르겠어요."

에드나는 당혹스러운 표정으로 이 자그마한 여인을 내려다보며 말했다.

에드나가 솔직하게 고백하자 라이즈 양은 매우 기뻤다. 그녀는 감사의 표시로 곧장 가스난로로 가서 커피를 대접할 준비를 했다. 에드나는 라이즈 양이 준비해 준 커피와 비스킷을 너무나 맛있게 먹었다. 그녀는 조금 전 르브랭 부인 집에서 시원한 음료를 거절했던 터라 지금 막 허기가 느껴지던 참이었다. 라이즈 양은 커피를 받쳐 온 쟁반을 손닿을 거리에 있는 작은 테이블에 올려놓고 소파에 다시 앉았다.

"부인의 친구가 편지를 보내왔어요."

그녀가 에드나의 컵에 크림을 조금 부어서 건네주며 말했다.

"제 친구요?"

"네, 부인의 친구 로버트요. 로버트가 멕시코 시티에서 나에게 편지를 보냈더군요."

"당신에게 편지를 썼다고요?"

에드나는 너무 놀라 넋을 잃은 채 커피만 휘저으며 되물었다.

"그래요. 나에게 보냈어요. 그럼 안 되나요? 커피가 식겠어요. 이제 그만 휘젓고 마시는 게 좋겠어요. 하지만 부인에게 보낸 거나 마찬가지예요. 처음부터 끝까지 부인 얘기뿐이니까요."

"편지를 좀 봐도 될까요?"

에드나는 간절히 부탁했다.

"안 돼요. 편지란, 편지를 보낸 사람과 받는 사람 외에는 그 어떤 사람하고도 관계가 없으니까요."

"방금 전에 당신이 처음부터 끝까지 제 얘기라고 하지 않으셨나요?"

"부인에 관한 이야기라고 했지, 로버트가 부인에게 보낸 건 아니니까요. '퐁텔리에 부인을 만나 보셨습니까? 부인은 어떠신 것 같습니까?'라고 물었어요. '퐁텔리에 부인이 말하는 것처럼' 이라든가, '퐁텔리에 부인이 전에 이런 말을 한 적이 있는데' 또는 '퐁텔리에 부인이 당신을 찾아오면 부인을 위해 내가 가장 좋아하는 쇼팽의 〈즉흥 환상곡〉을 연주해 주세요. 여기에서 이틀 전쯤 그 곡을 들었는데 당신이 연주하는 것과는 비교도 할 수 없더군요. 부인이 그 곡을 들으면 어떻게 느낄지 알고 싶습니다.' 뭐 이런 내용들이었어요. 로버트는 부인과 제가 각각 몸담고 있는 사교계를 통해 꾸준히 만나고 있다고 생각하는 모양이에요."

"편지 좀 보여주세요."

"아, 안 돼요."

"답장 하셨나요?"

"아니요."

"편지 좀 보여주세요."

"안 돼요, 다시 한 번 말하지만 안 됩니다."

"그럼 저를 위해 〈즉흥 환상곡〉을 연주해 주세요."

"시간이 늦었는데요. 몇 시까지 집에 가셔야 하나요?"

"시간은 상관없어요. 질문이 좀 무례한 것 같군요. 어서 〈즉흥 환상곡〉이나 들려주세요."

"그나저나 부인 얘기는 하나도 해주지 않으셨네요. 요즘 무얼 하며 지내시나요?"

"그럼 그려요!"

에드나가 웃었다.

"화가가 되고 있는 중이랍니다. 제가 화가가 된 모습을 상상해 보세요!"

"아! 화가요! 부인, 허세가 대단하시군요."

"허세라니요? 제가 화가가 될 수 없을 거라고 생각하는 건가요?"

"나는 그런 말을 할 만큼 부인을 잘 알지 못해요. 부인이 어떤 재능을 가졌는지, 그림에 소질이 있는지 모르니까요. 하지만 화가가 되려면 많은 조건들이 필요하죠. 우선 많은 재능들, 그러니까 천부적인 재능은 확실히 갖추고 있어야죠. 그건 노력만으로는 힘든 거예요. 그리고 무엇보다 화가로 성공하려면 용감한 영혼을 가지고 있어야 합니다."

"용감한 영혼이라니요?"

"용감해야 돼요. 바로 그거예요! 과감한 영혼이요. 용감히 맞서 도전하려는 정신이요."

"편지를 좀 보여주세요. 〈즉흥 환상곡〉도 연주해 주고요. 저 고집 있는 거 아시잖아요. 이런 것도 예술 하는 데 중요하죠?"

"부인의 매력에 사로잡힌 이 어리석고 늙은 여인네에게는 중요 한 것이지요."

라이즈 양은 이렇게 답하고는 몸을 흔들어 대며 깔깔 웃었다.

편지는 에드나가 방금 커피 잔을 내려놓은 작은 테이블의 서랍 속 바로 손닿는 곳에 있었다. 라이즈 양은 서랍을 열고 맨 위에 있 던 편지를 꺼냈다. 그녀는 에드나의 손에 편지를 놓아 주고는 더 이 상 아무 말 없이 피아노 쪽으로 갔다.

라이즈 양은 간주곡을 부드럽게 연주했다. 그 곡은 즉흥곡이었 다. 그녀는 건반 쪽으로 몸을 바짝 수그리고 앉았는데, 그 전체적인 몸매가 마치 불구자의 모습처럼 우아하지 못한 곡선과 각도를 만들 어 내고 있었다. 간주곡은 아무도 알아챌 수 없을 정도로 서서히 쇼 팽의 〈즉흥 환상곡〉의 도입부인 단조 화음으로 물들고 있었다.

에드나는 〈즉흥 환상곡〉이 언제 시작되고 언제 끝나는지 알지 못했다. 그녀는 소파 구석 희미한 불빛 아래에 앉아 로버트의 편지 를 읽어 내려갔다. 라이즈 양은 쇼팽의 곡에서 온몸을 전율케 하는 〈이졸데의 연가〉로 미끄러지듯 자연스럽게 옮겨갔다가 다시 열정적이고 애절한 그리움을 담은 〈즉흥 환상곡〉으로 연주를 이어갔다.

작은 방에 그림자가 길게 드리워졌다. 음악은 점점 생소하고 환상적인 곡으로 이어졌고, 마치 차분하면서도 끈질기게 하소연하는 선율이 소용돌이치 듯 계속되었다. 그림자는 점점 더 길게 드리워졌다. 방 안은 온통 음악으로 가득찼다. 음악은 밤을 타고 흘러나와 지붕 꼭대기를 넘어 강 위에 떠 있는 초승달까지 다다라 하늘 높이 침묵 속으로 자취를 감추었다.

에드나는 흐느끼고 있었다. 마치 지난여름 그랜드 섬에서의 어느 날 밤 처음 들어보는 낯선 목소리에 내면의 영혼이 송두리째 깨어나며 그랬던 것처럼 하염없이 눈물이 흘러내렸다. 그녀는 흥분된 상태로 자리에서 일어나 집으로 돌아갈 채비를 했다.

"또 와도 되죠?"

문 앞에 서서 에드나가 물었다.

"오시고 싶을 때면 언제든 오세요. 층계가 어두워요. 넘어지지 않게 조심해요."

라이즈 양은 방으로 다시 들어와 촛불을 밝혔다. 마룻바닥에 로버트의 편지가 떨어져 있었다. 그녀는 몸을 숙여 편지를 집어 들었다. 편지는 눈물범벅인 채 구겨져 있었다. 그녀는 구깃구깃해진 편지를 펴서 봉투에 밀어 넣은 후 테이블 서랍 속에 다시 집어넣었다.

22

어느 날 아침, 시내로 가던 퐁텔리에 씨는 오랜 친구이자 가족 주치의인 만델레 박사의 집에 들렀다. 만델레는 은퇴 전에 쌓아 놓은 명예에 만족하며 살아가는 비상근 의사였다. 그는 의술보다는 삶의 지혜로 명성이 높아 실질적인 의료 행위는 조수나 젊은 의사들에게 맡기고, 정작 본인은 사람들의 인생 상담에 많은 시간을 할애했다. 박사와 우정을 나누고 있는 일부 가족들이 의사의 도움을 필요로 할 때마다 박사는 여전히 그 사람들을 돌봐 주었으며, 퐁텔리에 가족 역시 이러한 부류 가운데 하나였다.

퐁텔리에 씨는 서재의 열려 있는 창문으로 독서 중인 만델레 박사를 보았다. 박사의 집은 큰 길에서 한참이나 안으로 들어간 곳에 있는 데다 정원 한가운데에 위치해 있어서, 노신사의 서재 창문에서 내다보이는 주위 풍경은 언제나 조용하고 평화로웠다. 그는 대단한 독서가였다. 퐁텔리에 씨가 들어오자 그는 이런 이른 아침에 누가 감히 자신의 독서 시간을 방해 하는가 의아해 하며 불만스럽다는 듯 안경 너머로 쳐다보았다.

"아, 퐁텔리에 씨군요! 몸이 아파서 온 건 아니겠죠. 이리 와서 앉으세요. 이런 이른 시각에 무슨 일로 오셨나요?"

박사는 체격이 꽤 풍만했고, 머리는 전체적으로 희끗희끗했다. 나이 때문에 선명함은 많이 사라졌지만 자그마한 파란 눈에서 뿜어져 나오는 통찰력은 여전했다.

"아! 박사님, 저는 절대 아픈 법이 없습니다. 아시다시피 퐁텔리에 가문 사람들은 바싹 말라서 바람이 불면 곧 날아갈 듯 보여도, 크리올의 장수 혈통을 이어 받아 매우 강인한 체질을 타고났잖아요. 상의 드릴 것이 있어 찾아왔습니다. 아니, 딱히 상의라기보다는 에드나에 대해 드릴 말씀이 있어서요. 저는 도대체 아내에게 뭐가 문제인지 모르겠습니다."

"퐁텔리에 부인의 몸이 좋지 않은가요? 글쎄, 일주일 전쯤인가 카날 스트리트[23]에서 부인을 만났는데 아주 건강해 보이던데요."

박사가 놀라며 말했다.

"네, 맞아요. 겉으로 보기에는 매우 건강해 보이죠. 하지만 아내의 행동이 이상해요. 정말 이상합니다. 제정신이 아닌 것 같아요. 도저히 아내를 이해할 수가 없어서, 박사님이라면 저를 도와주실 수 있을 거라 생각했습니다."

퐁텔리에 씨는 몸을 숙여 양손 사이에 지팡이를 빙빙 돌리며 말했다.

"부인의 행동이 어떻게 이상한가요?"

박사가 물었다.

"글쎄요, 뭐라 설명하기가 쉽지 않네요. 아내는 집안 꼴이 엉망이 되도록 그냥 방치하고 있답니다."

퐁텔리에 씨가 다시 의자 안쪽으로 엉덩이를 밀어 넣으며 대답했다.

---

23. 뉴올리언스의 중심 시내거리.

"자, 자, 퐁텔리에 씨. 여자들이라고 모두 똑같지는 않습니다. 우리가 생각을 해야 할 것은……."

"저도 그건 알아요. 좀 전에 제가 뭐라고 설명할 수가 없다고 말씀 드렸잖아요. 아내의 전반적인 태도들, 저나 다른 사람들한테 아무튼 모든 것들에 대한 태도가 전부 달라졌습니다. 제 성격이 급하긴 해도 여자를 상대로 특히 제 아내와 언쟁을 높이며 싸우거나 거칠게 대하고 싶어 하지 않는다는 거 박사님도 아시지 않습니까. 그런데 요즘은 점점 그렇게 되어 가고, 한바탕 난리를 치고 나면 저 자신도 바보가 된 기분이에요. 아내는 저를 너무나 힘들게 하고 있어요."

퐁텔리에 씨는 계속해서 신경질적으로 말했다.

"아내는 영원한 여성의 권리에 대한 생각에 사로잡혀 있어요. 아시겠지만, 우리 부부는 아침 식사를 같이 하거든요."

노신사는 덥수룩한 눈썹을 치켜 올리고 두꺼운 아랫입술을 앞으로 내민 채, 도톰한 손가락 끝으로 의자의 팔걸이를 툭툭 두드렸다.

"퐁텔리에 씨, 요즘 부인에게 어떻게 대해 주셨습니까?"

"당연히 잘 대해 주었죠!"

"부인이 최근에 소위 지적인 체하는, 그러니까 영적으로 고상한 척하는 부인들과 어울려 다니나요? 우리 집사람이 그런 부인들에 대해 나에게 말해 주더군요."

만델레 박사는 미소를 지으며 물었다.

"그게 바로 문제입니다."

퐁텔리에 씨가 박사의 말을 자르며 말했다.

"요즘 아내는 누구하고도 어울리질 않아요. 화요일마다 집으로 부인들을 초대했던 일도 그만두고 모든 관계를 끊어 버린 채 혼자서 떠돌아다니질 않나, 시내 전차를 타고 정처 없이 헤매질 않나, 그렇게 돌아다니다가 날이 저물어서야 집에 돌아오곤 한답니다. 정말이지, 아내가 이상해졌어요. 저는 아내가 그러는 게 싫습니다. 조금 걱정이 되기도 하고요."

이런 건 박사에게 새로운 상황이었다.

"유전적인 문제는 없겠지요? 부인의 집안 내력에 특이한 부분이 없나 하는 겁니다."

박사가 진지하게 물었다.

"오! 아뇨, 없습니다! 제 아내는 건강하고 유서 깊은 장로교파의 켄터키 가문에서 태어났습니다. 제가 듣기로 장인어른은 주일마다 예배를 드리면서 주중에 지은 죄를 속죄하곤 하셨다 합니다. 물론 장인어른은 제가 본 가장 아름다운 켄터키 농장을 경마로 몽땅 탕진해 버린 적이 있기는 합니다만. 박사님도 잘 아시는 제 처형 마가렛은 순수 장로교파 교인입니다. 그리고 처제는 여우라고 할 수 있죠. 어쨌든 처제도 이삼 주 후면 결혼을 합니다."

"부인을 결혼식에 다녀오라고 하세요. 부인을 잠시 친정에 머물도록 하면 좋을 것 같은데요."

만델레 박사는 만족스러운 해결책을 감지한 것처럼 탄성을 질렀다.

"저도 아내에게 그렇게 하라고 했지요. 그런데 아내는 동생의 결혼식에 가지 않겠다는 거예요. 아내가 말하길 결혼이야말로 지구상에서 가장 슬픈 광경이라고 하더군요. 어떻게 아내가 남편에게 그런 말을 할 수 있습니까!"

퐁텔리에 씨는 다시 한 번 아내와의 대화를 떠올리면서 울분을 토했다.

잠시 생각에 잠겨 있던 박사가 입을 열었다.

"퐁텔리에 씨, 당분간 부인을 내버려 두세요. 당신도 부인을 간섭하지 말고, 부인도 당신을 귀찮게 하는 일이 없도록 하세요. 퐁텔리에 씨, 여자란 매우 특이하고 섬세한 존재랍니다. 저도 부인을 잘 알지만, 퐁텔리에 부인처럼 매우 예민하고 생각이 복잡한 여성은 특히 더 독특하지요. 그런 사람들을 잘 다루려면 훌륭한 심리학자가 필요하겠지요. 당신이나 나처럼 평범한 사람들이 그런 특이한 성격을 어떻게 해보려고 하다가는 엉망진창이 되고 말 겁니다. 여자들은 대부분 까다롭고 변덕스러운 경향이 있죠. 아마 부인의 변덕도 우리가 깊이 생각해 볼 필요조차 없는 사소한 이유들 때문에 부리는 일시적인 것일 거예요. 부인을 그냥 내버려 두면 조용히 잘 지나갈 겁니다. 부인에게 언제 한번 저희 집에 들르라고 하세요."

"아! 그렇게는 말할 수 없습니다. 박사님께 찾아가 보라고 할 만한 이유가 없으니까요."

퐁텔리에 씨가 반대했다.

"그러면 내가 부인을 찾아가 봐야겠군요. 언제 한번 저녁에 친구의 자격으로 들르도록 하겠습니다."

"네! 꼭 그렇게 해주세요!"

퐁텔리에 씨는 거듭 간청했다.

"언제쯤 오시겠습니까? 목요일이 좋은데요. 목요일 어떠십니까?"

그는 떠날 준비를 하며 물었다.

"목요일, 좋습니다. 어쩌면 아내가 나도 모르게 목요일에 어떤 약속을 해 두었을지도 모르니까, 만약 그렇다면 다시 연락드리겠습니다. 약속이 없으면 목요일에 가도록 하죠."

퐁텔리에 씨는 집을 나서기 전에 돌아보며 이렇게 말했다.

"저는 사업상 곧 있으면 뉴욕에 갑니다. 마침 큰 건이 있어서 이를 잘 성사시키려면 직접 현장에 가야합니다. 박사님도 말씀만 하시면 이 일에 합류시켜 드리지요."

퐁텔리에 씨가 소리 내어 웃었다.

"아닙니다, 퐁텔리에 씨. 말씀만으로도 고맙습니다. 그런 모험적인 사업은 삶에 대한 열정으로 가득한 혈기 왕성한 젊은이들에게 맡기겠습니다."

퐁텔리에 씨가 문고리를 잡으며 계속 말했다.

"제가 말씀 드리려고 했던 것은, 한동안 제가 집을 비운다는 말이었습니다. 에드나를 데리고 가는 것이 좋을까요?"

"물론이죠. 부인이 원하시면요. 원하지 않으면, 그냥 두고 혼자 떠나세요. 부인의 뜻대로 하도록 내버려 두세요. 장담하건대, 시간이 지나면 그런 기분은 사라집니다. 한 달이 걸릴 지, 두 달, 석 달이 걸릴지 모르죠. 아마 더 오랜 시간이 필요할 수도 있습니다. 하지만 분명 나아질 겁니다. 좀더 기다려 보세요."

"휴우! 안녕히 계세요. 목요일에 뵈요."

퐁텔리에 씨가 밖으로 나가면서 말했다.

만델레 박사는 대화중에 "혹시 남자 문제가 있습니까?"라고 물어보고 싶었으나, 크리올 사람에 대해 너무도 잘 알고 있었던 터라 그런 실수는 하지 않았다.

그는 책으로 곧장 돌아가지 않고 정원을 내다보며 명상에 잠긴 채 잠시 앉아 있었다.

23

에드나의 아버지가 뉴올리언스로 와서 며칠 동안 퐁텔리에 가족과 함께 지내고 있었다. 에드나는 아버지에게 그리 따뜻하거나 친밀하게 애정을 표현하지는 않았지만, 부녀 사이에는 어떤 공통된 취향이 있어서인지 그런대로 서로 잘 지냈다. 아버지의 방문은 그녀에게 일종의 반가운 혼란을 안겨 주었는데, 이를 계기로 에드나는 감정의 새로운 전환점을 맞게 되었다.

그녀의 아버지는 막내딸 자넷의 결혼 선물을 구입할 겸, 또한 멋진 차림으로 딸의 결혼식에 참석하기 위해 옷 한 벌을 사려고 뉴올리언스로 오게 되었다. 퐁텔리에 씨는 처제에게 줄 결혼 선물을 이미 마련해 두었다. 그와 직접적인 관계를 맺고 있는 사람들은 모두 그런 일에 대한 퐁텔리에 씨의 감각에 늘 경의를 표했다. 게다가 종종 골칫거리로 제기되는 옷차림 문제에 있어 사위의 제안은 장인에게 더 없이 귀중한 보물이었다. 어쨌거나 지난 며칠간 노신사는 딸의 보살핌을 받았고, 에드나 역시 아버지와 함께 지내면서 새로운 감정을 느끼게 되었다. 그녀의 아버지는 과거 남부 연합군의 육군 대령이었는데, 지금까지도 그 칭호에 걸맞은 군인다운 면모를 보여주었다. 새하얀 머리와 수염 때문에 울퉁불퉁한 얼굴이 더 두드러졌다. 그는 키가 크고 호리호리했으며, 어깨에 심을 넣은 코트를 입어서 실제보다 어깨는 더 넓고 가슴도 한층 건장해 보였다. 부녀가 함께 있는 모습은 사람들 눈에 금방 띄었다. 그들이 산책이라도 나가면 온통 사람들의 시선을 받느라 정신이 없을 정도였다. 에드나는 아버지가 뉴올리언스에 도착하자마자 작업실로 모시고 가서 그를 스케치하기 시작했다. 아버지는 딸의 이런 모든 문제를 매우 진지하게 생각했다. 만약 에드나의 재능이 지금보다 열 배 정도 뛰어났다 하더라도 그는 전혀 놀라지 않았을 것이다. 왜냐하면 아버지는 재능을 살릴 수 있는 가능성의 씨앗을 모든 딸들에게 골고루 물려주었지만, 성공적으로 싹을 틔우는 것은 오직 자신의 노력 여하에 달렸다고 믿었기 때문이다.

연필을 든 딸 앞에서 아버지는 조금도 움츠리지 않은 채 곧은 자세로 앉아 있었다. 그 모습은 흡사 지난 시절 대포의 총구를 마주했던 때와 같았다. 그는 이 시간을 방해하고 있는 손자 녀석들에게 화가 났지만, 아이들은 엄마의 환한 작업실에서 꼿꼿하게 앉아 있는 외할아버지의 모습이 신기한 듯 입을 다물지 못하고 바라보았다. 아이들이 가까이 오면 할아버지는 쿵쿵 발을 굴러 쫓아 버렸으며, 똑바로 고정된 얼굴선이나 팔 혹은 경직된 어깨의 선이 흐트러지는 것을 끔찍이 싫어했다.

에드나는 아버지를 기쁘게 해 드리고 싶어 라이즈 양의 피아노 연주를 들려 드리겠다고 약속하며 그녀를 초대했다. 그러나 라이즈 양은 초대를 거절했다. 대신 부녀는 래티뇰 씨의 집에서 열리는 '음악의 밤'에 함께 참석했다. 래티뇰 부부는 대령을 중요한 손님으로 정중히 접대하더니, 돌아오는 일요일이나 아니면 그가 원하는 날 언제라도 좋으니 자기네 부부와 함께 저녁 식사를 하자고 단번에 제안했다. 래티뇰 부인이 매혹적이면서도 천진난만한 눈빛과 손짓을 섞어 가며 찬사를 늘어놓는 등 대령의 비위를 맞추자, 마침내 대령은 심을 박은 어깨를 더욱 곧추세우며 삼십 년은 젊어진 듯 건장함을 자랑했다. 에드나는 부인의 그런 모습에 경탄했지만 이해할 수는 없었다. 그녀 자신은 애교라고는 찾아볼 수 없는 여자였기 때문이다.

'음악의 밤'이 열린 날 에드나의 시선을 끄는 남자들은 한두 명 있었지만, 그들의 관심을 사기 위해 애교를 부리거나 자신을 내보이려고 여성스러운 술책 따위를 부릴 마음은 추호도 없었다. 그녀는 그저 그들의 성품에 호감을 가졌다. 다만 그들과 취향이 맞았고, 음악이 한 곡 끝나면 이야기를 나눌 수 있는 게 기뻤다. 거리에서 부딪힌 낯선 이들의 시선이 에드나의 기억 속에 남아 있었던 적도 종종 있었고, 때로는 그 기억에 마음이 혼란스럽기도 했다.

퐁텔리에 씨는 '음악의 밤'에 참석하지 않았다. 그는 이런 모임에 나오는 사람들을 부르주아로 생각했으며 오히려 클럽에서 더 큰 재미를 느끼곤 했다. 래티뇰 부인에게는 그곳에서 연주되는 음악이 너무도 "중후하여" 자신처럼 음악에 문외한은 좀처럼 이해하기 힘들다고 말했다. 그의 변명은 래티뇰 부인을 우쭐하게 만들었다. 하지만 부인은 퐁텔리에 씨의 클럽을 맘에 들어 하지 않았고, 그런 생각을 에드나에게 솔직하게 털어 놓았다.

"퐁텔리에 씨가 저녁마다 점점 더 집을 자주 비우니 참 유감이에요. 이런 말을 해도 될지 모르겠지만, 제 생각에는 남편 분께서 집에서 보내는 시간이 많아지면 두 분의 관계가 좀더 좋아지지 않을까 싶어요."

"아! 천만에요! 남편이 집에 있으면 제가 뭘 할 수 있겠어요? 우리는 서로 나눌 얘기가 아무것도 없을 거예요."

에드나가 허공에 멍하니 눈을 던지며 말했다.

말이 나와서 말인데, 그녀는 아버지와도 할 얘기가 그리 많지 않았다. 그러나 아버지는 적어도 에드나의 기분을 상하게 하지는 않았다. 아버지와의 대화가 흥미롭기는 하지만 그 흥미도 오래 가지 않을 거라는 사실을 그녀는 잘 알고 있었다. 지금까지 살아오면서 처음으로 아버지와 친숙해진 것 같은 느낌이 들었다. 그녀는 아버지를 챙겨 주고 아버지가 원하는 것을 만족시켜 주느라 정신이 없었으면서도 한편으로는 그렇게 딸 노릇 하는 게 즐거웠다. 에드나는 아버지를 위해 자신이 할 수 있는 일이 있으면, 그 일을 하인이나 아이들이

하도록 내버려두지 않았다. 남편은 이런 아내의 행동이 부모에 대한 깊은 효심의 표현이란 점을 한 번도 의심하지 않았다.

대령은 하루 온종일 갖가지 종류의 토디[24]를 여러 잔이나 마셨는데도 취하지는 않았다. 그는 독한 술을 혼합하여 각테일을 만드는 데 대가였다. 실제로 그런 술을 몇 가지 직접 만들어 멋진 이름을 붙여 놓기까지 했다. 제조 과정에 필요한 갖가지 재료의 조달은 에드나의 몫이었다.

목요일 저녁, 퐁텔리에 부부와 저녁 식사를 하는 동안 만델레 박사는 퐁텔리에 부인에게서 그녀의 남편이 일전에 말했던 병적인 이상 징후는 전혀 찾아볼 수 없었다. 그녀는 활기찼고, 어떤 면에서는 눈이 부실 정도로 밝았다. 경마장에 다녀온 이 부녀의 머릿속은 온통 그날 오후에 있었던 일로 가득했고, 식탁 앞에서도 여전히 그 이야기만 주고받았다.

만델레 박사는 경마장 이야기에 적극적으로 참여할 수 없었다. 그는 르콩트 조련장이 번성하던 이른바 "좋았던 옛 시절"의 경마에 대한 추억만 조금 있을 뿐이었다. 그래서 그는 대화에 끼어들지 못하고 현대의 흐름에 발맞추지 못하는 것처럼 보이지는 않을까 하여 추억의 금고에서 기억을 더듬고 있었다. 그러나 박사는 결국 대령을 속일 수도, 지나간 날에 대한 날조된 지식으로 감동을 줄 수도 없었다. 에드나는 경마에서 아버지에게 마지막 모험을 할 수 있도록 밑천을

---

24. 브랜디나 위스키에 뜨거운 물, 설탕, 향료를 넣은 음료.

대주었는데, 그것이 두 사람 모두에게 아주 만족스러운 결과를 가져다주었다. 또한 부녀는 적어도 대령이 보기에는 매우 멋진 사람들도 몇 명 만났다. 알쎄 아로뱅과 함께 있었던 모티머 메리먼 부인과 제임스 하이캠프 부인이 이들 부녀와 합류하여 대령의 마음을 사로잡을 만큼 즐거운 시간을 보냈다.

퐁텔리에 씨는 경마에 특별한 관심이 없기도 했고, 그것을 오락거리로 삼지 말라고 말리고 싶었다. 특히 켄터키 새포아풀 농장의 운명을 생각하면 더욱 그랬다. 그는 대강 반대 의사만 표하려고 했지만 그것은 결국 장인의 분노와 반감만 사고 말았다. 지독한 논쟁이 이어지자, 에드나는 아버지의 의견을 열렬히 지지했고, 만델레 박사는 누구의 편도 들지 않았다.

만델레 박사는 텁수룩한 눈썹 아래로 안주인 에드나를 주의 깊게 살피면서, 자신이 전에 알았던 무기력한 여자가 이제는 인생의 활력으로 요동치는 존재가 된 미묘한 변화에 주목했다. 그녀의 말투는 열정적이고 활기가 넘쳤다. 시선이나 몸동작에서 억압의 흔적은 전혀 찾아볼 수 없었다. 박사는 그녀를 보자 방금 햇살을 받으며 잠에서 깨어난, 윤기가 흐르는 아름다운 동물의 모습이 떠올랐다.

저녁 식사는 훌륭했다. 클라레[25]는 따듯했고 샴페인은 시원했다. 술이 들어가자 다들 기분이 좋아져 좀 전의 위협적이었던 불화는 눈 녹듯 사라졌다.

---

25. 프랑스 보르도산 적포도주.

퐁텔리에 씨는 술기운이 돌자 회상에 잠겨 농장에서의 즐거웠던 경험과 이버빌에서 보냈던 어린 시절의 추억들을 이야기했다. 친한 흑인 친구들 몇 명과 주머니쥐를 잡으러 돌아다녔던 일, 피칸 나무를 흔들고 부리가 긴 새를 총으로 잡았던 일, 장난기에 가득 차서 숲속이고 들판이고 정처 없이 돌아다녔던 일들이 다시금 눈앞에 펼쳐졌다.

유머 감각도 없고 상황에 맞는 얘기인지 아닌지 분별도 잘 못하는 대령은 암울하고 쓰라린 날들의 우울한 일화를 펼쳐 놓았는데, 그 일화 속에서 대령은 언제나 매우 중요한 역할을 맡고 있었다. 만델레 박사가 선택한 이야기도 그다지 나을 것이 없었다. 여성들은 낯설면서도 새로운 문으로 나아가길 원하지만 무시무시한 불안의 세월을 보낸 후에는 결국 본래의 합법적인 근원으로 되돌아오게 된다는, 구태의연하면서도 언제나 새롭고 호기심을 자극하는 이야기였다. 이런 이야기는 그가 오랫동안 의사 생활을 해오면서 수많은 환자들에게 들어왔던 나약한 인간의 기록들 중 하나였다. 그러나 박사의 이야기는 에드나에게 특별한 감흥을 주지 못하는 듯했다. 그녀도 해줄 이야기가 있었다. 어느 날 밤 사랑하는 사람과 통나무배를 타고 떠난 후 다시는 돌아오지 않았다는 어느 여인에 관한 이야기였다. 두 연인은 바라타리아 군도에서 길을 잃었는데 이후로 그들의 자취는 연기처럼 사라져 버렸다는 것이다. 이 이야기는 순전히 그녀가 지어낸 것이었다. 그녀는 앙투안 부인에게 이 이야기를 들었다고 했지만 이 역시 꾸며낸 말이었다. 어쩌면 이 이야기는 그녀가 꿈꾸었던 것인지도 모르겠다. 그러나 그녀가 너무도 생생하게 풀어낸 덕에 듣는 사람에게는 꼭 실제로 일어난 일처럼 여겨졌다. 그녀의 이야기를 듣던 세 사람은 남쪽에서 불어오는 밤바람의 뜨거운 숨결을 느낄 수 있었고, 반짝이는 달빛 아래 물을 가르는 통나무배의 스치는 소리와 바닷물로 채워진 웅덩이의 갈대 사이에 있다가 깜짝 놀라 푸드덕 날아오르는 새의 날갯짓 소리를 들을 수 있었다. 또한 미지의 세계로 떠내려가는 두 연인이 모든 것을 망각한 채 넋을 잃고 창백한 얼굴로 서로를 끌어안고 있는 모습이 생생히 떠올랐다.

샴페인은 차가웠고, 그것의 묘한 향이 그날 밤 에드나의 기억에 몽환적인 장난질을 했다.

모닥불의 열기와 램프의 부드러운 불빛이 닿지 않는 바깥의 밤은 매우 어둡고 싸늘했다. 만델레 박사는 어둠을 뚫고 집을 향해 성큼성큼 발을 옮기면서 자신의 낡은 망토를 가슴 앞으로 포개어 감쌌다. 그는 일반 사람들보다 인간 세계에 관해 더 잘 이해하고 있었으며 신의 축복을 받지 못한 자의 눈에는 좀처럼 보이지 않는 삶의 내적 세계를 특히 잘 알고 있었다. 그는 퐁텔리에 씨의 초대에 응한 것을 후회했다. 자신은 점점 늙어 가고 있으니 휴식을 취하고 정신을 가다듬어야 할 시기였다. 그는 다른 사람의 비밀이 자신의 삶을 비집고 들어오는 걸 원치 않았다.

"아로뱅만 아니길."

박사는 걸으면서 혼자 중얼거렸다.

"제발 알쎄 아로뱅만 아니면 좋으련만."

24

에드나는 동생의 결혼식에 가지 않겠다는 문제로 아버지와 격렬한, 거의 난폭에 가까운 언쟁을 벌였다. 퐁텔리에 씨는 부녀간의 싸움에 휘말리고 싶지 않아 자신의 영향력이나 권위를 내세우지 않았다. 만델레 박사의 조언에 따라 아내가 원하는 대로 그녀를 내버려두었다. 대령은 에드나가 자식으로서의 다정함이나 부모에 대한 존경은 물론 자매간의 애정이나 여성스러운 사려 깊음을 눈 씻고 찾아볼 수 없다며 꾸짖었다. 그의 말은 장황하기만 할 뿐 설득력이 없었다. 그는 에드나가 결혼식에 불참하려는 이유를 한 번도 입 밖에 내어 말한 적이 없는데도, 그런 변명 따위를 자넷이 받아들이겠냐며 야단이었다. 또한 자넷이 에드나에게 두 번 다시 말을 걸기나 할지 의문이라면서, 마가렛은 틀림없이 입도 뻥긋하지 않을 거라고 단언했다.

끝내 아버지가 결혼 예복과 신부를 위한 선물을 챙긴 다음 어깨에 심을 넣은 외투, 성경책, "토디" 그리고 그칠 줄 모르던 악담들을 가지고 떠나자 에드나는 그에게서 벗어났다는 생각에 기뻤다.

퐁텔리에 씨는 장인의 뒤를 바짝 따라갔다. 그는 뉴욕으로 가는 길에 처제의 결혼식에 들러 언니의 이해할 수 없는 행동을 조금이라도 보상하고자 돈이나 애정으로 갚을 수 있을 온갖 수단 방법을 동원할 생각이었다.

"자네는 너무 관대하군, 분명 에드나를 너무 풀어 주는 거야, 레옹쎄."

대령은 확고하게 말했다.

"권위, 강압이 필요하네. 철저히 단호한 태도를 보여줘야 해. 그것이 바로 아내를 다루는 유일한 방법일세. 내 말 명심하게."

대령은 사위가 자기 딸의 인생을 구속하며 절망으로 몰고 간 사실을 눈치 채지 못한 듯했다. 퐁텔리에 씨는 막연하게 그런 의구심이 들었지만, 지금에 와서 군이 말할 필요는 없다고 생각했다.

에드나는 남편이 집을 떠나자 아버지가 떠났을 때만큼 홀가분하지는 않았다. 남편이 다소 오랜 시간 집을 비울 날이 다가오자 마음이 점점 누그러져 다정다감한 아내의 모습으로 행동했다. 그간 남편이 보여준 수많은 배려의 행동들과, 가끔이기는 해도 열정적인 사랑의 표현들이 떠올랐다. 그녀는 남편의 건강과 안녕을 걱정했다. 이런 상황에서 래티뇰 부인이 했을 법한 행동들, 남편의 옷가지들을 챙기고 두꺼운 속옷들을 신경 쓰며 이리저리 분주히 움직였다. 그녀는 남편이 떠날 때 눈물을 흘리며 '사랑하는, 소중한 친구'라고 불러주었고, 자신은 머지않아 점점 외로운 나머지 뉴욕에 있는 남편에게 가게 될 거라고 확신했다.

그러나 결국 그녀는 자신이 혼자라는 사실을 깨닫자 마음속에 광명 같은 평화가 찾아왔다. 아이들까지도 떠나고 없었다. 아이들의 할머니가 몸소 아이들과 보모를 데리고 이버빌로 갔다. 노부인은 레옹쎄가 집에 없는 동안 아이들의 보살핌이 소홀할 것 같다는 말은 하지 않았으며, 사실 감히 그런 생각조차 하지 않았다. 그녀는 손자들이 너무나 보고 싶었는데, 아이들에 대한 애정은 가히 격렬할 정도였다. 할머니는 손자들이 완전히 "거리의 아이들"이 되는 걸 원치 않았다. 이 말은 잠시 아이들을 데리고 있겠다고 간청할 때 그녀가 늘 하는 말이었다. 할머니는 손자들에게 시냇물과 들판, 나무, 자유가 넘쳐 나는, 그 나이 또래의 아이들이 너무나 좋아할 법한 시골 생활을 알려주고 싶었다. 또한 제 아버지가 저들 나이에 생활하고 배우며 사랑했던 삶의 면모를 음미할 기회도 주고 싶었던 것이다.

비로소 혼자 남게 된 에드나는 진심으로 깊은 안도의 한숨을 내쉬었다. 익숙하지는 않았지만 정말 달콤한 느낌이 온몸을 휘감았다. 그녀는 이 집을 처음 둘러보는 사람처럼 이 방에서 저 방으로 집안 구석구석을 돌아다녔다. 그리고 전에는 한 번도 그런 적이 없었던 것처럼 집안의 온갖 의자들이며 안락의자에 앉아도 보고 기대어 보기도 했다. 그러고는 집 밖으로 나가 창문과 덧문이 안전하게 잘 닫혀 있는지 살펴보며 이리저리 발걸음을 옮겼다. 활짝 핀 꽃들에게도 새로 사귄 친구처럼 친근하게 다가가 자신을 편히 내어 맡겼다. 정원길이 축축해 그녀는 하녀에게 고무 샌들을 가져다 달라고 부탁했다. 그런 다음 한동안 정원에서 몸을 굽히고 앉아 꽃과 나무의 흙을 돋우고, 다 말라 죽은 나뭇잎들을 줍는 등 주변을 정돈했다. 아이들이 키우던 강아지가 밖으로 나와 뒤를 졸졸 따라오며 그녀가 가는 길을 방해했다. 그녀는 강아지에게 호통을 치기도 하고 웃어 주기도 하며 함께 즐거운 시간을 보냈다. 정원은 향긋한 향기로 넘쳐 났고, 오후의 햇빛을 받아 멋진 광경을 연출했다. 에드나는 눈부신 꽃들을 보이는 대로 모두 따서 집안으로 가지고 들어갔다. 그녀와 강아지, 단 둘뿐이었다.

심지어 부엌까지도 전에는 한 번도 느껴 보지 못했던 뜻밖의 흥미를 불러일으켰다. 그녀는 부엌으로 들어가 요리사에게 지시를 했다. 앞으로는 정육점 주인에게 고기를 이전보다 훨씬 덜 가져와야 할 것이고, 빵이며 우유 그밖에 식료품도 모두 평소 먹던 양의 절반만 준비하라고 말했다. 그리고 퐁텔리에 씨가 집에 없는 동안 자신도 매우 바쁠 테니, 식품 저장실에 관해서는 모두 요리사가 직접 맡아 알아서 책임져 달라고 부탁했다.

그날 밤 에드나는 혼자 저녁 식사를 했다. 테이블 중앙에 놓여 있는 나뭇가지 모양의 촛대에 초 몇 개를 꽂아 필요한 만큼의 빛만 밝혀 두었다. 커다란 식당에서 그녀가 앉아 있는 빛의 둥근 원을 제외한 나머지 부분은 엄숙하고 공허해 보였다. 신경 써서 준비해 달라는 에드나의 요청에 요리사는 안심 고기를 꼬챙이에 끼워 구운 맛있는 식사를 정성스레 내어 놓았다. 포도주의 맛도 일품이었고, 마롱 글라세[26]도 그녀가 원하던 딱 그 맛이었다. 편안한 실내용 가운을 걸치고 식사를 하니 너무도 기분이 좋았다.

그녀는 잠시나마 레옹쎄와 아이들에 대한 감상에 젖어 그들이 지금쯤 무엇을 하고 있을지 생각해보았다. 그런 다음 먹다 남은 맛있는 음식을 한두 숟갈 강아지에게 떠먹여 주며 에티엔과 라울에 대한 얘기를 다정하게 해주었다. 강아지는 에드나가 이처럼 부드럽게

---

26. 설탕에 절인 밤 과자.

대해 주자 놀라기도, 기쁘기도 한 마음에 여러 차례 재빠르게 짖어 대고 날쌔게 꼬리를 흔들며 고마움을 표시했다.

식사를 마친 에드나는 서재로 가서 잠이 올 때까지 에머슨[27]의 책을 읽었다. 그녀는 그동안 독서를 소홀히 했다는 사실을 깨닫고, 이제는 자신이 원하는 대로 온전히 자기 자신을 위해 시간을 쓸 수 있으므로 유익한 공부를 위한 시간에 다시 투자해야겠다고 다짐했다.

그녀는 개운하게 목욕을 하고 잠자리에 들었다. 솜털 이불 아래 온기를 찾아 깊숙이 몸을 밀어 넣자 안도감이 몰려왔다. 이전에는 경험해 보지 못했던 그러한 안도감을.

25

날이 우중충하고 구름이 낀 날이면 에드나는 작업을 할 수가 없었다. 푹 가라앉은 그녀의 기분을 녹여 주고 달래 줄 햇빛이 필요했다. 기분이 좋은 날이면 확신에 차서 편하게 작업할 수 있었다. 그녀는 어떤 야망이 있는 것도, 성공을 갈구하는 것도 아니었기에 그림을 그리는 자체에서 만족을 얻을 수 있었다.

---

27. Ralph W. Emerson(1803-1882): 미국 초월주의 철학자이자 시인.

비가 오거나 우울한 날이면 그녀는 그랜드 섬에서 알게 된 사람들을 만나러 나갔다. 아니면 집안에 머물면서 마음의 위안과 평화를 위해 이제는 너무나 익숙해져 가고 있는 자신의 감정을 보듬었다. 그건 절망이 아니라 뭐랄까, 삶이 약속을 지키지 않고 그냥 스쳐지나가 버리는 듯한 기분이었다. 그러나 젊음의 활력이 그녀에게 손을 내밀며 해주는 신선한 약속에 이끌리고 현혹되는 날들도 많았다.

그녀는 다시 몇 차례 경마장을 찾았다. 어느 화창한 오후, 알쎄 아로뱅과 하이캠프 부인이 아로뱅의 마차를 타고 와 에드나를 불러냈다. 하이캠프 부인은 속물적인 경향이 있기는 했지만, 꾸밈이 없는 지적인 여인이었다. 사십대의 이 금발의 부인은 키가 커 날씬했고 시종일관 무관심한 태도를 보이며 푸른 눈으로 상대방을 빤히 쳐다보곤 했다. 부인에게는 딸이 하나 있었는데, 그 딸은 부인이 사교계의 젊은 사람들과 친분을 이룰 수 있도록 가교 역할을 해주었다. 알쎄 아로뱅도 그런 사교계 사람들 중 하나였다. 그는 경마장, 오페라, 상류 사회의 모임에 정통한 인물이었다. 이 젊은이의 눈가에는 미소가 떠나질 않았고, 그의 눈과 마주치거나 그의 좋은 목소리를 듣게 되는 사람은 누구라도 그에 상응하는 유쾌함을 맛볼 수 있었다. 아로뱅은 늘 조용했지만 다소 건방지게 행동할 때도 있었다. 그는 풍채가 좋았고 생각이나 감정의 무게에 짓눌리지 않은 상냥한 얼굴이었으며, 사교계 남자들이 늘 입는 식의 옷차림으로 다니곤 했다.

아로뱅은 경마장에서 아버지와 함께 온 에드나를 본 이후로 줄곧 그녀를 열렬히 흠모했다. 그 전에도 그녀를 만난 적이 있었지만,

그날까지 그에게 에드나는 다가갈 수 없는 존재로 여겨져 왔던 것이다. 하이캠프 부인이 에드나에게 자키 클럽[28]의 시즌 경마 행사를 함께 보러 가자고 한 것도 사실 아로뱅이 부추긴 결과였다.

어쩌면 클럽에는 에드나만큼 경주마에 대한 지식이 있는 선수가 조금은 있을 수도 있겠지만, 그녀보다 더 잘 알고 있는 선수는 분명한 사람도 없었다. 그녀는 해설 위원처럼 두 친구 사이에 앉았다. 그녀는 아는 체하는 아로뱅을 비웃었고, 하이캠프 부인의 무지를 유감스럽게 생각했다. 경주마는 어린 시절 자신의 친구이자 친근한 동무였다. 마구간의 분위기와 새포아풀로 뒤덮인 방목장의 숨결이 그녀의 기억 속에 되살아나자 한동안 옛 추억에 잠겼다. 윤기가 자르르흐르는 거세 말들이 그들 앞으로 천천히 걸어 나갈 때, 그녀는 자신도 모르게 아버지처럼 권위적으로 말하고 있다는 사실을 인식하지 못했다. 에드나는 엄청난 돈을 내기에 걸었고 행운은 그녀의 몫이었다. 게임의 열기로 그녀의 볼과 눈은 불타올랐고, 그것은 마취제처럼 혈관과 뇌를 타고 흘러 들어갔다. 사람들이 고개를 돌려 그녀를 쳐다볼 정도였고, 쉽게 알 수 없는 "내부 정보"라도 얻어낼까 하여 그녀의 말에 주의를 기울이는 사람들도 있었다. 아로뱅은 그녀에게 자석처럼 끌려 온통 흥분으로 물들었다. 하이캠프 부인은 보통 때와 마찬가지로 동요되지 않은 채 눈썹을 치켜 올려 무심한 시선을 보냈다.

에드나는 하이캠프 부인의 성화에 못 이겨 그녀의 집에서 저녁

---

28. 뉴올리언스의 경마 클럽으로 부유한 계층 사람들의 사교모임으로 유명하다.

식사를 했다. 아로뱅 역시 돌아가지 않고 남아서 함께 식사를 했으며, 타고 온 사륜마차는 돌려보냈다.

그가 분위기를 띄우려 열심히 노력했음에도 식사 시간은 대체로 조용하고 지루했다. 하이캠프 부인은 자기 딸이 경마장에 같이 가지 않고 "단테 작품 읽기 모임"에 간 것을 아쉬워하며 그날의 경마가 얼마나 재미있었는지 상기시켜 주려 애썼다. 그녀의 딸은 제라늄 잎을 코끝에 대고 아무 말 하지 않았지만, 모든 걸 다 알면서도 가만히 있을 뿐이라는 표정을 짓고 있었다. 하이캠프 씨는 머리가 벗겨진 평범한 남자였는데 꼭 누군가 강요를 해야만 말을 하곤 했다. 그는 둔감한 편이었다. 하이캠프 부인은 남편에게 매우 자상하고 예의 바르며 사려 깊은 아내였다. 그녀는 식탁에 앉아서도 대부분 남편을 보며 이야기를 했다. 식사를 마치고 부부는 서재로 자리를 옮겨 이동식 램프의 불빛 아래 저녁 신문을 읽었고, 나머지 세 젊은이들은 가까운 응접실에서 대화를 나눴다. 하이캠프 양은 그리그의 작품 몇 곡을 피아노로 연주했다. 그녀는 작곡가의 냉담한 면만 알고 있을 뿐 시적인 면은 전혀 이해하지 못한 듯했다. 에드나는 연주를 듣는 동안 자신이 음악에 대한 흥미를 상실한 게 아닌가 걱정이 될 정도였다.

집으로 돌아갈 시간이 되자 하이캠프 씨는 에드나를 데려다 주겠다고 나섰지만, 불만이 섞인 목소리에 슬리퍼를 신은 발을 그냥 내려다보기만 하고 있는 걸로 보아 별로 내켜 하지 않는 눈치가 역력했다. 정작 그녀를 집까지 데려다 준 사람은 아로뱅이었다. 차로 집까지 가는 길은 길었고 에스플러네이드 스트리트에 도착했을 무렵은 이미 늦은 시각이었다. 그는 성냥갑이 텅 비어서 잠시 집으로 들어가 담뱃불을 붙여도 되겠냐고 물었다. 성냥갑을 채운 아로뱅은 담배를 피우지도, 집을 나서려고도 하지 않았다. 그녀가 다음에도 경마장에 함께 갈 의향을 내비치자 그제야 담배에 불을 붙이고 자리에서 일어났다.

에드나는 피곤하지도 졸리지도 않았다. 그녀는 또 배가 고팠다. 하이캠프 댁에서 맛있는 음식을 먹기는 했지만 양에 차지 않았던 것이다. 저장실을 찬찬히 살펴 그뤼에르 치즈[29] 한 조각과 크래커 몇 조각을 꺼내 왔다. 그녀는 아이스박스에서 찾은 맥주 한 병을 열었다. 마음이 차분히 가라앉지 못하고 허공에 붕 떠있는 것처럼 매우 흥분되었다. 화로의 장작불을 쑤석거리며 멍하니 멋진 노랫가락을 흥얼거리다가 크래커 한쪽을 우두둑 깨물었다.

그녀는 무슨 일이든 일어났으면 하고 바랐다. 뭔가, 아무 일이라도. 그러나 그것이 정확히 무엇인지는 자신도 알지 못했다. 경마 얘기라도 하며 아로뱅을 삼십 분 정도 더 붙잡아 둘 걸. 가만히 오늘 딴 돈을 세어 봤다. 더 이상 할 일이 없자 잠자리에 들었지만 식을 줄 모르고 찾아오는 일종의 흥분 때문에 몇 시간을 뒤척이며 잠들지 못했다.

남편에게 주기적으로 쓰던 편지를 깜빡 잊고 있었다는 사실이 문득 한밤중에 떠올랐다. 내일 꼭 써야겠다고 다짐하며, 편지에 오

---

29. 무살균 우유를 가열 압착하여 숙성시킨 대형 하드 치즈.

늘 오후 자기 클럽에서 있었던 일도 말해 줄 작정이었다. 그녀는 다음날 남편에게 쓸 편지 내용과는 전혀 다른 내용의 편지를 머릿속으로 작성하느라 뜬눈으로 밤을 새웠다. 다음날 아침 하녀가 에드나를 깨우러 왔을 때, 그녀는 꿈속을 헤매고 있었다. 꿈에서 하이캠프 씨가 카날 스트리트의 음악 상점 입구에서 피아노를 연주하고 있었고, 그의 부인은 에스플러네이드 스트리트로 가는 차를 타면서 알쎄 아로뱅에게 "저런 훌륭한 재능을 썩히다니, 얼마나 안타까워요! 그렇지만 전 이제 가야 해요."라고 말하고 있었다.

며칠이 지나 알쎄 아로뱅이 마차를 타고 다시 에드나를 찾아왔을 때, 하이캠프 부인은 함께 오지 않았다. 그의 말로는 이제 부인을 데리러 갈 참이라는 거였다. 그러나 하이캠프 부인은 아로뱅이 자신을 데리러 오겠다는 이야기를 하지 않았기 때문에 집에 없었다. 마침 하이캠프 양은 민속학회 지부 회의에 가려고 집을 나서던 중이어서 두 사람과 동행하지 못하는 것을 유감스러워 했다. 아로뱅은 어찌할 바를 몰라 하며 혹시 경마장에 같이 가고 싶은 사람이 있는지 에드나에게 물었다.

그녀는 그동안 멀리 했던 사교계 사람들을 일부러 찾아갈 필요는 없다고 생각했다. 래티뇰 부인을 떠올려 봤지만, 그녀는 해가 지고 어둑어둑해지면 남편과 동네 한 바퀴 산책하러 나오는 일 외에는 결코 집을 비우는 법이 없다는 사실을 에드나는 잘 알고 있었다. 그렇다면 라이즈 양은 어떨까? 자신이 그런 요청을 하면 그녀는 틀림없이 비웃을 것이다. 르브랭 부인은 좋아할지도 모른다. 하지만 어째서인지 부인과는 가고 싶지 않았다. 그래서 에드나는 아로뱅과 단둘이 경마장에 가게 되었다.

그날 오후 에드나는 너무나 즐거웠다. 이런 흥분은 마치 오르내리는 열병처럼 그녀의 몸을 온통 휘감았다. 아로뱅과의 대화는 점점 친밀하고도 은밀해졌다. 그와 친해지는 일은 그리 어렵지 않았다. 그의 태도가 은밀한 이야기까지도 터놓을 수 있는 신뢰를 주었던 것이다. 아로뱅은 아주 아름답고 매력적인 여성을 만나면 상대와 가까워지기까지 필요한 준비 과정을 언제나 손쉽게 넘어서곤 했다.

아로뱅은 에드나의 집에서 함께 저녁을 먹었다. 두 사람은 장작불 옆에 앉아 웃고 떠들며 즐겁게 대화를 나눴다. 헤어질 시간이 되자, 아로뱅은 그녀를 몇 년 만이라도 일찍 알았다면 자기 인생도 많이 달라졌을 거라고 말했다. 그러고는 아주 못되고 행실이 나빴던 유년 시절 이야기를 너무도 천진난만하게 들려주면서, 열아홉 살 때 파리 교외에서 결투를 벌이다가 사브르[30]에 찔려 생긴 손목의 흉터까지 보여주었다. 그녀는 아로뱅의 하얀 손목 안쪽의 불그레한 흉터 자국을 손가락으로 살며시 쓰다듬었다. 그러다 자신도 모르게 순식간의 충동에 이끌려 아로뱅의 손을 덥석 잡고 말았다. 그는 에드나의 뾰족한 손톱이 손바닥을 찌르는 것을 느꼈다.

그녀는 급히 일어나 벽난로 쪽으로 발을 옮겼다.

---

30. 유럽의 기병이 사용하던 검으로, 한손으로 사용할 수 있도록 가볍고 길게 만들어졌다. 펜싱 경기용 검으로도 알려져 있다.

"상처나 흉터를 보면 언제나 마음이 쿵쿵거리고 속이 메슥거려요. 보지 말 걸 그랬어요."

그녀에게 다가가며 아로뱅이 미안해했다.

"미안해요. 이 흉터를 보고 불쾌해 하실 줄은 미처 몰랐어요."

그는 그녀 옆에 바짝 다가와 섰다. 사라져 가는 과거의 자신이었다면, 뻔뻔스러울 만큼 대담한 그의 시선을 거부했겠지만 그 순간만큼은 오히려 온몸의 감각들이 하나하나 되살아났다. 아쉬운 듯 작별의 인사를 하는 바로 그때, 아로뱅은 에드나의 얼굴에서 그녀의 손을 잡아도 좋다는 확신을 얻었다.

"경마장에 또 가실 거죠?"

그가 물었다.

"아뇨. 이제 충분히 다 구경했어요. 딴 돈을 전부 잃고 싶지는 않아요. 그리고 날씨가 좋아지면 작업도 해야 해요. 대신……"

"네, 작업 하셔야죠. 그럼요! 부인께서 그리신 그림을 보여주기로 약속하셨잖아요. 작업실에 언제 갈까요? 내일 아침은 어떠신가요?"

"안 돼요!"

"그럼 그 다음날은요?"

"아뇨, 안 돼요."

"아, 제발 저를 밀어내지 마세요. 저도 그 방면에 식견이 좀 있답니다. 제가 한두 가지 좋은 제안이라도 해 드릴 수 있어요."

"사양할게요. 조심히 가세요. 인사를 하고도 왜 가시지 않는 거죠? 저는 당신이 불편해요."

에드나는 손을 빼내려고 하면서 흥분 섞인 목소리로 말했다. 그녀는 자신의 말에 위엄과 진실성이 없다고 생각했고, 아로뱅도 그렇게 느끼고 있음을 알았다.

"제가 불편하시다니 유감이군요. 부인의 기분을 상하게 한 점 사과드립니다. 저의 어떤 행동 때문에 기분이 나쁘셨나요? 제가 뭘 잘못한 거죠? 저를 용서해 주실 수 없습니까?"

그는 이렇게 말하고 몸을 숙여 에드나의 손에 계속해서 입을 맞췄다. 다시는 손을 놓지 않겠다는 듯이 그녀의 손을 꽉 잡으며.

"아로뱅 씨!"

에드나가 불쾌하다는 듯 말했다.

"오늘 오후의 흥분이 아직도 남아 있는지 여전히 당황스럽고 정신이 없어요. 어쨌든 제 행동이 당신에게 오해를 준 것 같군요. 제발 가 주세요."

그녀의 목소리는 높낮이의 변화 없이 단조로웠다. 아로뱅은 테이블에서 모자를 집어 들고 그녀에게서 돌아서서 꺼져 가는 불씨를 바라보았다. 그는 한동안 엄숙한 자세로 침묵을 지켰다. 마침내 아로뱅이 말문을 열었다.

"퐁텔리에 부인, 부인 때문에 제가 오해한 점 없습니다. 제 감정 때문에 그런 것이지요. 저도 어쩔 수 없었습니다. 부인 옆에 있으면 저도 제 감정을 주체할 수가 없습니다. 아무것도 신경 쓰지도 걱정하지도 마세요. 부인이 명령하시면 저는 가겠습니다. 멀리 가 버리라고 하시면 그렇게 할 것이고, 다시 돌아오라고 하시면 저는……. 아! 다시 돌아와도 좋다고 허락해 주실 거죠?"

아로뱅은 애원하듯 에드나를 바라봤지만 그녀는 어떤 대답도 하지 않았다. 그의 태도는 너무나 진지해서 심지어 가끔은 본인 스스로도 깜박 속아 넘어갈 때가 있었다.

에드나는 그의 마음이 진심이든 아니든 별로 개의치 않았다. 혼자 남은 에드나는 아로뱅이 열렬히 입맞춤을 했던 자신의 손등을 무심코 내려다보았다. 그러고는 벽난로에 머리를 기댔다. 열정적인 순간에는 부정(不正)한 행동을 저지르다가, 그런 마법에서 완전히 풀리기도 전에 자신이 저지른 행위의 심각성을 깨닫는 여자가 된 기분이 들었다. '그는 어떻게 생각할까?'라는 생각이 막연히 그녀의 머릿속을 스치고 지나갔다.

그 순간 에드나는 남편을 생각하는 게 아니었다. 다만 로버트 르브랭을 마음에 그리고 있었다. 현재 자신에게 있어 남편은 그저 사랑 없이 결혼한 허울에 불과했다.

그녀는 촛불을 켜고 방으로 올라갔다. 알쎄 아로뱅은 자신에게 전혀 아무 의미도 없는 사람이었다. 그러나 그의 존재, 태도, 따뜻한 시선, 그리고 무엇보다 손에 닿았던 그의 입술의 모든 감촉이 온통 마취제처럼 작용했다.

그녀는 어렴풋이 꿈속을 헤매며 나른한 잠에 빠져들었다.

26

알쎄 아로뱅은 진심으로 떨리는 마음을 담아 사과의 편지를 정성껏 써 보냈다. 그의 편지에 에드나는 당혹스러웠다. 좀 더 냉정하고 차분하게 생각해보니 아로뱅의 행동을 너무 진지하고 인상 깊게 받아들였던 자신이 오히려 우습다는 생각이 들었기 때문이다. 에드나는 그날 있었던 모든 일들이 자신의 의식 가운데 중요하게 자리 잡고 있음을 실감했다. 만일 그의 편지를 무시해 버리면, 그런 사소한 일에 쓸데없이 큰 의미를 둔다는 뜻이 되고 말리라. 그렇다고 진지하게 답장을 보내자니, 매우 민감했던 그 순간 자신이 그에게 마음을 빼앗겨 버렸다는 인상을 주게 될 터였다. 어쨌거나 손등에 입맞춤을 받은 일이 그리 대단한 문제는 아니었다. 에드나는 아로뱅이 사과 편지를 보낸 사실에 마음이 움직였다. 그녀는 자신이 적절하다고 생각하는 대로 장난기 어린 가벼운 기분으로 답장을 썼다. 아로뱅이 일이 바쁘지 않거나 오고 싶을 때면 언제든지 작업실에 들러도 좋다는 말을 적어 보냈다.

아로뱅의 반응은 즉시 나타나, 그는 남의 호감을 끄는 순진함을 온몸에 드러낸 채 그녀의 집에 모습을 드러냈다. 그날 이후 에드나는 거의 매일 그 젊은이를 만났으며, 그를 떠올리지 않은 날이 단 하루도 없을 정도였다. 아로뱅은 그럴싸한 핑계를 만드는 데 천재였다. 그는 비굴할 정도로 싹싹했으며, 말없이 애정을 표현했다. 에드나의 태도가 차가운 만큼 다정할 때도 많았기 때문에 언제든 그녀의 기분을 맞춰 줄 준비가 되어 있었다. 에드나는 아로뱅에게 점점 익숙해져 갔다. 두 사람은 눈에 보이지 않을 정도로 서서히 가까워지더니 어느 순간 급속도로 친해졌다. 처음에 그는 가끔씩 에드나를 당황하게 만드는 이야기를 해서 그녀의 얼굴을 붉히게 만들기도 했지만, 나중에는 그녀도 마음속에서 초조하게 요동치던 동물적인 본능에 호소하는 그의 그런 방식에 이끌렸다.

에드나의 이런 격정적인 감정의 소용돌이를 잠재울 수 있는 것은 오로지 라이즈 양을 찾아가는 일뿐이었다. 오직 라이즈 양의 신성한 예술만이 격정 속에 휘몰아치는 자신의 영혼에 다가와 그 영혼을 자유롭게 해방시켜 줄 수 있을 것 같았다.

안개가 자욱하고 구름이 무겁게 내려온 어느 날 오후, 에드나는 피아니스트의 꼭대기 층 집을 향해 층계를 올라갔다. 습기로 옷이 눅눅했다. 방으로 들어설 때 그녀는 한기와 갑갑함을 동시에 느꼈다. 라이즈 양은 연기만 조금 피어오를 뿐 그다지 열기를 뿜어내지 못하는 녹슨 난로 속을 쑤석거리고 있었다. 그녀는 난로 위의 코코아가 담긴 찻주전자를 데우려고 애쓰는 중이었다. 에드나는 방 안에 들어서면서부터 뭐랄까, 쓸쓸하고 음산한 기운이 감도는 것을 느꼈다. 먼지로 뒤덮인 베토벤 흉상이 벽난로 위에서 에드나를 노려보고 있었다.

"아! 이곳에 해님이 찾아왔군요."

난로 앞에 쭈그리고 앉아 있던 라이즈 양이 무릎을 펴고 일어나며 환성을 질렀다.

"이제 곧 아주 환해지고 따듯해질 거예요. 난롯불은 그대로 두는 게 좋겠어요."

라이즈 양은 난로 문을 쾅 하고 닫고 에드나에게 다가가 눅눅해진 레인코트를 벗을 수 있도록 도와주었다.

"몸이 아주 차네요. 안색도 슬퍼 보이고요. 코코아가 곧 뜨거워질 거예요. 아니면 차라리 브랜디를 한 잔 드시겠어요? 지난 번 감기에 걸렸을 때 부인이 가져다주신 걸 거의 손도 대지 않았거든요."

빨간 플란넬 천이 라이즈 양의 목에 감겨 있었다. 너무 꽉 조인 탓에 목이 뻣뻣한 지 머리를 한쪽으로 기울이고 있었다.

"브랜디를 조금 마실게요."

에드나는 장갑과 덧신을 벗고 몸을 부르르 떨며 말했다. 그녀는 남자들이 보통 그러는 것처럼 유리잔에 담긴 술을 단번에 쭉 들이켰다. 그러고는 울퉁불퉁한 소파에 몸을 던지며 말했다.

"난, 에스플러네이드 스트리트의 지금 집에서 다른 곳으로 이사할 생각이에요."

"아!"

음악가는 이렇게 짧게 외치기만 할 뿐 에드나의 말에 놀라지도, 그 이상의 관심을 보이지도 않았다. 이 세상 어느 일에도 그녀는 놀라지 않으리라. 그녀는 머리 위에 꽂았던 제비꽃이 느슨해지자 다시 고정시키려고 매만지고 있었다. 에드나는 라이즈 양을 소파로 데리고 와서, 자신의 머리에 꽂은 핀 하나를 뽑아 친구의 누추한 조화를 원래 꽂혀 있던 자리에 단단히 꽂아 주었다.

"놀랍지 않나요?"

"상당히요. 어디로 가실 거예요? 뉴욕? 이버빌? 아니면 당신 아버지가 계신 미시시피로? 어디로 가세요?"

"바로 두 걸음 떨어진 곳으로 가요."

에드나는 깔깔거리며 웃었다.

"길모퉁이의 작은 방이 네 개 있는 집으로 가요. 그 집을 지날 때마다 굉장히 아늑하고 편해 보여서 마음이 설레곤 했는데, 마침 세를 놓는다지 뭐예요. 지금 사는 집은 너무 커서 관리하기가 힘들어요. 더구나 내 집이라는 생각이 조금도 들지 않아요. 하인들도 많이 필요한데다, 정말이지 아랫사람 부리는 일에도 지쳤어요."

"아름다운 부인, 그게 진짜 이유는 아니죠? 저에게까지 거짓말하실 필요 없어요. 부인이 이사를 하려는 진짜 이유는 모르겠지만, 방금 그 이유들이 진심은 아니라는 것쯤은 알 수 있답니다."

에드나는 라이즈 양의 말을 부인하거나 자신의 입장을 정당화하려고 애쓰지 않았다.

"지금 그 집과 집에 들어가는 돈 모두 제 것이 아니에요. 이것만으로도 이유가 충분하지 않나요?"

"모두 부인의 남편 것이지요."

라이즈 양은 어깨를 한번 으쓱하고 심술궂게 눈썹을 치켜 올리며 말을 받았다.

"아! 당신은 속일 수가 없군요. 사실대로 말씀드릴게요. 그냥 변덕을 좀 부리고 싶어요. 어머니가 제 앞으로 남겨 주신 유산에서 돈이 조금 나오는데 그 돈을 아버지가 조금씩 보내 주시거든요. 이번 겨울에 경마장에서 딴 돈도 꽤 되는데다, 이제 제가 그린 그림도 팔기 시작했어요. 레드포가 제 그림을 점점 맘에 들어 하고 있어요. 그림에서 힘이 느껴지고 개성이 보인다고 하더라고요. 나 스스로 그런 판단을 하기는 힘들지만 점점 마음이 편해지고 자신감도 생겼어요. 그래도, 조금 전에도 말했지만 레드포를 통해서 그림을 꽤 많이 팔았답니다. 살림살이가 거의 없는 자그마한 집에서는 하인 한 명만 데리고 살 수 있죠. 가끔 일을 도와주던 셀레스틴이 저와 함께 살면서 돌봐 주겠다고 하더군요. 자유롭게 독립한 것처럼, 그런 생활을 하고 싶어요."

"부군께서는 뭐라고 하시던가요?"

"아직 말하지 않았어요. 오늘 아침에 혼자 생각한 거예요. 남편은 분명 제정신이 아니라고 하겠죠. 당신도 그렇게 생각하지 않나요?"

라이즈 양은 고개를 천천히 저으며 말했다.

"왜 이사를 하시려는 건지 아직 정확히 모르겠네요."

그것은 에드나 본인도 명백히 알 수 없는 부분이었다. 그러나 잠시 동안 침묵 속에 앉아 있으니 그 이유가 저절로 분명해졌다. 그녀는 자신이 남편에 대한 충절을 지키지 못했으니, 그가 베풀어주는 금전적인 부분을 당연히 포기해야 한다는 생각이 본능적으로 들었던 것이다. 남편이 돌아오면 어떻게 될지는 알 수 없었다. 그를 납득시킬 만한 설명을 해야만 한다. 에드나는 때가 되면 상황이 저절로 좋아질 거라는 생각이 들었다. 그러나 무슨 일이 벌어지든 다시는 자신 외에 어떤 것에도 구속당하지 않으리라 굳게 다짐했다.

"이사하기 전에 성대하게 저녁 식사를 준비할 생각이에요."

에드나는 환성을 질렀다.

"라이즈 양, 당신도 꼭 오셔야 해요. 당신이 좋아하는 음식이며 음료며 뭐든지 다 준비할게요. 함께 노래도 하고 신나게 웃으면서, 이 번만큼은 우리 즐거운 시간을 보내도록 해요."

말을 끝낸 에드나는 마음속 저 깊은 곳에서부터 흘러나오는 한 숨을 길게 내뱉었다.

자신이 방문하는 사이사이 로버트에게서 또 편지가 왔다면 굳이 보여 달라는 말을 하지 않아도 라이즈 양이 먼저 편지를 꺼내 주었 을 것이다. 그런 다음 자신이 편지를 읽고 있으면, 이 피아니스트는 감정이 이끄는 대로 피아노의 아름다운 선율을 들려주었을 것이다.

조그마한 난로가 요란한 소리를 내며 들썩였다. 난로는 새빨갛게 달아올랐고, 양철 주전자 속의 코코아는 지글지글 끓어올랐다. 에드 나가 난로 문을 열어 놓자, 라이즈 양도 자리에서 일어나더니 베토벤 흉상 밑에서 편지 한 통을 집어 에드나에게 건네주었다.

"또 왔군요! 이토록 빨리 보내다니!"

기쁨으로 가득 찬 눈으로 에드나가 크게 소리쳤다.

"제가 편지를 읽는다는 걸 로버트도 알고 있나요?"

"천만에요! 부인이 편지를 본다는 걸 알면 로버트는 분명 화를 내고 두 번 다시 편지를 보내지 않을 거예요. 그가 부인에게 편지를

보내나요? 단 한 줄도 써 보내지 않잖아요. 메시지라도 보낸 적 있
나요? 단 한 자도 없죠. 이게 바로 그가 부인을 사랑하고 있다는 증
거랍니다. 로버트는 부인을 잊으려고 노력하고 있어요. 왜냐면 부인
은 그의 말에 귀를 기울여 주거나, 그를 따라갈 수 있는 자유의 몸
이 아니기 때문이죠."

"그럼 당신은 왜 로버트의 편지를 내게 보여주는 거죠?"

"부인이 보여 달라고 사정하지 않았었나요? 내가 어떻게 부인
의 부탁을 거절할 수 있겠어요? 오! 부인은 저를 속일 수 없습니다."

라이즈 양은 이렇게 말하고 애지중지하는 피아노 앞으로 가서
건반을 두드리기 시작했다. 에드나는 편지를 곧바로 읽지 않았다. 편
지를 손에 들고 앉아 있으니 음악의 선율이 찬연한 광채처럼 그녀의
온 존재로 파고들어 영혼의 어두운 그늘을 밝혀 주고 온기를 불어넣
었다. 음악은 그녀를 기쁨과 환희의 순간으로 이끌었다.

"아!"

에드나가 편지를 마룻바닥에 떨어트리며 소리쳤다.

"왜 말해 주지 않았죠?"

그녀는 라이즈 양에게 다가가 건반 위에 놓인 피아니스트의 손
을 움켜쥐었다.

"아! 정말 무정하고, 어쩜 이렇게 심술궂을 수가 있나요! 왜 말해
주지 않았던 거죠?"

"로버트가 돌아올 거라는 사실 말인가요? 뭐 그렇게 대단한 뉴
스는 아니잖아요. 저는 오래전부터 그가 돌아오지 않는 걸 이상하게

생각하고 있었는걸요."

"그렇지만 언제예요? 언제 오는 거죠?

에드나가 초조해 하며 큰 소리로 외쳤다.

"편지에는 딱히 언제 오겠다는 말이 없던데요."

"'빠른 시일 내에'라고 쓰여 있잖아요. 부인도 그 문제에 대해서
는 제가 아는 만큼 알고 있지 않나요? 편지에 적힌 그게 다예요."

"그런데 무슨 일이에요? 어째서 로버트가 돌아오는 건가요? 아,
내가 생각했던 대로라면……."

에드나는 이렇게 말하고 바닥에 떨어진 편지를 재빨리 주워 여
기저기 훑어보며 그 이유를 찾으려 했지만 어디에도 그에 대한 언
급은 없었다.

"만약에 내가 지금보다 젊어서 한 남자와 사랑에 빠진다면, 그
남자는 분명히 고귀한 영혼의 소유자여야 할 거예요. 원대한 목표와
이를 성취할 능력이 있으며 동료들에게도 주목받는 뛰어난 사람이
어야죠. 나의 헌신을 받을 만한 가치도 없는 평범한 남자를 사랑한
다는 생각은 조금도 들지 않아요."

라이즈 양은 피아노 의자에서 돌아 앉아 양 무릎 사이로 맵았지
만 맵시 있는 두 손을 밀어 넣고, 편지를 든 채 바닥에 앉아 있는 에
드나를 내려다보며 말했다.

"라이즈 양, 이제 거짓말로 나를 속이려 하는 건 바로 당신이에
요. 그렇지 않다면, 당신은 단 한 번도 사랑을 해본 적이 없어서 사
랑을 모르는 거겠죠. 무엇 때문에 여자들이 사랑의 이유를 분명히

알 거라고 단정하는 거죠? 여자들이 상대를 골라 가며 사랑한다고 생각하세요? 속으로 '자! 여기 대통령이 될 가망이 있는 뛰어난 정치인이 있어, 저 사람과 사랑에 빠져 볼까?' 아니면, '이 음악가에게 내 마음을 줘야겠군, 이 음악가의 명성이 온통 사람들 입에 오르내리고 있잖아.'라고 할까요? 그도 아니면, '세계 금융시장을 주무르고 있는 이 금융가는 어떨까?' 이런 식으로 행동하나요?"

에드나는 두 팔로 무릎을 꼭 끌어안고 라이즈 양의 일그러진 얼굴을 올려다보며 말을 이었다.

"여왕님 같은 부인, 당신은 지금 일부러 내 말을 곡해하는군요. 부인도 로버트를 사랑해요?"

"그래요."

에드나가 말했다. 그녀가 그 사실을 인정한 건 이번이 처음이었다. 곧 얼굴에 붉은 기운이 하나 둘 피어오르더니 이내 얼굴 전체가 빨갛게 물들었다.

"왜죠? 사랑해서는 안 될 사람인데, 어째서 그를 사랑하나요?"

라이즈 양이 물었다.

양 손으로 달아오른 얼굴을 감싸 쥐고 있던 에드나는 무릎을 꿇은 채 친구 앞으로 두어 번 몸을 끌어당겼다.

"왜냐고요? 그는 머리카락이 갈색이고, 관자놀이까지 길게 자라고 있기 때문이죠. 그리고 눈을 떴다 감았다 하기 때문이고, 코는 조금 자연스럽지 못하기 때문이죠. 입술은 두 개이고 턱은 네모난데다, 어렸을 때 야구를 너무 열심히 한 탓에 새끼손가락을 똑바로 펴지 못하기 때문이에요. 또······."

"간단히 말해서, 부인이 로버트를 사랑하기 때문인 거죠."

라이즈 양이 웃음을 터뜨렸다.

"로버트가 돌아오면 어쩌실 건가요?"

"어쩌다니요? 아무것도요. 그저 살아 있다는 게 기쁘고 행복하겠죠."

에드나는 로버트가 돌아온다는 생각만으로도 벌써 살아 있다는 사실이 기쁘고 행복했다. 불과 몇 시간 전까지만 해도 낮게 깔린 어두침침한 하늘에 우울했지만, 집으로 돌아가는 길은 철벅거리는 거리를 걸으면서도 기운이 솟고 상쾌한 기분이었다.

그녀는 과자점에 들러 이버빌에 있는 두 아들에게 보낼 커다란 사탕 상자를 주문했다. 그러고는 카드에 애정이 담긴 내용을 적어 사탕 상자에 밀어 넣고, 입맞춤을 가득 담아 발송했다.

저녁 식사를 하기 전, 에드나는 남편에게 기분 좋게 편지를 썼다. 편지에는 다음과 같은 내용을 적었다. 얼마 동안 골목 끝에 있는 작은 집으로 이사해 지낼 생각이라는 것과 이사하기 전에 송별 파티를 열려고 하는데 당신이 없어서 아쉽고, 함께 있었다면 자신을 도와 메뉴를 정하고 손님을 맞는 일을 거들어 주었을 텐데 그러지 못해 서운하다는 내용이었다. 그녀의 편지는 활기가 넘쳤고, 희망에 부푼 기색이 편지에도 그대로 묻어났다.

27

"무슨 일 있으세요?"

그날 저녁 아로뱅이 물었다.

"부인을 알아 오면서 오늘만큼 즐거워 보인 적이 없는 것 같아서요."

그 무렵 에드나는 너무 지쳐서 장작불 앞에 놓아둔 안락의자에 몸을 묻고 있었다.

"우리가 곧 햇빛을 보게 될 거라는 일기 예보 못 들으셨나요?"

"아, 그것만으로도 충분한 이유가 되겠군요."

그는 순순히 인정했다.

"밤새도록 여기에 앉아 알려 달라고 간청한다 해도, 부인은 진짜 이유에 대해 말해 주지 않으시겠죠."

그는 에드나가 앉아 있는 안락의자 옆 낮은 의자에 앉아 그녀의 이마 밑으로 살짝 흘러 내려온 머리카락을 살며시 어루만졌다. 그녀는 머리를 타고 전해지는 그의 손길이 좋아서 눈을 감고 그 감촉을 음미했다.

에드나가 입을 열었다.

"요즈음 나 자신을 바로 잡고 내가 어떤 성격의 여자인지 생각해 보고 있어요. 솔직히 나 자신을 잘 모르겠어요. 내가 알고 있는 규범대로라면 난 정말 못된 여자의 표상이에요. 그렇지만 어쨌든 나라는 존재가 어떤 사람인지 확신할 수가 없어요. 그래서 이런 문제에 대해서 꼭 정리를 해봐야 할 것 같아요."

"그러지 마세요. 그런다고 무슨 소용이 있습니까? 부인이 어떤 분인지는 제가 말해 드릴 수 있는데 어째서 자신을 괴롭히려고 하세요?"

아로뱅의 손은 때때로 길을 잃어 그녀의 따스하고 부드러운 두 뺨과 튼튼한 턱으로 내려왔다. 요즘 들어 그녀의 턱은 점점 살이 붙어 두 겹으로 접히려 하고 있었다.

"아! 그렇죠! 당신은 내가 사랑스럽고, 내 모든 면이 매력적이라고 말해 주려고 하죠. 그럴 필요 없어요!"

"아뇨! 그렇게는 말하지 않겠어요. 물론 그렇게 말하면 적어도 거짓말을 하는 건 아니지만요."

"라이즈 양을 아시나요?"

그녀가 갑자기 생뚱맞게 물었다.

"피아니스트 말인가요? 얼굴은 알고 있어요. 연주하는 걸 들은 적이 있습니다."

"그녀는 가끔 놀리듯 이상한 말을 할 때가 있어요. 당시에는 무슨 말인지 모르다가 나중에서야 '아하' 하게 되요."

"예를 들면요?"

"글쎄요. 예를 들면, 아까도 헤어질 때 저를 안아주면서 제 어깻죽지를 만지더라고요. 그러면서 내 날개가 튼튼한지 보고 있다고 하더군요. 인습과 편견의 평원 위로 날아오르는 새는 튼튼한 날개가 있어야 한다면서요. 상처 입고 지쳐서 지구로 되돌아오는 약한 새를 보는 건 슬픈 광경이라고 하더군요."

"부인은 어디로 솟아오르려고 하시나요?"

"전 대단한 비상을 하려는 게 아니에요. 사실 라이즈 양의 말을 제대로 이해하지 못했어요."

"제가 듣기로 그녀는 약간 정신이 나간 사람이라던데요."

아로뱅이 이렇게 말하자 에드나가 되받았다.

"제가 보기엔, 그녀는 지극히 정상이에요."

"전 그녀가 사귀기 힘든 사람이고 무례하다고 들었어요. 제가 부인 얘기를 하려는 순간 왜 그 여자 얘기를 꺼내는 거죠?"

"아! 원하시면 제 얘기를 계속 해보세요."

에드나는 머리 밑으로 깍지를 끼면서 말했다.

"하지만 당신이 제 이야기하는 동안 저도 뭔가 다른 생각을 좀 할게요."

"오늘 밤 저는 부인의 머릿속 생각에 질투가 나는군요. 그 생각들이 부인을 평소보다 좀 더 친절하게 만드니까요. 하지만 제 느낌에 그 생각들은 여기저기를 헤매며 여기 제 옆에 없는 것 같습니다."

그녀는 그저 그를 쳐다보며 웃기만 했다. 그의 두 눈이 아주 가까이 있었다. 아로뱅은 안락의자에 기대어 앉은 채, 한 손으로는 계속해서 그녀의 머리를 매만지며, 다른 팔로는 그녀의 몸을 감싸 안았다. 두 사람은 말없이 서로의 눈을 깊이 들여다보았다. 아로뱅이 몸을 숙여 에드나에게 입맞춤을 하자, 그녀는 그의 머리를 끌어안으며 자신의 입술을 그에게 내맡겼다.

그것은 그녀의 인생에 있어 육체적 본능이 진정으로 반응한 첫 번째 입맞춤이었다. 또한 그건 욕망에 불을 붙이는 열정의 불꽃이었다.

28

그날 밤, 아로뱅이 떠난 후 에드나는 얼마 동안 울었다. 그것은 그녀를 괴롭혔던 수많은 감정의 일면에 불과했다. 무책임하다는 생각이 그녀 자신을 억누르고 있었다. 전혀 예기치 못했고, 익숙지 않았던 감정의 충격이었다. 아내의 사회적 생활을 위해 남편이 마련해 주었던 외적인 물건들이 자신을 향해 남편 대신 질책하고 있는 것처럼 느껴졌다. 남편의 질책은 곧 로버트의 비난으로 이어져 그녀의 마음속에서 눈뜨게 된 로버트를 향한 사랑을 한층 더 빠르게, 더 열렬히, 더 강력하게 느끼도록 해주었다. 이러한 감정에는 무엇보다 분별력이 자리 잡고 있었다. 그녀는 마치 눈앞을 가리고 있던 안개가 걷히는 것 같았다. 이제야 아름다움과 잔인한 면모를 동시에 지닌 삶이라는 괴물을 정면으로 마주하고 이해할 수 있을 것 같은 생각이 들었다. 그러나 자신을 괴롭히는 혼란스러운 감정 가운데 수치심이나 후회는 없었다. 그저 마음 깊숙한 곳에 유감스러운 뭉툭한 고통만이 조금 남아 있을 뿐이었다. 왜냐면 그녀를 불타오르게 한 것은 사랑의 입맞춤이 아니었고, 이러한 생명의 잔을 자신의 입술에 가져다 댄 것이 사랑의 힘은 아니었기 때문이다.

29

에드나는 이사 문제에 대해 남편의 의견이나 바람이 담긴 답장을 기다리지도 않고 에스플러네이드 스트리트의 집을 떠나 길모퉁이의 작은 집으로 이사할 준비를 서둘렀다. 그녀는 오직 열렬한 갈망 하나만으로 모든 행동을 자신이 원하는 대로 추진했다. 생각하고 실천에 옮기기까지 깊이 심사숙고한다거나 잠시 휴식을 취한다거나 하는 모습은 전혀 없었다. 아로뱅과 만난 다음날 이른 아침, 에드나는 새로운 거처를 확보하고 그것을 차지하기 위해 필요한 준비들을 서두르기 시작했다. 마치 들어가면 안 되는 사원의 입구에 발을 들여놓았다가 나오기를 머뭇거리는 사람이 된 기분이 들었고, 그 안의 무수한 목소리들이 당장 이곳에서 떠나라고 명령하는 것처럼 느껴졌다.

에드나는 집에 있는 자신의 물건은 물론, 남편의 돈과 별개로 사들인 물건들을 모두 옮기도록 지시했고 그밖에 간단하고 소소하게 부족한 것들은 그녀의 돈으로 충당했다.

오후에 아로뱅이 들렀을 때, 에드나는 소매를 팔꿈치까지 걷어 올리고 하녀와 함께 일하고 있는 중이었다. 그녀는 눈부시게 아름다웠고 활기찼다. 파란색의 낡은 작업복에 먼지가 묻지 않도록 머리에 붉은 색 실크 손수건을 대강 묶은 모습은 여느 때보다 멋져 보였다. 아로뱅이 들어갔을 때 에드나는 벽에서 그림을 내리려고 높은 사다리 위에 올라가 있었다. 현관문이 열려 있어 그는 별다른 격식을 차리지 않고 자연스럽게 걸어 들어갔다.

"내려오세요! 인생을 마감하고 싶으신가요?"

아로뱅이 말했다.

그녀는 대수롭지 않은 듯 그를 맞이하고는 다시 하던 일에 몰두하는 태도를 보였다.

설령 에드나가 죄책감에 사로잡혀 감상적인 눈물 바람으로 기운 없는 모습을 보일 거라고 예상했다면, 그는 분명 이 광경을 보고 매우 놀랐을 것이다.

그러나 자신이 직면하는 상황에 언제나 쉽고도 자연스럽게 적응하는 아로뱅이어서, 그는 어떠한 긴급 상황에도 대처할 준비가 되어 있었고, 에드나의 태도에도 즉각 반응했다.

"제발 내려오세요."

그는 사다리를 꽉 붙잡고 에드나를 올려다보며 고집을 부렸다.

"아뇨. 엘렌은 사다리 타는 걸 무서워하고, 조는 '비둘기 집'으로 건너가서 일하고 있어요. '비둘기 집'이란 그 집이 너무 작고 꼭 비둘기 집 같아서 엘렌이 붙여 준 이름이에요. 그래서 누군가는 이 일을 해야 하잖아요."

그녀가 대답했다.

아로뱅은 코트를 벗은 후 그녀를 대신해서 기꺼이 사다리에 오를 준비를 했다. 엘렌은 자신의 먼지 보호용 모자 하나를 그에게 갖다 주고는, 거울 앞에 서서 일부러 우스꽝스럽게 모자를 눌러 쓴 아로뱅의 모습에 터져 나오는 웃음을 주체하지 못하고 깔깔거렸다. 또한 그가 원하는 대로 모자 끈을 묶어 주던 에드나 역시 웃음을 참을 수 없었다. 결국 아로뱅은 사다리에 올라 에드나가 지시하는 대로 그림 몇 점과 커튼을 떼고, 장식물들을 가지고 내려왔다. 임무를 마친 아로뱅은 모자를 벗고 손을 씻으러 갔다.

그가 다시 돌아왔을 때 에드나는 팔걸이가 없는 작은 의자에 앉아 먼지떨이 끝으로 한가로이 카펫을 털고 있었다.

"또 시키실 일 있습니까?"

아로뱅이 물었다.

"이제 됐어요."

그녀가 대답했다.

"나머지는 엘렌이 할 거예요."

에드나는 아로뱅과 단둘이 있는 게 내키지 않아, 젊은 하녀에게 계속해서 응접실의 일거리를 지시했다.

"저녁 식사는 어쩌실 건가요? 성대하게 여시겠다던 쿠데타 파티 말이에요."

그가 물었다.

"내일 모레 하려고 해요. 왜 그것을 '쿠데타'라고 하는 거죠? 아! 정말 멋질 거예요. 내 물건들 중에 최고급들로만 준비할 생각이에요. 크리스털, 금은 제품들, 세브르 잔, 꽃과 음악, 모두를 흠뻑 취하게 해줄 샴페인까지요. 비용은 남편에게 지불하라고 하려고요. 남편이 청구서를 받으면 뭐라고 할지 정말 궁금하네요."

"그럴 생각이면서 제가 '쿠데타'라고 말한 이유를 왜 물으신 거죠?"

아로뱅은 코트를 입고 에드나 앞에 서서 넥타이가 똑바로 매졌는지 물었다. 그녀는 셔츠 깃의 끝만 대충 보고는 잘 매졌다고 했다.

"부인은 언제 그 '비둘기 집'으로 가실 겁니까? 저도 엘렌의 의견을 존중해서 비둘기 집이라고 부르죠."

"내일 모레 파티를 끝내고 가려고요. 그 집에 가서 잘 생각이에요."

"엘렌, 물 한 잔만 주겠어요? 이런 말을 해도 실례가 될지 모르겠지만, 커튼 먼지 때문에 목이 칼칼하네요."

아로뱅이 부탁했다.

"엘렌이 물을 가지러 가는 동안, 전 이만 안녕히 가시라고 인사하고 당신을 보내드릴게요. 이 먼지들도 닦아내야 하고 해야 할 일, 생각할 일이 너무나 많아서요."

에드나가 자리에서 일어나며 말했다.

"언제 다시 뵐 수 있을까요?"

엘렌이 방을 나가자, 아로뱅은 에드나를 붙잡기 위해 물었다.

"물론 파티 때죠. 제가 당신도 초대했으니까요."

"그 전에는 볼 수 없나요? 오늘 밤이나 내일 아침, 아니면 내일 오후나 밤에, 그도 안 되면 내일 모레 아침이나 정오는요? 제가 이렇게 말씀드리지 않아도 시간은 얼마든지 많다는 걸 부인도 아시잖아요."

그는 그녀의 뒤를 졸졸 따라와 거실을 지나 계단까지 쫓아 오더니, 자신을 향해 얼굴을 반쯤 돌린 채 계단을 올라가는 에드나의 모습을 올려다보았다.

"더 빨리는 안 돼요."

에드나는 기다림의 희망을 부추김과 동시에 기다리는 고통도 안겨 주는 눈길로 아로뱅을 바라보며 소리 내어 웃었다.

30

물론 에드나가 파티를 매우 성대한 행사처럼 말하긴 했지만 사실은 아주 작은 규모의 모임으로, 손님도 자신의 판단 아래 선택된 소수의 사람들만 초대했다. 처음에 그녀는 동그란 마호가니 테이블 주위로 정확히 열두 개의 의자를 준비했었다. 그때는 래티뇰 부인이 몸이 몹시 좋지 않아 참석하지 못할 거라는 사실을 깜빡하고 있었으며, 르브랭 부인이 파티가 열리기 바로 직전에 불참하게 되어 유감이라는 말을 수차례 하게 될 거라고는 예상치 못했었다. 결국 열 명만이 파티에 참석했으니, 조촐하고 아늑한 분위기를 만들어 내기에 적당한 수였다.

먼저 메리먼 부부가 도착했다. 부인은 쾌활하고 예쁘장하게 생긴 삼십 대 여인이었다. 남편도 유쾌한 사람이기는 했으나, 다른 사람들의 재치 있는 입담에 지나치게 껄껄 웃어 보임으로써 사람들의 호감을 얻으려고 무던히 애쓰는 다소 교양이 없는 남자였다. 하이캠프 부인도 메리먼 부부와 함께 왔다. 물론 알쎄 아로뱅도 왔으며 라이즈 양도 참석하겠다고 했었다. 에드나는 라이즈 양에게 머리에 꽃으라며, 검은색 레이스 장식이 달린 제비꽃 생화 한 묶음을 보냈던 터였다. 래티뇰 씨도 직접 참석해서 아내 대신 유감의 뜻을 전했다. 때마침 뉴올리언스에 머물고 있던 빅토르 르브랭은 기분 전환이라도 할 겸 초대에 잽싸게 응했다. 이제 더 이상 십대가 아닌 메이블런트 양도 초대를 받아 참석했다. 그녀는 오페라글라스를 손에 든 채 모인 사람들에게 깊은 관심을 보이며 조용히 지켜보고 있었다. 사람들은 그녀를 지적인 여성이라고 평했다. 또한 그녀가 필명으로 글을 쓰고 있다는 의혹을 갖는 이들도 있었다. 메이블런트 양은 어느 일간지와 관련이 있는 '구버닐'이라는 이름의 신사와 함께 참석했는데, 그 신사는 별다른 특이점은 없었지만 관찰력이 뛰어나고 말수가 별로 없는 무던한 사람 같아 보였다. 마지막 열 번째 손님은 바로 에드나 자신이었다. 여덟 시 반이 되자 모두 테이블에 자리를 잡고 앉았으며, 아로뱅과 래티뇰 씨가 각각 이 여주인의 양 옆에 착석했다.

하이캠프 부인은 아로뱅과 빅토르 르브랭 사이에 앉았다. 그 옆으로 메리먼 부인, 구버닐 씨, 메이블런트 양, 메리먼 씨, 라이즈 양, 다시 래티뇰 씨 순으로 자리가 정해졌다.

테이블은 엄청나게 화려한 것들로 장식되어 있었다. 은은한 노란색 공단 테이블보 위에 줄무늬 레이스를 깔아 두어 더욱 눈부신 효과를 주었다. 육중한 놋쇠 촛대에 꽂힌 여섯 개의 양초가 노란 색의 실크 갓 아래를 부드럽게 밝혀 주었으며, 노랗고 빨간 장미들이 곳곳에 향을 발하며 풍성하게 장식되어 있었다. 에드나가 일전에 말한 적이 있는 금은 식기와 크리스털 잔들은 여인들이 차고 있는 보석처럼 반짝반짝 빛났다.

평소 식당에서 사용하던 딱딱한 의자들은 이날의 행사를 위해 모두 치워 버리고 대신 집안 여기저기에 놓여 있던 의자 중 가장 편하고 값비싼 의자들을 가져다 두었다. 어린 아이들이 식탁에 앉을 때 가끔 부피가 있는 책을 엉덩이 밑에 깔고 앉듯이, 키가 매우 작은 라이즈 양은 쿠션을 몇 개씩 겹쳐 올려 앉았다.

"부인, 새로 사신 거예요?"

메이블런트 양은 거의 이마 가운데까지 내려와 불꽃이 일 정도로 반짝이는 에드나의 머리 위 다이아몬드 다발에 오페라글라스를 갖다 대며 흥분을 감추지 못했다.

"네, 새 것이에요. 사실 오늘 처음으로 해본 거예요. 남편이 선물로 보내왔어요. 뉴욕에서 오늘 아침에 도착했지요. 오늘이 제 생일이거든요. 이제 스물아홉 살이랍니다. 이따 적당한 때를 봐서 축배를 들어주세요. 그동안 집에서 만든 이 칵테일을 먼저 마시는 게 어떨까요?" 집에서 만들었다는 말에 호기심을 보이는 메이블런트 양을 향해 에드나는 다시 설명을 붙였다.

"이 샴페인은 우리 아버지께서 여동생 자넷의 결혼을 기념하려고 손수 만드신 거랍니다."

손님들 앞에는 심홍 빛의 보석처럼 반짝거리는 작은 유리잔이 하나씩 놓여 있었다.

"그럼 이제 이런저런 상황을 고려하여, 가장 아름다운 여인이신 대령님의 따님이 태어난 오늘 대령님이 직접 만드신 칵테일로 그분의 건강을 위해 건배하면서 이 파티를 시작해도 나쁘지 않겠습니다."

이러한 아로뱅의 입담에 메리먼 씨가 진정 어린 폭소를 터뜨렸고, 그의 웃음에 전염되어 저녁 식사 자리는 화기애애한 분위기로 이어졌다.

메이블런트 양은 앞에 놓인 칵테일을 마시지 않고 그저 바라만 보게 해 달라고 간청했다. 그 색깔이 너무나도 멋졌던 것이다! 그것은 지금까지 자신이 봐 왔던 칵테일과는 비교조차 할 수 없었으며, 그것이 뿜어내는 심홍색 빛깔들은 말할 수 없이 진귀했다. 그녀는 대령님이야말로 예술가라며 계속 그 호칭을 고집했다.

래티뇰 씨는 이 자리의 모든 것을 진지하게 받아들일 각오가 되어 있었다. 주 요리, 전체 요리, 후식, 손님 시중, 상차림은 물론 그 자리에 모인 사람들 하나하나까지 말이다. 그는 폼파노[31] 요리를 먹다 말고 고개를 들더니 아로뱅에게 '래트너와 아로뱅 법률 사무소'의 아로뱅과 친척 관계인지 물었다. 이에 젊은이는 래트너는 자신의 아주

---

31. 난류 연안에 서식하는 은빛 바닷물고기로, 이빨이 없으며 비늘이 잘고 꼬리 끝은 좁고 갈라져 있는 것이 특징이다.

좋은 친구이며, 그의 부탁으로 '아로뱅'이라는 이름을 레터헤드와 페르디도 스트리트를 빛나게 해줄 작은 간판에 사용해도 좋다고 허락했던 일을 이야기했다.

"이것저것 캐묻기 좋아하는 사람이나 단체들이 너무 많답니다. 그래서 요즘에는 직업이 없는 사람도 편의상 직업이 있는 것처럼 가장하는 경우가 많죠."

아로뱅이 말했다.

래티뇰 씨는 잠시 한곳을 응시하더니 이번에는 라이즈 양에게 몸을 돌려 교향악단의 음악회들이 작년 겨울에 규정된 기준들에 맞춰 운영되는지 그녀의 의견을 물었다. 라이즈 양이 래티뇰 씨에게 프랑스어로 답하자, 에드나는 그녀의 행동이 다함께 모여 있는 이런 자리에서는 다소 무례하다고 생각하면서도 한편으로는 역시 그녀답다는 생각을 했다. 라이즈 양은 뉴올리언스의 교향악단 음악회에 대해 말하자면 기분 나쁜 얘기들뿐이라며, 개별 단원이건, 악단 전체건 너나 할 것 없이 모두 다 비난받아 마땅하다고 했다. 그녀의 관심은 오로지 앞에 놓여 있는 맛있는 음식에만 집중되어 있는 듯했다.

메리먼 씨는 아로뱅이 좀 전에 캐묻기 좋아하는 사람들 얘기를 해서 말인데 자신도 언젠가 세인트 찰스 호텔에서 만난 웨이코[32] 출신의 신사가 떠올랐다고 했다. 하지만 그의 이야기는 언제나 어설프고 말하고자 하는 초점이 없다 보니, 그의 아내는 남편이 이야기를

---

32. 미국 텍사스 주 중북부에 있는 도시.

마칠 수 있도록 좀처럼 기다려 주는 법이 거의 없었다. 이번에도 아내는 남편의 말을 가로막고 나서며, 일주일 전에 제네바에 사는 친구에게 보내려고 샀던 책의 작가 이름이 생각나는지 물었다. 그녀는 구버닐 씨와 "책"에 관한 이야기를 하면서 최근 문학계의 화제에 대한 그의 의견을 들어보려고 애쓰던 참이었다. 그 바람에 그녀의 남편은 웨이코 출신의 신사 얘기를 메이블런트 양에게만 조용히 들려주었는데, 그녀는 그의 이야기가 굉장히 재밌고 재치 있다며 짐짓 가장한 태도를 취했다.

하이캠프 부인은 자신의 왼편에 앉은 빅토르 르브랭이 폭포수처럼 맹렬히 쏟아 내는 말에 흥미는 없어도 열심히 귀를 기울였다. 그녀는 자리에 앉은 이후 단 한 순간도 빅토르에게 시선을 거둔 적이 없었다. 그가 자신보다 더 예쁘고 활기 넘치는 메리먼 부인에게 몸을 돌리면, 그녀는 관심이 없는 척하며 빅토르가 다시 자신에게 관심을 가져 줄 때까지 차분하게 기다렸다. 이따금씩 들려오는 만돌린의 은은한 선율은 대화를 방해하기는커녕 오히려 한층 더 화기애애한 분위기로 만들어 주었다. 바깥의 정원 분수대에서 물 튀는 소리가 잔잔하고 단조롭게 들려왔다. 그 소리는 재스민 향과 함께 열어 둔 창문을 타고 흘러들었다.

에드나가 입은 공단 소재 이브닝드레스의 희미한 금빛이 풍성한 주름을 타고 양옆으로 퍼져 있었으며, 어깨를 감싼 레이스 장식은 부드럽게 흘러내리고 있었다. 레이스는 그녀의 피부색과 같았다. 반짝거리지는 않았지만, 그것은 마치 힘차게 고동치는 육체에서나 볼 수 있는 무수한 생명체의 색채였다. 두 팔을 쭉 편 채로 높은 등받이 의자에 머리를 기댄 에드나의 모습과 태도에서 마치 무대 위에 홀로 서서 좌중을 내려다보며 호령하는 여장부다운 당당한 면모가 엿보였다.

그러나 손님들과 그렇게 앉아 있으니 에드나는 해묵은 권태감이 엄습하는 것을 느꼈다. 그런 절망감은 너무도 자주 그녀를 괴롭혔다. 그것은 마치 강박관념처럼 자신의 의지와는 전혀 상관없이 불시에 다가오는 외부의 힘이었으며, 불협화음이 들끓고 있는 거대한 동굴에서 흘러나오는 것 같은 싸늘한 한숨이었다. 그녀는 또한 언제나 마음속 상상으로 사랑하는 사람의 모습을 떠올리며 통렬한 그리움에 사무치기도 했다. 그러나 이런 열망은 이내 가질 수 없는 것에 대한 고통으로 그녀를 압도시켰다.

그런 시간들이 흐르는 동안 마력을 지닌 끈과도 같이 서로에 대한 친근한 우정이 농담과 웃음을 엮어가며 그곳의 사람들을 한데 묶어 주었다. 이런 기분 좋은 마력의 시간을 제일 먼저 깨트린 건 래티놀 씨였다. 열 시가 되자 그는 부인이 집에서 자신을 기다리고 있어 먼저 실례하겠다며 일어섰다. 래티놀 부인은 요즘 몸 상태가 별로인 데다 출산에 대한 막연한 두려움 때문에 오직 남편만이 그녀를 달래줄 유일한 사람이었다.

라이즈 양도 래티놀 씨와 함께 일어섰다. 그가 그녀를 집까지 차로 바래다준다고 했기 때문이었다. 그날 저녁 그녀는 매우 맛있게 식사를 끝낸 참이었다. 너무나 맛좋고, 향이 풍부한 와인들을 맛보아서인지 취기가 돌았던 라이즈 양은 자리에서 일어서면서 모든 사람들에게 머리 숙여 기분 좋게 작별 인사를 나눴다. 에드나의 어깨에도 작별의 입맞춤을 하며 이렇게 속삭였다.

"잘 자요, 공주님. 잘 있어요."

그녀가 일어서면서 아니, 그보다는 쿠션에서 내려올 때 약간 휘청거리자 래티뇰 씨가 정중히 그녀의 팔을 잡아 주며 데리고 나갔다.

하이캠프 부인은 노란 장미와 빨간 장미를 엮어 화관을 만들고 있었다. 그러고는 화관을 완성하자 빅토르의 까만 곱슬머리 위에 사뿐히 올려 주었다. 그는 호화스러운 의자 깊숙이 몸을 기대고 불빛에 반짝이는 샴페인 잔을 들어올렸다.

마치 마술사가 가느다란 지팡이로 자신을 살짝 건드리기라도 한 것처럼, 장미 화관을 쓰자 그는 이내 동양의 멋쟁이로 변신해 있었다. 두 볼은 포도를 갈아 놓은 것 같은 색이었고 거무스름한 눈동자는 나른한 불꽃처럼 희미하게 빛나고 있었다.

"세상에!"

아로뱅이 감탄하며 소리를 내질렀다.

그러나 하이캠프 부인은 자신이 만들어 놓은 그림에 한 번 더 작업을 시도했다. 그녀는 자신이 앉아 있던 의자 등걸이에서 이른 저녁에 어깨에 둘렀던 하얀 실크 스카프를 집어 들었다. 그러고는 그것을 우아하게 접어 청년의 몸에 휘감아 그가 원래 입고 있던 검정색의 전통 야회복을 가려 주었다. 빅토르는 그녀의 분장을 마다하지 않고 희미하게 빛나는 하얀 치아를 드러내 보이며 그저 웃기만 할 뿐, 계속해서 눈을 가늘게 뜬 채 샴페인 잔을 통과하는 빛을 응시하고 있었다.

"와! 이 모습을 어떤 말로 형용하기보다 그림으로 그려 놓고 싶은 데요!"

빅토르를 바라보던 메이블런트 양이 열광적인 꿈에 빠진 듯 탄성을 질렀다.

구버닐 씨가 낮은 목소리로 시 구절을 읊었다.

"마음 깊이 새겨진 욕망의 모습이

황금의 땅 위에 붉은 피로 아로새기네.'[33]

포도주가 온몸을 물들인 덕분인지 늘 종알거리던 빅토르의 수다는 어느새 침묵으로 바뀌었다. 그는 자신을 공상에 내맡긴 채 포도주의 황색 기포 속에서 즐거운 환상을 보고 있는 것 같았다.

"노래를 불러 주세요. 우리를 위해서 한 곡 불러 주시겠어요?"

하이캠프 부인이 간청했다.

"내버려두시지요."

아로뱅이 말했다.

"포즈를 취하고 있는데요. 부르게 해봐요."

---

33. 찰스 스윈번(Algernon Charles Swinburne, 1837-1909)의 시 〈A Cameo〉에서 인용.

메리먼 씨도 거들었다.

"빅토르는 마비상태 같아요."

메리먼 부인이 폭소를 터뜨리며 말했다. 그러고는 젊은 청년의 의자에 기대어 그의 손에 들린 잔을 빼내어 입술로 가져다주었다. 빅토르는 포도주를 천천히 마셨다. 그가 잔을 비우자 메리먼 부인은 잔을 테이블 위에 올려놓고 자신의 얇은 손수건으로 그의 입술을 닦아주었다.

"좋습니다. 제가 여러분을 위해 노래를 불러 드리지요."

빅토르가 의자를 돌려 하이캠프 부인을 향해 이렇게 말했다. 그는 머리 뒤로 깍지를 끼고 천장을 살짝 올려다보며 연주자가 악기를 조율하듯 목소리를 가다듬은 후 노래를 시작했다.

"아! 그대가 알아주기만 한다면!"

"그만 하세요!"

에드나가 소리를 질렀다.

"그 노래 부르지 마세요. 듣고 싶지 않아요."

그녀는 들고 있던 와인 잔이 디캔터에 부딪혀 산산조각이 날 정도로 매섭게 테이블 위로 내려놓았다. 아로뱅의 다리 위로 포도주가 쏟아졌고, 하이캠프 부인의 얇은 검정색 이브닝드레스에도 몇 방울 튀겼다. 빅토르는 예의라고는 완전히 잊었는지, 아니면 여주인의 말이 진심이 아니라고 생각한 건지 웃으면서 계속 노래를 불렀다.

"아! 그대가 알아주기만 한다면

　그대의 눈이 나에게 말하고 있다는 것을……"

"이런! 그만해요! 하지 마세요."

에드나가 소리쳤다. 그녀는 앉아 있던 의자를 뒤로 밀쳐 내고 자리에서 일어나 빅토르의 뒤로 가더니 손으로 그의 입을 막아 버렸다. 그는 자신의 입술을 누르고 있는 그녀의 보드라운 손바닥에 입을 맞췄다.

"네, 네. 그만 할게요. 퐁텔리에 부인. 부인의 뜻이 정말 그런 줄 몰랐습니다."

빅토르는 달래는 눈으로 그녀를 바라보았다. 빅토르의 입술이 닿은 손의 감촉은 그녀에게 찌릿하면서도 감미로운 느낌을 주었다. 에드나는 빅토르의 머리에서 장미 화관을 들어 방 저쪽으로 내던졌다.

"자, 빅토르, 그 정도면 충분히 그럴 듯 했어요. 이제 하이캠프 부인에게 스카프를 돌려드리세요."

하이캠프 부인은 빅토르의 몸에서 직접 스카프를 벗겨 주었다. 메이블런트 양과 구버닐 씨도 불현듯 이제 작별해야 할 시간이라는 생각이 들었다. 메리먼 부부 역시 시간이 언제 이렇게 많이 흘렀냐며 의아해 했다.

하이캠프 부인은 빅토르와 헤어지기 전에 자기 딸을 보러 언제 집에 들르라고 청했다. 두 사람이 만나서 프랑스어로 대화를 나누고 함께 노래도 부르면 딸이 분명 좋아할 거라며 그를 정식으로 초대했다. 빅토르도 기회가 닿는 대로 하이캠프 양을 만나러 가고 싶고, 또 그렇게 하겠다고 약속했다. 그는 아로뱅이 집에 갔는지 물었다. 아로뱅의 모습이 보이지 않았다.

만돌린 연주자들은 종적을 감춘 지 오래였다. 아름다운 대로 위에 깊은 정적이 감돌았다. 파티에서 해산하는 손님들의 웅성거림은 밤기운이 만들어 내는 고요한 하모니 속에 불협화음을 일으키며 울려 퍼졌다.

31

"그런데요?"

아로뱅이 물었다. 그는 사람들이 모두 가고 난 후에도 에드나 곁에 남아 있던 중이었다.

"그런데요,"

그녀는 그의 물음을 그대로 되받은 다음, 자리에서 일어나 팔을 쭉 뻗었다. 너무 오랜 시간 앉아 있어서 그런지 근육을 좀 풀어 줘야겠다고 생각했다.

"이제 어떡하실 거예요?"

그가 물었다.

"하인들도 모두 가 버렸어요. 만돌린 연주자들이 떠날 때 그들도 가 버렸어요. 제가 모두 해고시켰어요. 이제 이 집 문을 닫고 자물쇠를 채운 다음, 비둘기 집으로 걸어갈 생각이에요. 그리고 내일 아침에 셀레스틴을 보내서 짐들을 정리하라고 하려고요."

아로뱅은 주위를 둘러보며 아직 군데군데 켜져 있는 전기를 끄기 시작했다.

"2층은 어떻게 할까요?"

그가 물었다.

"제 생각엔 그대로 두어도 괜찮을 것 같아요. 아마 창문 한두 개는 걸쇠가 풀려 있을 지도 모르겠어요. 가서 봐야겠네요. 촛불을 들고 가서 좀 봐주시겠어요? 그리고 내려올 때 가운데 방 침대 발치에서 제 외투랑 모자 좀 가져다주세요."

아로뱅이 촛불을 들고 2층으로 올라가자, 에드나는 집안을 돌아다니면서 방문과 창문을 닫았다. 그녀는 집안에 담배 냄새와 포도주향이 남아 있는 상태로 문을 닫는 게 싫었다. 외투와 모자를 가지고 내려온 아로뱅은 그녀가 외투 걸치는 것을 도와주었다.

집안의 모든 곳을 철저하게 잠그고 불을 끈 다음 두 사람은 현관문으로 나왔다. 아로뱅이 현관문을 잠그고 열쇠를 빼내 에드나에게 건네주었다. 그는 그녀가 계단 내려가는 것을 부축해주었다.

"재스민 꽃가지 하나 가질래요?"

아로뱅은 재스민 나무 옆을 지나가다가 꽃가지 몇 개를 꺾으며 물었다.

"아뇨, 아무것도 갖고 싶지 않아요."

그녀는 어쩐지 의기소침해 보였고, 아무 말도 하지 않았다. 그저 아로뱅이 내민 팔을 한 손으로 잡고, 다른 한 손으로는 바닥에 길게 끌리는 공단드레스를 잡고 있었다. 그녀는 땅을 내려다보며 걸었고, 드레스의 노란 주름 바로 옆을 따라 아로뱅의 검정색 다리가 보였다가 사라지는 모습만 바라볼 뿐이었다. 저 멀리 어디에선가 기차의 경적 소리가 들렸고 자정을 알리는 종소리도 들려왔다. 짧은 거리를 걷는 동안 두 사람은 아무와도 마주치지 않았다.

닫힌 정문 뒤로 "비둘기 집"의 모습이 보였다. 그 앞에 자그마한 화단이 있었으나 관리가 다소 소홀해 보였다. 전면에 작은 베란다가 있었고, 그곳에 기다란 창문과 현관문이 열려 있었다. 그 문으로 들어가면 바로 거실로 통했으며 옆으로 들어가는 문은 하나도 없었다. 다시 화단으로 나오자 하인들이 거처하는 방이 하나 있었는데, 그곳에 셀레스틴이 잠들어 있었다.

에드나는 테이블 위에 등불을 잔잔하게 밝혀 두었다. 그녀는 그 방을 낯선 느낌이 들지 않도록 편안한 분위기로 잘 꾸몄다. 테이블 위에 책을 몇 권 올려놓았고 그 바로 옆에는 안락의자를 배치했다. 바닥에는 카펫을 새로 깔았고 그 위에 작은 양탄자 한두 장을 겹쳐 올렸다. 고상한 그림도 몇 점 벽에 걸어 두었다. 그러나 전에 없던 온갖 종류의 꽃들이 방 안을 가득 메우고 있었다. 에드나는 이 광경에 깜짝 놀랐다. 그 꽃들은 아로뱅이 보낸 것으로, 셀레스틴을 시켜 에드나가 집에 없는 사이 여기저기에 장식해 두라고 미리 일러두었다.

에드나의 침실은 거실 바로 옆이었고, 작은 복도를 가로 질러가면 식당과 부엌이 있었다.

에드나는 온갖 불편한 표정을 지어 보이며 자리에 앉았다.

"피곤하세요?"

아로뱅이 물었다.

"네. 으슬으슬 한기가 돌고, 기분도 별로예요. 저 자신이 어느 지점까지 아주 팽팽하게 조여지다, 안에서 무언가가 툭 하고 끊어진 것 같기도 하고요."

그녀는 테이블 위로 맨살을 드러낸 팔을 올리고 그 위에 머리를 기댔다.

"부인은 좀 쉬셔야 합니다."

그가 말했다.

"그리고 가만히 누워 계세요. 저는 이만 가보겠습니다. 제가 가야 부인께서 쉬실 테니까요."

"네."

에드나가 대답했다.

아로뱅은 에드나 바로 옆에 서서 그녀의 머리카락을 자신의 보드랍고 매력적인 손으로 가만히 쓸어 주었다. 그의 손길 덕분에 에드나는 신체적인 편안함을 맛볼 수 있었다. 아로뱅이 계속해서 머리를 쓰다듬어 내려 주면 그녀는 조용히 잠들 수 있었을지 모른다. 그러나 그는 그녀의 목 뒤에서부터 위로 머리를 쓸어 올렸다.

"내일 아침에는 부인이 오늘보다 기분 좋고 행복한 마음이 되길

바랍니다. 지난 며칠 동안 일을 너무 많이 하셨어요. 아무리 조촐하게라고 해도 오늘 저녁 파티 때문에 지치신 거예요. 굳이 안하셔도 될 뻔했어요."

"맞아요. 바보 같은 짓이었죠."

에드나도 순순히 인정했다.

"아뇨, 재미있었어요. 다만 그것 때문에 부인이 너무 힘드셨잖아요."

그의 손이 에드나의 아름다운 어깨로 흘러 내려왔고, 그는 그녀의 살갗이 자신의 감촉에 반응하는 것을 느낄 수 있었다. 그리고 바로 옆에 자리를 잡고 앉아 그녀의 어깨에 가볍게 입을 맞췄다.

"가실 줄 알았는데요."

에드나의 목소리는 평정심을 잃은 듯했다.

"가야죠. 작별 인사를 하고요."

"안녕히 가세요."

그녀가 웅얼거렸다.

그는 아무 대꾸도 하지 않은 채 그녀를 계속 어루만지기만 했다. 자신의 부드럽고 매혹적인 호소를 에드나가 순순히 받아 준 후에야 비로소 작별 인사를 하고 떠났다.

32

퐁텔리에 씨는 아내가 살던 집을 떠나 다른 어딘가에 거처를 마련하겠다는 소식을 접하자마자 그 즉시 절대 그럴 수 없다는 반대 의사가 담긴 편지를 적어 보냈다. 그는 아내가 제시한 이유들을 인정할 수 없었다. 남편은 아내에게 충동에 이끌려 성급하게 행동하지 말 것을 부탁했으며, 무엇보다 가장 먼저 사람들이 뭐라고 할지 생각을 좀 해 달라고 간청했다. 그는 아내에게 이렇게 주의를 주면서도 자신이 스캔들의 주인공이 될 거라는 생각은 꿈에도 하지 않았다. 단 한 번도 아내나 자신의 이름이 오르내리는 스캔들을 생각해본 적조차 없었던 것이다. 그는 오로지 재정상의 문제에만 온 정신이 쏠려 있었다. 퐁텔리에 가문이 사업에 실패했다거나 그래서 이전보다 생활이 어려워져 작은 집으로 이사할 수밖에 없다는 식의 소문이 돌 수도 있는 일이었다. 그렇게 되면 지금 하고 있는 사업에 막대한 손해를 입힐 수도 있었다.

그러나 퐁텔리에 씨는 최근 들어 아내가 변덕을 자주 부리고 성급하게 결정을 하거나 무모하게 행동했던 점을 감안하여, 평소의 기민함으로 이 상황을 파악했고 정평이 나 있는 사업 수완과 명석함으로 이 문제를 처리해 나갔다.

그는 에드나에게 반대의 뜻을 전함과 동시에 아주 유명한 건축가에게도 편지 한 통을 보내 살던 집의 리모델링과 관련한 몇 가지 지시 사항은 물론, 오래전부터 생각하고 있던 변경 사항들을 세세하게 지시했다. 또한 자신이 잠시 집을 비우고 있는 이 시점에 공사가 이루어지기를 바란다는 내용도 덧붙였다.

이삿짐 전문 센터의 노련한 일꾼들과 운송 업체의 직원들이 가구, 카펫, 그림들, 쉽게 말해 옮길 수 있는 모든 것들을 안전한 장소로 운반했다. 그 결과 믿을 수 없이 짧은 시간 안에 퐁텔리에 저택은 전문가의 손에 넘어갔다. 자그맣고 아늑한 방을 하나 더 만들 계획이었고, 벽에는 프레스코 화풍의 느낌을 줄 예정이었으며, 이제껏한 번도 손보지 않았던 바닥은 참나무나 마호가니 같은 경목으로 깔 계획이었다.

게다가 한 일간지에는 퐁텔리에 부부가 돌아오는 여름을 해외에서 보낼 계획을 세우고 있고, 에스플러네이드 스트리트에 있는 그들의 멋진 집이 화려한 변신을 위해 공사 중에 있어서, 그들이 해외에서 여름을 다 보내고 오면 그때서야 들어가 살 수 있을 거라는 내용의 짤막한 기사가 실렸다. 그렇게 해서 퐁텔리에 씨는 체면을 살리게 된 것이다!

에드나는 남편의 교묘한 술책에 감탄을 금치 못했고, 그의 의도를 방해할 만한 일은 어떤 것도 하지 않았다. 퐁텔리에 씨가 설정한 상황을 모든 사람들이 인정하고 그것이 기정사실화 되었을 때, 에드나는 적어도 표면적으로는 그렇게 진행되는 것에 만족하는 듯 보였다.

그녀는 비둘기 집이 마음에 들었다. 그 집은 단번에 친근한 공간으로서의 집이라는 참모습을 보여주었으며, 그녀 스스로도 그곳에 마력을 불어넣어 훈훈함이 뿜어져 나오도록 만들었다. 사회적 기준으로는 지위가 내려간 느낌이 들었지만, 이에 대응하듯 정신적으로는 더욱 성장한 기분이었다. 스스로를 억압에서 해방시키려고 내딛는 걸음걸음마다 한 개인으로서의 자신을 더욱 강하게 발전시켜 주었다. 그녀는 이제 자신의 두 눈으로 세상을 바라보기 시작했다. 삶의 보이지 않는 깊은 심연을 보게 되었고 이해하기 시작한 것이다. 마음속 영혼이 자신을 부르자, 그녀는 더 이상 "세론에 떠밀려 살아가는 것"에 만족할 수 없었다.

얼마 후, 사실은 며칠 후 에드나는 이버빌로 가서 두 아들과 함께 일주일을 보냈다. 때는 2월이었으나 공기 중에는 이미 여름의 달콤한 기운이 충만해 있었다.

아이들을 보게 되어 얼마나 기뻤는지! 그녀는 자신을 껴안는 아이들의 작은 팔이 느껴지자 너무나 기쁜 나머지 봇물처럼 울음이 터져 나왔다. 통통하고 혈기 왕성한 아이들의 볼을 발그레한 자신의 볼에 비벼댔다. 바라보는 것만으로는 채워지지 않을 것 같은 갈망의 눈으로 그녀는 아이들의 얼굴을 뚫어져라 쳐다보았다. 두 아이들은 엄마에게 할 이야기가 얼마나 많았던가! 돼지, 소, 노새에 관한 이야기! 글루글루 등에 타고 물방앗간까지 갔던 일, 재스퍼 삼촌과 집 뒤쪽 호수에서 낚시한 이야기, 리디의 작은 까만 병아리들과 피칸을 주웠던 이야기, 특급 마차에 장작을 실어 날랐던 일 등 끝이 없었다. 에스플러네이드 스트리트의 보도를 따라 색색의 블록들을 실어 끌고 다닌 일보다 다리를 저는 수지 할머니가 불을 피울 수 있도록 장작개비를 나르는 일이 천 배는 재미있었다!

에드나는 두 아들과 함께 돼지와 소를 직접 가서 보고, 흑인들이 사탕수수를 베는 모습을 지켜봤으며, 피칸 나무도 세게 흔들어 보고, 호수에 가서 물고기도 잡았다. 그녀는 일주일 내내 아이들과 지내면서 자신의 모든 것을 주었고, 아이들의 싱싱한 생명력을 모아 자기 자신 안에 가득 채웠다. 엄마가 두 아이들에게 에스플러네이드 스트리트에 있는 집이 지금 일꾼들과 망치질, 못질, 톱질하는 소리로 가득하며, 기계의 덜커덕 하는 소리로 꽉 차 있다는 얘기를 들려주자 아이들은 숨도 쉬지 않고 귀를 기울였다. 자기 침대는 어디에 놓았는지, 흔들 목마는 어떻게 했는지, 조는 어디서 자고, 엘렌과 요리사는 어디로 갔는지 등 꼬치꼬치 캐물어 알고 싶어 했다. 그러나 무엇보다 그들은 모퉁이에 있는 그 작은 집을 보고 싶은 열망에 불타올랐다. 그곳엔 자기들이 놀 수 있는 공간이 있는지, 옆집에는 남자애들이 살고 있는지 궁금해 했다. 언제나 부정적인 쪽으로 생각을 하는 라울은 옆집에는 분명 여자애들만 살고 있을 거라고 확신했다. 자기들은 어디서 자고, 아빠는 어디에서 주무실 건지도 궁금해 했다. 엄마는 아이들에게 그런 모든 문제는 요정들이 해결해 줄 거라고 말했다.

노부인은 며느리의 방문에 크게 기뻐하며 자상하게 모든 관심을 베풀어주었다. 그녀는 에스플러네이드 스트리트의 집이 공사 단계에 있다는 소식에 즐거워했다. 두 손자를 무한정 계속 데리고 있어도 좋다는 약속 내지는 구실이 생겼던 것이다.

아이들을 두고 떠나면서 에드나는 마음이 찢어질 듯 아팠다. 그녀는 아이들의 목소리와 두 볼의 감촉을 간직한 채 길을 나섰다. 집으로 돌아오는 내내 달콤한 노래가 생각나듯 아이들의 모습이 눈앞에 아른거렸다. 그러나 뉴올리언스에 도착할 무렵 그 노래는 더 이상 그녀의 영혼 속에 울려 퍼지지 않았다. 그녀는 또다시 혼자였다.

33

어쩌다 라이즈 양을 만나러 갈 때면, 이 자그마한 음악가는 레슨을 하러 나갔거나 몇 가지 생필품을 사러 나간 식으로 집을 비우곤 했다. 에드나는 그녀가 항상 현관문 안쪽 비밀 장소에 열쇠를 숨겨 놓는다는 사실을 알고 있었다. 라이즈 양이 부재중이면 에드나는 그녀가 돌아올 때까지 그런 식으로 문을 열고 들어가서 기다리곤 했다.

어느 날 오후, 에드나는 라이즈 양의 집 현관문을 두드렸는데 응답이 없었다. 그래서 평상시처럼 열쇠를 찾아 문을 열고 들어가 보니, 아니나 다를까 집안은 텅 비어 있었다. 그녀는 그날 하루 종일 너무 바쁘게 보낸 터라, 휴식을 취하고 하소연도 할 겸 그리고 로버트에 대한 얘기도 나눌 겸 친구를 찾아온 참이었다.

에드나는 오전 내내 젊은 이탈리아인의 모습을 캔버스에 스케치하며 보냈는데, 따로 모델도 쓰지 않고 그림을 완성했다. 그러나 작업을 하는 동안 줄곧 흐름이 끊겼다. 작은 살림이라 해도 손을 봐야 할 일이 생겼고, 밖에 나가 처리해야 할 일도 있었기 때문이다.

래티뇰 부인은 사람들의 왕래가 많은 곳은 일부러 피해서 무거운 몸을 끌고 왔다고 했다. 그녀는 요즘 에드나가 자기에게 너무 소홀하다며 서운한 기색을 드러냈다. 게다가 그녀는 에드나의 이 작은 집이 보고 싶었고, 관리는 어떻게 하고 있는지 궁금해서 몸이 달 지경이었다. 또한 지난 파티에서 있었던 일에 대해 하나도 빠짐없이 모두 듣고 싶어 했다. 래티뇰 씨가 너무 일찍 자리를 떠났기 때문이다. 남편이 가고 난 후 어떤 일이 있었는지, 에드나가 보내 준 샴페인과 포도는 너무나 맛있었으며, 요즘 입맛이 별로 없었는데 싸준 음식들을 먹고 나니 기운이 나고 식욕도 되살아나고 있다, 도대체 이 작은 집 어디에서 퐁텔리에 씨와 아이들을 지내게 하려 하느냐는 등의 이야기를 끊임없이 내뱉었다. 그런 다음에는 자신이 진통을 시작하게 되면 에드나가 꼭 와 주어야 한다는 약속을 받아냈다.

"언제든지요. 낮이든, 밤이든 어느 때든지 가겠어요."

에드나는 그녀를 안심시켰다.

래티뇰 부인은 떠나기 전에 이렇게 말했다.

"에드나, 어떤 면에서 당신은 꼭 어린애 같아요. 세상살이에 꼭 필요한 것이 뭔지 조금도 생각하지 않고 행동하는 것처럼 보이거든요. 당신이 어떻게 생각할지 모르겠지만, 이런 이유 때문에 혼자 지내는 동안에는 조금 신중히 행동하라고 충고하고 싶군요. 누구라도 데리고 와서 같이 지내는 건 어때요? 라이즈 양은 어떤가요?"

"아뇨, 그녀가 원하지 않을 거예요. 저도 그녀와 하루 종일 같이 지내는 건 별로랍니다."

"글쎄요. 제가 이런 말을 하는 이유는, 부인도 아시다시피 세상이 험악하기 때문이에요. 누군가 알쎄 아로뱅이 이곳을 드나든다는 이야기를 하고 다닌답니다. 물론 아로뱅이 그렇게 평판이 나쁘지 않다면 문제될 것은 없겠지요. 우리 남편도 그러더군요. 아로뱅이 저 혼자만 관심을 보여도 상대 여자의 이름에 충분히 먹칠할 수 있다고요."

"아로뱅이 여자들 마음을 손에 넣었다고 떠벌리고 다니나요?"

에드나는 자기가 그린 그림에 슬쩍 눈을 던지며 아무렇지 않은 듯 물었다.

"아뇨. 제 생각에 그렇지는 않을 거예요. 그런 점에서 아로뱅은 그래도 품위 있는 사람이라고 생각해요. 하지만 남자들 사이에서는 그의 인품이 꽤나 잘 알려져 있답니다. 앞으로 부인을 또 만나러 오기는 힘들 것 같아요. 오늘은 제가 좀 경솔했어요."

"계단 조심하세요!"

에드나가 소리쳤다.

"저를 멀리하지 마세요. 그리고 제가 아로뱅에 대해 말한 것도 마음 쓰지 마세요. 누구라도 같이 지내라고 한 얘기도요."

래티뇰 부인은 간곡히 부탁했다.

"물론이죠. 걱정 마세요."

에드나는 웃었다.

"저에게는 부인이 하고 싶은 말씀 다 하셔도 된답니다."

두 사람은 서로 작별 인사를 나눴다. 래티뇰 부인이 가야 할 거리는 그리 멀지 않았다. 에드나는 그녀가 길을 따라 걸어 내려가는 모습을 지켜보며 한동안 가만히 서 있었다.

그날 오후, 메리먼 부인과 하이캠프 부인이 파티에 초대해 준 답례 차원에서 에드나를 찾아왔다. 에드나는 속으로 '이런 형식적인 절차는 생략해도 되는데……' 하고 생각했다. 두 여인은 언제 저녁에 메리먼 부인의 집에서 '블랙잭'[34]을 하자며 에드나를 초대했다. 그들은 에드나에게 조금 일찍 와서 저녁 식사도 함께 하자며, 메리먼 씨나 아로뱅이 집으로 그녀를 데리러 올 거라고 했다. 에드나는 별로 내키지는 않았지만 초대를 받아들였다. 그녀는 가끔 이 두 여인이 너무나 귀찮게 느껴질 때가 있었다.

오후 늦게 에드나는 은신처를 찾아 라이즈 양의 집으로 갔다. 그곳에 혼자 머물면서 라이즈 양을 기다리는 동안 그녀는 이런 누추하고 보잘것없는 작은 방 안 공기에서 일종의 평온함이 온몸에 스며드는 것을 느꼈다.

그녀는 창가에 앉아 집집마다 지붕을 바라보다가 강 건너로 시선을 옮겼다. 창틀에는 화분과 꽃이 가득했다. 그녀는 그 앞에 앉아 로즈제라늄의 말라 버린 잎사귀들을 뜯어냈다. 매우 포근한 날씨에 강에서 불어오는 산들바람은 상쾌하기 그지없었다. 그녀는 모자를 벗어 피아노 위에 올려놓았다. 계속해서 마른 잎을 떼어낸 다음, 모

---

34. 카드의 합이 21점 혹은 21점에 가장 가까운 사람이 이기는 카드 게임.

자를 고정시켜 주는 핀으로 제라늄 주위의 흙을 솎아 주었다. 한번은 라이즈 양의 발소리가 들린 것 같았다. 그러나 방으로 들어온 사람은 어린 흑인 소녀였고, 그녀는 빨랫감 뭉치를 들고 들어와 옆방에 두고 나갔다.

에드나는 피아노 앞에 앉아 눈앞에 보이는 어느 연주곡의 악보 몇 소절을 한 손으로 부드럽게 연주했다. 삼십 분 정도 지났을까. 아래층에 사람들이 왔다 갔다 하는 소리가 이따금 들려왔다. 그녀가 아리아의 선율을 몰두해서 고르고 있을 때, '똑똑' 문을 두드리는 소리가 들렸다. 라이즈 양의 집 문이 잠겨 있는 걸 사람들도 알고 있을 텐데 무슨 일로 문을 두드리는 거지 하는 막연한 생각이 들었다.

"들어오세요."

그녀가 문 쪽으로 얼굴을 돌리며 소리쳤다. 그런데 이번에 모습을 드러낸 사람은 바로 로버트 르브랭이었다. 그녀는 자리에서 일어서려고 했으나 로버트를 보는 순간 너무나 흥분한 나머지 그럴 수가 없었다. 결국 피아노 의자에 다시 주저앉으며 그저 탄성만 내질렀다.

"어머! 로버트군요!"

방으로 들어온 로버트는 에드나의 손을 힘 있게 잡기만 할 뿐 무슨 말을 해야 할지, 어떻게 행동해야 할지 모르는 사람처럼 안절부절못했다.

"퐁텔리에 부인! 어쩐 일이십니까? 아! 아주 좋아 보이세요! 라이즈 양은 집에 없나요? 부인을 만나리라고는 꿈에도 생각하지 못했습니다."

"언제 돌아오셨어요?"

에드나는 손수건으로 얼굴을 닦으면서 떨리는 목소리로 물었다. 피아노 의자 위에 앉은 그녀의 모습이 불편해 보였는지 로버트는 그녀에게 창문 옆에 있는 의자에 앉으라고 권했다. 그녀가 무의식적으로 자리를 옮겨 앉는 사이 로버트가 대신 피아노 의자로 가서 앉았다.

"그저께 왔습니다."

그가 이렇게 대답하며 피아노 건반 위에 팔을 올려 기대자, 귀를 거슬리게 하는 불협화음이 울렸다.

"그저께요?"

그녀가 큰 소리로 로버트의 대답을 반복하고는, 이해할 수 없다는 표정으로 "그저께라" 하고 계속 되뇌었다. 그동안 로버트가 돌아오면 가장 먼저 자신을 찾아올 거라는 상상을 해 왔는데, 그저께부터 같은 하늘 아래 그와 함께 살고 있었으며 자신과는 그저 우연히 마주친 것뿐이란 말인가. 그렇다면 라이즈 양이 "바보 같은 사람, 로버트는 당신을 사랑하고 있어요."라고 말한 건 분명 거짓말이 틀림없다.

"그저께라고요?"

그녀는 라이즈 양의 제라늄 꽃가지를 꺾으며 또다시 되풀이했다.

"그럼, 오늘 여기서 나를 만나지 않았다면 당신을 못 만났을 수도, 아니, 그러니까 나를 보러 올 생각은 없었던 거죠?"

"물론 제가 부인을 뵈러 갔어야 했습니다. 하지만 처리할 일들이 아주 많아서……."

그는 라이즈 양의 악보를 초조한 듯 넘겼다.

"바로 어제부터 전에 다녔던 회사에서 근무하기 시작했어요. 결국 멕시코에서만큼 여기에도 기회는 많더군요. 그러니까, 언젠가는 이곳에서도 돈을 잘 벌 수 있는 일을 찾을 수 있겠지요. 멕시코 사람들과는 잘 어울릴 수가 없더군요."

로버트는 그래서 돌아온 것이었다. 멕시코 사람들과 맞지 않았고, 그곳에서만큼 여기에서도 그 정도의 돈은 벌 수 있기 때문에, 그리고 또 다른 이유 때문에 돌아온 것이지 그녀 옆에 있고 싶어서 온 것은 아니었다. 에드나는 마룻바닥에 풀썩 주저앉아 로버트의 편지를 한 장 한 장 넘기면서 그가 남겨 놓지 않았던 사정을 찾아내려 했던 바로 그날을 떠올렸다.

에드나는 로버트의 존재만 느낄 뿐 그의 모습이 어떤지는 신경 쓰지 않았다. 하지만 이제 그녀는 조심스레 몸을 돌려 그를 찬찬히 살펴보았다. 그가 이곳을 떠나 있던 시간은 불과 몇 달뿐이었으니 모습은 그대로였다. 자신의 머리색과 같았던 로버트의 머리카락은 전과 마찬가지로 관자놀이에서부터 뒤쪽으로 물결을 이루고 있었다. 얼굴색은 그랜드 섬에 있을 때보다 덜 탄 듯했다. 잠깐 침묵이 흐르는 사이 그녀는 자신을 응시하는 그의 눈동자를 바라보았다. 여전히 그윽한 애무의 눈길로 자신을 바라보는 그의 눈 속에 예전에는 볼 수 없었던 열망과 애원이 담겨 있었다. 그것은 자신의 영혼 속 잠들어 있는 곳으로 스며들어와 그곳을 일깨워 주었던 바로 그 눈길이었다.

에드나는 로버트가 돌아오는 장면과 두 사람이 재회하는 첫 순간을 마음속으로 수없이 그려 왔다. 그런 상상 속 만남은 주로 그녀의 집안에서 이루어졌고, 그 속의 로버트는 돌아오자마자 자신을 찾아 나서곤 했다. 또한 어떤 방식으로든 자신에 대한 사랑을 드러내고 표명하는 그의 모습을 상상했었다. 그런데 현실은 라이즈 양의 집에서 서로 3미터 정도 거리를 두고 앉아 있는 게 전부다. 자신은 창가에 앉아 손으로 제라늄 잎들을 뭉개서 그 냄새를 맡고 있고, 로버트는 피아노 의자에 앉아 몸을 빙빙 돌리며 이렇게 말하고 있는 것이다.

"퐁텔리에 씨가 이곳에 계시지 않는다는 얘기를 듣고 무척이나 놀랐습니다. 라이즈 양이 아무 말도 해주지 않아서 놀랐어요. 부인이 이사하셨다는 이야기도 어제 어머니께 들었습니다. 저는 부인이 여기에 남아 힘들게 집안일을 하느니 부군과 함께 뉴욕으로 가셨거나, 아이들과 이버빌로 가셨을 거라 생각했습니다. 그리고 해외에 나가신다는 소식을 듣고 돌아오는 여름에는 그랜드 섬에서 부인을 뵐 수 없겠구나 생각하고 있었습니다. 혹시 라이즈 양을 자주 만나셨나요? 그녀가 편지를 자주 써 보내지는 않았지만 종종 부인 소식을 전해 주었어요."

"떠나면서 저에게 편지 쓰겠다고 약속했던 거 기억하세요?"

로버트의 얼굴이 온통 빨갛게 달아올랐다.

"제가 편지를 쓴다 해도 부인께서 별 관심이 없으실 거라고 생각했습니다."

"그럴듯한 변명이군요. 거짓말하지 마세요."

에드나는 피아노 위에 놓아둔 모자를 집으러 손을 뻗었다. 모자 핀으로 풍성하게 말아 올린 머리카락에 모자를 조심스레 고정시켰다.

"라이즈 양을 기다리지 않고 그냥 가시게요?"

로버트가 물었다.

"네. 이렇게 오래 집을 비울 때는 늦게까지 돌아오지 않는 경우가 많더군요."

그녀가 장갑을 끼자, 로버트도 모자를 집어 들었다.

"더 안 기다리실 거예요?"

에드나가 물었다.

"부인 말씀처럼 늦게까지 돌아오지 않는다면, 저도 그냥 돌아가겠습니다."

그는 이렇게 말하고는 자기가 한 말이 약간 무례하다고 느꼈는지 갑자기 이렇게 덧붙여 말했다.

"그리고 부인과 함께 집까지 걸어가는 기쁨을 놓치고 싶지 않기도 하고요."

에드나는 자물쇠로 문을 걸어 잠그고, 열쇠를 원래 있던 자리에 보이지 않게 숨겨 놓았다.

두 사람은 진흙으로 범벅이 된 거리를 지나 잡상인들의 싸구려 물건들로 진을 친 보도를 가로질러 함께 걸었다. 얼마쯤 마차를 타고 가다 내린 두 사람은 퐁텔리에 저택을 지나게 되었다. 한참 공사 중인 집은 두 동강이 나고 여기저기 잔해가 흩어져 있었다. 로버트는 이 집에 한 번도 와 본 적이 없었기 때문에 관심 있게 쳐다보았다.

"집에 계신 부인을 뵌 적이 한 번도 없네요."

그가 입을 열었다.

"보지 않아서 다행이에요."

"왜죠?"

그녀는 대답하지 않았다. 두 사람은 모퉁이를 돌아 계속 걸었고, 에드나는 자신의 꿈이 비로소 실현되는 것 같은 기분이 들었다. 로버트가 자신을 따라 이 조그마한 집으로 들어오고 있던 것이다.

"로버트, 여기 좀 있다가 저와 함께 식사하고 가세요. 보시다시피 저는 혼자이고, 우리 못 본 지도 꽤 오래됐잖아요. 물어볼 말도 아주 많고요."

그녀는 모자와 장갑을 벗었다. 그는 어머니가 자기를 기다리고 계신다고 변명하며 우물쭈물 서 있었다. 심지어 약속이 있다는 둥 중얼거렸다. 에드나는 성냥을 그어 테이블 위에 놓인 램프에 불을 붙였다. 어스름이 짙어지고 있었다. 로버트는 램프의 불빛 아래 부드러운 선들이 모두 사라진 그녀의 고통스러운 얼굴을 쳐다보더니 모자를 벗어던지고 자리에 앉았다.

"아! 부인이 허락만 해주시면 제가 여기에 있고 싶어 한다는 것을 아시잖아요!"

그는 큰 소리로 외쳤다. 모든 부드러움이 다시 찾아왔다. 에드나는 크게 웃었고, 그에게 다가가 어깨에 손을 올렸다.

"이제야 예전에 제가 알던 로버트 같군요. 셀레스틴에게 말하고 올게요."

그녀는 서둘러 셀레스틴에게 가서 한 사람 분의 식사를 더 준비하라고 지시했다. 거기다 셀레스틴을 밖으로 내보내 평소 먹던 것보다 좀더 특별한 맛있는 음식을 몇 가지 더 준비하도록 시켰다. 그리고 커피를 최대한 신경 써서 끓여 줄 것과 오믈렛이 타지 않도록 적당한 시간에 뒤집어 줄 것을 부탁했다.

에드나가 다시 돌아왔을 때, 로버트는 테이블 위에 엉망으로 놓여 있는 잡지 몇 권과 그녀가 작업한 스케치며 그밖에 이것저것을 넘겨보고 있었다. 그는 사진 한 장을 집어 들더니 소리를 질렀다.

"알쎄 아로뱅! 이 사람 사진이 왜 여기에 있는 거죠?"

"언젠가 그 사람 두상을 스케치해 보려고 한 적이 있어요. 그래서 사진을 보면 도움이 될 거라며 아로뱅이 건네준 거예요. 전에 살던 집에서 받은 건데 두고 온 줄 알았어요. 이사 올 때 다른 그림 도구들 사이에 끼어들어 왔나 보네요."

에드나가 대답했다.

"그림을 다 그리셨으면 이제 그 사진은 돌려줘야 하지 않을까요?"

"아! 그런 사진은 많이 갖고 있어요. 사진마다 전부 돌려줄 필요는 없다고 생각해요. 그리 중요한 물건들은 아니니까요."

로버트는 아로뱅의 사진을 계속 쳐다봤다.

"이 사람의 두상이 그릴 만한 가치가 있다고 생각하십니까? 이 사람은 퐁텔리에 씨의 친구인가요? 부인이 이 친구를 안다는 이야기를 한 적이 없으시잖아요."

"아로뱅은 남편의 친구가 아니에요. 제 친구예요. 전에도 아로뱅을 알고 있었어요. 다만 최근 들어 아주 많이 가까워졌지요. 그런데 난 당신 이야기를 듣고 싶어요. 멕시코에서 뭘 했는지, 무엇을 보고 느꼈는지 알고 싶어요."

로버트는 사진을 옆으로 던졌다.

"저는 그랜드 섬의 파도와 하얀 모래사장 그리고 셰니에 섬의 고요한 푸른 초원과 그랑 테르 섬의 고성을 보며 지냈어요. 지옥에 떨어진 영혼이라 느끼면서 기계처럼 일만 했습니다. 재미있는 일은 하나도 없었습니다."

에드나는 눈부신 빛을 가리려고 한 손을 이마에 갖다 댔다.

"그러면 부인은 그동안 뭘 하며 지내셨어요? 뭔가 새로운 걸 보고 느낀 게 있었나요?"

이번에는 로버트가 물었다.

"저는 그랜드 섬의 파도와 하얀 모래사장을 보며 지냈어요. 셰니에 까미나다 섬의 고요한 푸른 초원과 태양빛에 빛나는 그랑 테르 섬의 고성도 보면서요. 기계처럼 일하지는 않고 좀더 이해력을 갖고 일했지요. 그렇지만 지옥에 떨어진 영혼이란 느낌은 저도 마찬가지였어요. 재미있는 일도 없었고요."

"퐁텔리에 부인, 부인은 잔인하십니다."

그는 감정이 북받쳐 두 눈을 감고 의자 등에 머리를 기대며 말했다. 두 사람은 저녁 식사가 다 준비됐다는 셀레스틴의 말이 있을 때까지 침묵 속에 그대로 앉아 있었다.

34

식당은 매우 작았다. 둥근 마호가니 식탁이 공간을 거의 꽉 채울 정도였다. 사실 거실의 작은 테이블에서 부엌까지, 또한 벽난로, 작은 식기 선반, 그리고 벽돌을 깐 좁은 정원으로 통하는 옆문까지 모두 한두 걸음 정도의 거리였다.

저녁 식사가 시작되면서 두 사람 사이에 약간의 격식이 자리 잡았다. 좀 전에 벌어졌던 개인적인 감정의 이야기로 다시 되돌아갈 수는 없었다. 로버트는 멕시코에서 있었던 일을 들려주었고, 에드나는 로버트가 떠나 있는 동안 벌어진 일 가운데 그가 재미있어 할 만한 사건들에 대해 이야기했다. 저녁 식사는 셀레스틴이 사 온 음식 몇 가지를 제외하고는 그럭저럭 먹을 만했다. 수건을 머리에 꽉 동여맨 셀레스틴은 다리를 절룩거리며 식당을 들락날락했고 그사이 두 사람이 나누는 모든 대화에 관심을 보였다. 그녀는 로버트가 어렸을 때부터 그를 봐왔던 터라 간혹 프랑스 사투리를 써 가며 그와 이야기를 나누느라 꾸물대기도 했다.

로버트는 담배 말이 종이를 사러 근처 담배 가게로 나갔다 돌아와 보니 셀레스틴이 거실에 블랙커피를 갖다 놓은 것을 보았다.

"돌아오지 말았어야 했나 봐요. 제가 귀찮으시면 언제든 말씀 해 주세요."

그가 말했다.

"그렇지 않아요. 당신은 그랜드 섬에서 우리가 함께 지내면서 친해졌던 그 많은 시간들을 완전히 잊어버렸나 보군요."

"그랜드 섬에서의 시간들을, 저는 단 한 순간도 잊은 적이 없습니다."

그는 에드나를 쳐다보지 않고 담배를 말면서 말했다. 테이블에 올려놓았던 담배쌈지는 실크로 수놓아 아주 멋져 보였는데 그것은 분명 여자의 솜씨임에 틀림없었다.

"전에는 고무 쌈지에 담배를 넣고 다녔었잖아요."

에드나는 이렇게 말하고 실크 주머니를 집어 들어 수예 솜씨를 살펴봤다.

"그랬었지요. 그건 잃어버렸습니다."

"이건 어디에서 사셨어요? 멕시코에서?"

"베라 크루즈에서 알게 된 소녀가 준 것입니다. 그곳 사람들은 인심이 굉장히 좋거든요."

그가 성냥을 그어 담배에 불을 붙이며 말했다.

"그곳 멕시코 여자들은 대단히 예쁘겠지요? 까만 눈동자에 레이스 스카프를 한 그림같이 어여쁜 여인들!"

"다 그렇지는 않아요. 못생긴 여자들도 있답니다. 어딜 가나 그런 사람은 있기 마련이죠."

"당신에게 담배쌈지를 준 소녀는 어떻게 생겼나요? 그 여자에 대해 잘 알고 있겠군요."

"그냥 지극히 평범해요. 그리 중요한 사람은 아니었어요. 적당히 알고 지내는 사이였죠."

"그 여자 집에도 가 보았나요? 재미있었어요? 저는 당신이 만난 사람들에 대해 듣고 싶고, 당신이 그 사람들을 어떻게 생각하는지도 궁금해요."

"물 위에 남겨진 노 자국만큼도 오래가지 않은 사람들도 있었어요."

"그 소녀도 그런 사람이었나요?"

"그녀를 그런 부류의 사람이라고 한다면 저는 인정머리 없는 놈이겠죠."

로버트는 이런 얘기를 초래한 그 물건을 마치 하찮은 물건인 냥 치워버리려는 듯 호주머니에 도로 집어넣었다.

그때 마침 아로뱅이 메리먼 부인의 메시지를 전하러 잠깐 들렀다. 부인의 아이 하나가 아파서 카드 게임 모임이 연기되었다는 이야기였다.

"아로뱅, 그동안 잘 지내셨어요?"

로버트가 어둠 속에서 일어서며 인사했다.

"오! 르브랭, 맞군요! 돌아오셨다는 소식을 어제 들었습니다. 멕시코에서는 대우가 어떻든가요?"

"꽤 괜찮았답니다."

"그래도 계속 거기에 있을 정도는 아니었나 보군요. 왜, 멕시코에는 기막히게 예쁜 여자들이 많잖아요. 나도 2년 전쯤에 간 적이 있었는데 베라 크루즈를 떠날 마음이 전혀 없었죠."

"그곳 여자들이 당신에게도 슬리퍼나 담배쌈지, 모자 장식 따나 뭐 그런 것에 수를 놓아 주던가요?"

"아! 이런! 아뇨! 그 정도로 그 사람들과 친하게 지내지는 않았어요. 그 사람들이 날 생각하는 것보다는 내가 그들에게 받은 인상이 더 컸던 거 같아요."

"그러면 당신은 로버트보다 운이 없었군요."

"난 언제나 로버트보다 운이 없었어요. 로버트가 비밀 이야기라도 해주고 있었나 보군요."

"제가 주제넘게 너무 오래 있었나 봅니다."

로버트는 이렇게 말하며 일어서서 에드나와 악수를 나눴다.

"부군께 편지 쓰실 때 제 안부도 좀 전해 주세요."

그는 아로뱅과도 악수를 한 후 자리를 떠났다.

"르브랭은 좋은 친구예요."

로버트가 가고 나자 아로뱅이 말했다.

"부인이 로버트 얘기를 하신 적은 없었잖아요."

"지난여름에 그랜드 섬에서 알게 됐어요. 여기 당신 사진이요. 필요하지 않으세요?"

"제가 그걸 가져다 뭘 하겠습니까? 그냥 버리세요."

에드나는 사진을 다시 테이블 위에 올려 두었다.

"전 메리먼 부인 집에 가지 않을 생각이에요."

그녀가 말했다.

"부인을 만나면 그렇게 전해 주세요. 그래도 제가 직접 편지를 써 보내는 게 좋겠죠. 지금 써야겠네요. 아이가 아파서 걱정이 많겠다, 날 기다리지 말라고 해야겠어요."

"그렇게 쓰면 되겠네요. 저도 부인을 탓하지는 않겠습니다."

아로뱅은 그녀의 의견에 순순히 따랐다.

에드나는 압지를 펴고 종이와 펜을 찾아 생각했던 말을 써 내려 가기 시작했다. 아로뱅은 담배에 불을 붙이고 주머니에 넣어 두었던 석간신문을 꺼내 읽었다.

"오늘 며칠이죠?"

그녀가 묻자, 아로뱅이 답해 주었다.

"가실 때 이 편지 좀 우체통에 넣어 주시겠어요?"

"물론이죠."

아로뱅이 신문 기사를 조금씩 읽어 주는 동안 에드나는 테이블 위의 잡동사니들을 정리했다.

"이제 뭘 하고 싶으세요?"

그는 신문을 옆으로 내려놓으면서 물었다.

"산책이나 드라이브, 아니면 뭐 다른 거라도 하실래요? 오늘 밤은 드라이브하기에 좋은 것 같군요."

"아뇨, 아무것도 하지 않고 그냥 조용히 있고 싶어요. 이제 그만 가서서 즐겁게 보내세요. 여기 있지 마시고요."

"꼭 그래야 한다면 가겠습니다. 하지만 즐거울 수는 없어요. 전 오직 부인 곁에 있을 때만 살아 있다는 거 아시잖아요."

아로뱅은 작별 인사를 하려고 자리에서 일어났다.

"방금 그 말도 당신이 여자들에게 늘 하는 말 가운데 하나인가 보죠?"

"물론 전에도 이런 말을 한 적은 있지만 지금처럼 진심인 적은 없었어요."

그는 미소를 보이며 답했다. 그녀의 눈은 따스한 빛이라고는 전혀 없이 오직 꿈꾸는 듯한 멍한 모습이었다.

"잘 자요. 당신을 정말로 흠모합니다. 푹 주무세요."

아로뱅은 인사하며 그녀의 손에 입을 맞추고 집을 나섰다.

그녀는 일종의 마비 상태로 몽상 속에 홀로 있었다. 그녀는 로버트가 라이즈 양의 집안으로 들어온 이후 그와 함께 있었던 시간의 순간순간을 하나하나 되짚어 보았다. 그가 한 말과 그의 얼굴을 다시 떠올려 보았다. 자신이 애달파하는 심정에 비하면 그의 말 한마디나 표정은 얼마나 시시하고 보잘것없었던가! 엄청나게 매력적인 멕시코 소녀의 모습이 눈앞에 떠올랐다. 에드나는 가슴이 찢어질 듯한 질투심에 몸부림쳤다. 그녀는 로버트가 언제 또 올지 궁금했다. 그는 딱히 언제 다시 오겠다고 말하지 않았다. 자신은 그와 함께 있었고, 그의 목소리를 들었으며, 손의 감촉을 직접 느꼈다. 그러나 어느 면에서는 그가 멕시코로 떠나 있을 때가 오히려 더 가까웠던 것 같은 느낌이 들었다.

35

햇빛과 희망이 가득한 아침이었다. 에드나는 눈앞에 보이는 엄청난 기쁨의 가능성만 응시할 뿐 그것을 부정하려 하지 않았다. 그녀는 잠에서 깬 눈을 말똥말똥 뜬 채 침대에 누워 사색에 잠겼다.

"바보 같은 사람, 로버트는 부인을 사랑하고 있어요."

자기 마음속에 그런 확신만 확고히 가질 수 있다면 나머지 문제는 무엇이든 상관없지 않은가? 그녀는 자신이 어젯밤 스스로를 절망으로 몰고 가면서 유치하고 어리석게 행동했다고 생각했다. 그녀는 로버트가 자신에게 왜 거리를 두는지 그 이유들을 정리해 보았다. 그것들은 극복될 수 없는 것이 아니었다. 로버트가 진정으로 자신을 사랑한다면, 그런 이유들은 더 이상 유효하지 않을 것이며, 자신의 열정 앞에서 분명 무너지게 될 것이다. 때가 되면 로버트도 틀림없이 자신의 열정을 깨닫게 될 것이다. 에드나는 그날 아침 로버트가 회사에 출근하는 모습을 머릿속으로 그려보았다. 심지어 그가 어떤 옷을 입고 어떻게 길을 걸어가는지, 길모퉁이를 어떻게 도는지, 그 모습까지 생각해보았다. 또한 책상 앞에 앉아 몸을 숙여 일하는 모습, 사무실로 들어오는 사람들과 이야기하는 모습, 점심 식사하러 가는 모습, 길에서 혹시라도 자신을 만나지 않을까 이리저리 둘러보는 모습까지 세세히 떠올렸다. 어쩌면 그는 오후나 저녁쯤에 자신을 찾아올지도 모른다. 어젯밤에 그랬던 것처럼 의자에 앉아 담배를 말기도 하고, 조금 이야기를 나누다가 돌아가겠지. 어쨌든 로버트가 지금 바로 여기 뉴올리언스에, 자신과 함께 있다는 게 얼마나 좋은 일인가! 그녀는 후회할 필요도 없고, 설령 로버트가 계속 침묵을 지킨다 해도 그것을 군이 깨트리려고 애쓸 필요도 없었다.

에드나는 옷을 대충 걸치고 아침 식사를 했다. 하녀가 라울의 서투른 필체가 담긴 달콤한 편지를 건네주었다. 아들의 편지에는 엄마를 사랑한다는 말, 사탕을 보내 달라는 요청, 그리고 어느 날 아침 흰 털의 몸집이 큼직한 리디의 돼지 옆에 하얀 색의 아주 작은 아기 돼지 열 마리가 일렬로 누워 있었다는 이야기가 담겨 있었다.

남편에게서도 편지 한 통이 와 있었다. 그는 3월 초에 집으로 돌아가고 싶고, 그러면 예전부터 약속해 왔던 해외여행을 준비할 수 있을 것이며, 이제 그럴 여유가 생겼다고 했다. 최근에 월 스트리트에 투자한 덕분에 재정적으로 너무 아끼지 않고도 다른 사람들처럼 여행할 수 있다는 얘기였다.

그러나 무엇보다 놀라운 편지는, 지난 밤 클럽에서 에드나 앞으로 보낸 아로뱅의 편지였다. 편지에는 아침 인사와 잘 잤기를 바란다는 말, 그리고 에드나를 향한 자신의 헌신적인 애정을 다시 한 번 확인시켜 주는 말과 함께 그녀가 자신의 애정에 조금이나마 보답하리라 믿고 있다는 얘기가 적혀 있었다.

세 통의 편지 모두 그녀를 기쁘게 했다. 그녀는 사탕을 보내 주겠다는 약속과 아기 돼지를 보는 행복한 경험을 하게 된 것을 축하한다는 내용을 담아 기쁜 마음으로 아들에게 답장을 썼다.

그녀는 남편에게도 다정한 듯 애매모호하게 편지를 썼다. 이것은 계획적으로 남편을 속이려는 의도가 있어서가 아니라, 단지 이제 그녀의 삶에서 현실 감각이 모두 사라졌기 때문이었다. 에드나는 자신을 운명에 맡긴 채 한 발 물러서서 결과를 기다리고 있던 터였다.

아로뱅에게는 따로 답장을 보내지 않았다. 그녀는 아로뱅의 편지를 셀레스틴의 난로 뚜껑 밑으로 밀어 넣었다.

에드나는 몇 시간을 열중해서 작업했다. 그녀는 오직 그림 판매업자만 만날 뿐 아무도 만나지 않았다. 그림 판매업자는 에드나에게 파리로 공부하러 간다는 게 사실인지 물었다.

그녀가 그럴 수도 있을 것 같다고 대답하자, 그림 판매업자는 12월에 있을 축일 행사에 맞춰서 파리를 스케치한 그림 몇 점을 보내 달라고 제안했다.

로버트는 그날 오지 않았다. 에드나는 몹시 실망했다. 그는 다음 날도, 또 그 다음날에도 그녀를 찾아오지 않았다. 아침마다 기대를 안고 잠에서 깨어났지만, 밤이 되면 낙심의 포로가 되곤 했다. 그를 찾아 나서고 싶은 유혹까지 생겨났다. 그러나 그런 충동에 굴하기는커녕 어쩌다 그와 마주칠 수도 있는 상황을 일부러 피해 버렸다. 그녀는 라이즈 양의 집에도 가지 않았고 르브랭 부인의 집 근처로는 지나가지도 않았다. 로버트가 아직 멕시코에 있었다면 충분히 지나가고도 남았을 일이지만.

어느 날 저녁, 아로뱅이 에드나에게 드라이브를 하러 가자고 간청하는 바람에, 두 사람은 마차를 타고 셸 로드를 따라 호수 쪽으로 향했다. 아로뱅의 마차를 끄는 말들은 혈기가 왕성해서 다루기 힘들

정도였다. 에드나는 말들이 빠른 속도로 발을 구르며 나아가는 모습이나, 탄탄한 도로를 지날 때의 타닥타닥 울리는 말발굽 소리를 좋아했다. 두 사람은 잠시 멈춰 요기를 하거나 쉬어 갈 생각도 하지 않고 계속 내달렸다. 아로뱅은 아무 때고 경솔한 사람은 아니었다. 대신 그들은 에드나의 아담한 식당으로 돌아와서 이것저것 먹고 마셨다. 비교적 이른 저녁이었다.

아로뱅이 자리에서 일어난 시간은 밤이 늦어서였다. 그에게는 그녀를 만나고, 그녀와 함께 있는 시간이 이제는 점점 잠깐 지나가는 바람 그 이상의 것이 되어 가고 있었다. 그는 자신의 섬세한 감각 아래 잠들어 있던 열정적이고도 예민한 꽃봉오리 같은 육체적 욕구가 그녀를 향해 서서히 날개를 펴고 있음을 감지했다.

그날 밤 잠이 들었을 때 에드나의 마음에 낙담은 사라지고 없었으나 다음날 아침, 잠에서 깨어나자 희망 역시 사라지고 보이지 않았다.

36

교외로 나가면 조금 외진 곳에 잎이 무성한 작은 정원이 있었다. 그곳에는 여러 그루의 오렌지 나무와 그 아래 녹색 테이블이 몇 개 놓여 있었다. 늙은 고양이 한 마리가 햇빛을 받으며 돌계단에 누워 하루 종일 잠을 잤고, 나이가 많은 한 흑백 혼혈 여인이 창문을 활짝 열어 둔 채 누군가 녹색 테이블을 '똑똑' 두드릴 때까지 의자에 기대 졸면서 무료한 시간을 보내고 있었다. 그녀는 우유와 크림치즈, 빵과 버터를 팔고 있었다. 훌륭한 커피를 만들어 내거나 닭고기를 그토록 노르스름하게 튀겨 내는 일에는 이 늙은 여인을 따라갈 자가 아무도 없었다.

이곳은 아주 작은 규모의 소박한 장소이다 보니 상류층 사교계 사람들의 마음을 끌지 못했고, 너무 외딴 곳에 위치한 탓에 오락이나 유흥을 찾아 나선 사람들의 눈길에서도 벗어나 있었다. 어느 날 에드나는 이 정원의 키가 큰 판자문이 살짝 열려 있는 것을 보고 우연히 이곳을 알게 되었다. 머리 위로 나뭇잎들이 바르르 떨렸고, 그 사이로 햇빛이 스며들어 녹색 테이블에 알록달록 얼룩을 만드는 장면이 그녀의 시선을 사로잡았다. 안쪽으로 들어가 보니 꾸벅꾸벅 졸고 있는 혼혈의 여인과 잠에 취한 고양이, 그리고 이버빌에서 맛보았던 우유를 떠올리게 해주는 우유 한 잔이 눈에 들어왔다.

에드나는 종종 산책을 할 때면 이곳에 들러, 늙은 여인과 함께 책을 보거나 인적이 드문 나무 그늘을 찾아 한두 시간 정도 앉아 있기도 했다. 한두 번 혼자 이곳을 찾아 평온하게 저녁 식사를 한 적도 있었는데, 그런 날에는 셀레스틴에게 저녁 준비를 하지 말라고 미리 일러두었다. 이곳은 에드나가 뉴올리언스에서 알고 지내는 사람들을 만날 수 있으리라 예상할 수 있는 장소가 전혀 아니었다.

어느 날 오후 늦게까지 그녀는 이 정원에서 간단히 식사를 하며 책을 보고 있었다. 어느덧 정이 쌓인 고양이를 쓰다듬어 주고 있을 무렵 그녀는 정원의 높은 대문으로 로버트가 들어오는 모습을 보았지만 그다지 크게 놀라지는 않았다.

"우리는 '우연히'만 만나게 될 운명인 것 같군요."

에드나는 옆에 있던 의자에서 고양이를 밀어 내리며 말했다. 로버트는 깜짝 놀라 안절부절못했고, 더욱이 이처럼 뜻밖의 장소에서 그녀를 만나게 되자 난처해 보이기까지 했다.

"이곳에 자주 오나요?"

그가 물었다.

"여기서 거의 살다시피 하죠."

그녀가 대답했다.

"전에는 캐티셰가 만들어 주는 맛있는 커피를 마시러 자주 들렀었는데, 멕시코에서 돌아온 이후로는 오늘 처음 온 겁니다."

"캐티셰가 접시를 가져다주면 제 식사를 같이 좀 나눠 드세요. 늘 양이 많아서 두 사람 아니 세 사람까지도 충분히 먹을 수 있어요."

에드나는 로버트를 만나면 최대한 무관심하게, 그리고 그가 그런 만큼 최대한 거리를 두기로 마음먹었던 터였다. 이런 결심은 그녀가 조금만 의기소침해지면 자연스레 드는 이성적인 사고의 고된 훈련을 통해 이뤄 낸 것이었다. 하지만 작은 정원에서, 바로 옆에 앉아 있는 눈앞의 그를 보자 그토록 단호했던 결의는 눈 녹듯 사라지고 말았다. 마치 신이 모든 일을 계획하여 자신이 가는 길로 그를 인도해 준 것만 같았다.

"로버트, 왜 저를 피하는 거죠?"

그녀가 테이블 위에 펼쳐 놓았던 책을 덮으며 물었다.

"퐁텔리에 부인, 부인은 어쩌면 그렇게 부인 생각만 하십니까? 왜 저에게 바보 같은 핑계를 대도록 만드시나요?"

그는 갑자기 흥분하여 소리를 질렀다.

"너무 바빴다, 몸이 좀 아팠다, 부인을 만나러 갔었지만 부재중이었다, 이런 말을 해 봤자 소용없지 않나요. 이런 변명을 늘어놓지 않도록 제발 저를 좀 내버려 두세요."

"당신이야말로 이기심의 화신이군요."

그녀가 말했다.

"당신은 당신 자신을 위해 뭔가를 아끼고 있어요. 그게 뭔지 알수 없지만, 어떤 이기적인 목적이겠죠. 스스로는 그렇게 몸을 사리면서 내가 무슨 생각을 하는지, 당신의 그 소홀함과 무관심에 내가 어떤 기분일지 잠시라도 생각하지 않고 있어요. 어쩌면 이런 나를 여성스럽지 못하다고 하겠지만 이제 나 자신을 솔직히 드러내는 것이 습관이 되어 버렸어요. 상관없어요. 마음대로 생각하세요."

"아뇨. 전에도 말씀드린 적이 있지만 저는 부인이 잔인하다고 생각할 뿐입니다. 아마 의도적으로 그러시는 건 아니겠죠. 아무 소용도 없는 얘기를 자꾸 털어놓으라고 강요하시는 것 같아요. 마치 재미 삼아 제 상처를 들춰내려는 것 같단 말입니다. 그 상처를 치유해줄 마음도, 힘도 없으면서요!"

"제가 당신의 저녁 식사를 망치고 있네요. 로버트, 제가 하는 말

229

에 마음 쓰지 마세요. 아직 한 숟갈도 드시지 않았어요."

"저는 커피나 한 잔 하려고 온 거예요."

로버트의 섬세한 얼굴이 온통 흥분으로 일그러졌다.

"여긴 정말 기분 좋은 곳 아닌가요?"

에드나가 화제를 돌렸다.

"사실 이곳을 사람들이 다들 모르고 있다는 게 정말 좋아요. 조용하고 상쾌한 곳이에요. 그 어떤 소리도 들리지 않는다는 거, 알고 있나요? 큰 길에서 한참 들어와야 하고 마차에서 내려서도 꽤 걸어야 하잖아요. 그래도 저는 걷는 게 싫지 않아요. 걷는 걸 싫어하는 여자들을 보면 언제나 참 안됐다는 생각이 들어요. 인생에는 사소한 편린일지라도 귀중한 게 아주 많은데, 그런 사람들은 그걸 놓치고 사는 거예요. 그래서 우리 여자들이 대체로 인생의 일부분만 알고 지내는 거 같아요."

그녀는 계속 말을 이었다.

"캐티셰가 만들어 주는 커피는 항상 뜨거워요. 이런 야외에서 어떻게 그런 커피를 만드는 건지 모르겠어요. 셀레스틴이 만들어 주는 커피는 부엌에서 거실로 오는 사이에 금세 식어 버리거든요. 설탕을 세 개나! 너무 달게 마시는군요! 여기 고기에 크레스[35]를 얹어서 들어보세요. 아주 아삭아삭하면서도 입 안이 얼얼해요. 여기는 밖에서 커피를 마시면서 담배를 피울 수 있다는 점도 마음에 들어요. 그

---

35. 겨자과의 채소로 주로 샌드위치나 샐러드에 넣어 먹는다.

런데 시내에서는, 아, 담배 안 피우실래요?"

"조금 있다가요."

그는 테이블 위에 시가를 올려놓으며 말했다.

"그거 누가 준 거예요?"

에드나가 웃으며 물었다.

"제가 산거예요. 점점 무모해지나 봅니다. 한 상자나 샀거든요."

그녀는 또다시 사적인 얘기로 그를 불편하게 하지 않으리라 다짐했다.

어느새 로버트와도 친해진 고양이가 시가를 입에 문 그의 무릎으로 폴짝 뛰어올랐다. 로버트는 고양이의 보드라운 털을 쓰다듬으며 에드나에게 고양이에 대한 얘기를 조금 들려주었다. 그러고는 에드나가 보던 책을 들여다보면서 자기도 전에 읽었던 책이라며 결말을 이야기해 주었다. 그런 다음 힘들여서 책을 끝까지 봐야 하는 수고를 덜어 주려는 거라는 말을 덧붙였다.

로버트는 또 한 번 그녀와 집까지 동행했다. 두 사람은 이미 해가 저문 후에야 에드나의 작은 "비둘기 집"에 도착했다. 그녀는 그에게 안으로 들어왔다 가라고 청하지 않았는데, 로버트 입장에서는 그녀의 그런 행동이 고마웠다. 왜냐면 생각하고 싶지 않은 구실을 만드느라 우물쭈물 해야 하는 불편함을 느끼지 않고도 그냥 머물다 갈 수 있었기 때문이다. 그는 에드나가 등불을 밝히는 것을 도와주었다. 불을 밝힌 후 그녀는 자기 방으로 가서 모자를 벗고, 얼굴과 손을 씻었다.

다시 거실로 돌아와 보니 로버트는 전처럼 자신이 그린 그림과 잡지들을 살펴보고 있지 않았다. 그는 몽상에 잠긴 듯 어둠 속에 몸을 깊이 파묻고 의자에 머리를 기대고 있었다. 에드나는 테이블 옆에 서서 책을 정리하며 잠시 꾸물거렸다. 그런 다음 로버트가 앉아 있는 방으로 건너갔다. 그녀는 그가 앉아 있는 의자의 팔걸이로 몸을 구부려 그의 이름을 불렀다.

"로버트, 자고 있어요?"

"아니요."

로버트가 그녀를 올려다보며 대답했다.

그녀는 그에게 몸을 기대어 키스했다. 그녀의 부드러우면서도 강렬하고 섬세한 키스는 관능적인 짜릿함이 되어 로버트의 온몸에 스며들었다. 입을 맞춘 후, 에드나는 그에게서 도망쳤다. 로버트가 뒤따라와 그녀를 끌어 당겨 양 팔로 감싸 안았다. 에드나는 그의 얼굴을 양손으로 어루만지다가 자기 볼을 갖다 댔다. 그녀의 행동에는 온통 애정과 다정함이 넘쳐흘렀다. 그는 다시 그녀의 입술을 탐했다. 그런 다음 그녀를 소파로 데리고 가서 자기 옆에 앉힌 후 두 손으로 그녀의 손을 꽉 움켜쥐었다.

"이제 아셨죠."

로버트가 입을 열었다.

"이제 제가 지난여름 그랜드 섬에서 줄곧 싸워 왔던 게 무엇이었는지, 뭣 때문에 떠났고, 뭣 때문에 다시 돌아오게 되었는지 이제 아시겠죠."

"왜 그런 것에 대항해 싸워 왔던 거죠?"

그녀가 물었다. 부드러운 불빛을 받아 그녀의 얼굴이 발그레 빛나고 있었다.

"왜라뇨? 부인은 자유로운 몸이 아니기 때문이었죠. 레옹쎄 퐁텔리에 씨의 아내니까요. 그렇지만 부인이 그분의 아내라 해도, 부인을 향한 제 사랑의 감정을 억제할 수는 없었습니다. 그러나 단지 부인에게서 도망쳐 멀리 떨어져 지내면, 적어도 그런 사랑의 감정을 편지에라도 적어 보낼 수 있었으니까요."

그녀는 맞잡지 않은 다른 한 손으로 그의 어깨 위에 얹은 다음 부드러운 손길로 그의 뺨을 다시 한 번 쓰다듬었다. 로버트가 다시 그녀에게 입을 맞췄다. 그의 얼굴은 달아올라 붉게 물들어 있었다.

"멕시코에서 지내는 동안 단 한 순간도 부인을 생각하지 않거나 간절히 그리워하지 않은 적이 없었어요."

"하지만 나에게는 단 한 줄의 편지조차 보내지 않았잖아요."

그녀가 로버트의 말을 잘랐다.

"부인도 저를 좋아한다는 생각이 들자 전 이성을 잃었지요. 다른 일은 전부 손을 놓은 채 잠시나마 부인이 제 아내가 되는 말도 안 되는 꿈만 꾸며 지냈어요."

"당신의 아내라고요!"

"부인이 원하시기만 하면 저는 종교, 신의, 그밖에 어떤 것도 다 버릴 수 있어요."

"그 당시엔, 내가 레옹쎄 퐁텔리에의 아내라는 사실을 완전히 잊었었나 보군요."

"아! 전 정말 제정신이 아니었어요. 터무니없고, 불가능한 것들을 꿈꾸었지요. 자기 아내를 자유롭게 놓아주는 남자들을 떠올리면서요. 왜 우리 그런 일을 들은 적 있잖아요."

"그래요. 그런 이야기 많이 들었었죠."

"머릿속에 온통 막연하고 정신 나간 생각들을 가득 품고 돌아왔답니다. 그리고 이곳에 돌아와서는……."

"돌아와서는 한 번도 내 근처에 오지 않았었죠."

에드나는 아직도 로버트의 뺨을 어루만지고 있었다.

"그런 꿈을 꾸었던 제 자신이 어리석다고 생각했습니다. 아무리 부인이 저를 따라와 준다고 하더라도 말입니다." 그녀는 양 손으로 그의 얼굴을 감싼 다음 두 번 다시 그의 얼굴에서 눈을 떼지 않을 것처럼 뚫어져라 쳐다보았다. 그러고는 그의 이마에, 두 눈에, 양 볼에 그리고 입술에 입을 맞추었다.

"당신은 정말, 정말이지 어리석은 어린애였군요. 당신이 퐁텔리에 씨에게 나를 놓아 달라고 말하는, 그런 말도 안 되는 것들을 꿈꾸느라 시간을 허비했다니요! 난 더 이상 퐁텔리에 씨가 처분할지 말지 하는 소유물이 아니에요. 난 내가 선택한 대로, 내 갈 길을 가는 거예요. 만약에 남편이 '여기 있네. 로버트. 아내를 데리고 가서 행복하게 살게. 에드나는 자네 거야.'라고 말한다면 난 당신들 모두를 비웃을 거예요."

로버트의 얼굴이 조금 창백해졌다.

"무슨 뜻이죠?"

그때 '똑똑' 하고 문을 두드리는 소리가 났다. 셀레스틴이 들어오더니 래티뇰 부인의 하녀가 전갈을 가지고 뒤꼍으로 들어왔다는 얘기를 전했다. 전갈의 내용인즉 래티뇰 부인이 진통을 시작했으니 퐁텔리에 부인이 곧장 와 주었으면 좋겠다는 것이었다.

"그래, 알았어요. 내가 약속했었어요. 지금 가겠다고 전해 줘요. 조금만 기다리라고 하세요. 그녀와 같이 가야겠어요."

에드나가 소파에서 일어서면서 말했다.

"저도 같이 갈게요."

로버트가 제의했다.

"아뇨. 저 하녀와 같이 가면 되요."

에드나는 자기 방으로 가서 모자를 쓰고 다시 거실로 들어오더니 로버트가 앉아 있는 소파 옆자리에 한 번 더 앉았다. 로버트는 꼼짝 하지 않았다. 그녀는 자신의 두 팔로 그의 목을 감싸 안았다.

"다녀올게요. 내 사랑 로버트. 나에게도 잘 다녀오라고 인사해 줘요."

그는 지금까지 그 어느 때보다 열정적으로 입맞춤을 하고, 그녀를 자기 품에 꼬옥 끌어안았다.

"사랑해요."

에드나는 속삭였다.

"당신뿐이에요. 오직 당신만을 사랑합니다. 지난여름, 평생 꾸어오던 어리석은 꿈에서 나를 일깨워 준 사람은 바로 당신이었어요.

아! 당신의 그 무심함 때문에 제가 얼마나 불행했는지 몰라요. 정말이지! 너무나 괴롭고 고통스러웠어요! 이제 당신이 이곳에 있으니 우리는 서로 사랑하면 돼요. 로버트. 우리 서로에게 가장 소중한 사람이 되도록 해요. 이 세상 어떤 것도 이보다 중요한 건 없어요. 이제 친구에게 가 봐야겠어요. 기다려 줄 거죠? 아무리 늦더라도, 꼭 기다려 줄 거죠, 로버트?"

"가지 말아요. 제발! 오! 에드나, 나와 함께 있어 줘요."

그는 간청했다.

"왜 꼭 가야 하죠? 여기 함께, 내 곁에 있어 줘요."

"되도록 빨리 돌아올게요. 그때 여기서 우리 다시 만나요."

에드나는 그의 목에 얼굴을 파묻고는 다시 한 번 작별 인사를 했다. 에드나를 향한 로버트의 한없는 사랑과 더불어 그녀의 매혹적인 목소리는 그의 감각을 온통 사로잡았으며, 그녀를 자기 곁에 붙잡아 두고 싶다는 욕망만이 그의 충동을 가득 채웠다.

37

에드나는 약국 안을 들여다보았다. 래티뇰 씨가 아주 조심스럽게 빨간 액체를 작은 유리잔에 떨어트리면서 직접 약을 조제하는 모습이 보였다. 그는 에드나에게 와 줘서, 아내가 안심할 거라며 고마워

했다. 예전 아이들 때는 진통이 시작되면 언제나 아내의 언니가 와 주었는데 이번에는 농장 일을 팽개치고 올 수 없는 상황이었다. 그 래서 아델은 퐁텔리에 부인이 친절하게도 와주겠다는 약속을 해주 기 전까지는 낙심해 있던 터였다. 간호사도 집이 꽤 멀리 떨어진 곳 에 있었기 때문에 지난 주 내내 밤마다 래티뇰 씨의 집에서 지내고 있었다. 그리고 만델레 박사는 오후 나절 동안 수시로 드나들곤 했 다. 래티뇰 부부는 도움이 필요할 때면 언제든지 만델레 박사를 찾 았던 것이다.

에드나는 약국의 뒷문을 통해 위층 아파트로 이어지는, 래티뇰 가족만의 비밀 층계를 서둘러 올라갔다. 아이들은 모두 뒷방에 잠 들어 있었고, 래티뇰 부인은 참기 힘든 고통 때문에 응접실을 왔다 갔다 하고 있었다. 풍성한 하얀 잠옷을 입은 부인은 초조한 마음에 손수건을 꽉 쥐고 소파에 앉았다. 부인의 얼굴은 몸을 움켜쥐고 잔 뜩 찌푸린 탓에 일그러져 있었고, 아름다운 푸른 눈은 제 모습을 잃고 수척해 보였다. 모두 뒤로 넘겨 땋은 아름다운 머리카락은 금 빛의 뱀이 똬리를 튼 것처럼 소파의 베개 위에 길게 늘어져 있었다. 새하얀 앞치마에 흰색 모자를 쓴 차분해 보이는 그리프[36] 출신의 간 호사는 래티뇰 부인에게 침실로 들어가자고 열심히 권하고 있었다.

"아무 쓸모가 없어요. 아무런 도움도 되지 못한다고요."

래티뇰 부인이 불쑥 에드나에게 이렇게 말했다.

---

36. 흑인과 물라토(흑백 혼혈) 사이의 혼혈아.

"만델레 박사는 이제 일을 그만둬야 해요. 너무 늙고, 매사 대충이에요. 일곱 시 반에 오겠다고 했는데, 지금 아마 여덟 시는 되었을 걸요. 조세핀, 몇 시인지 좀 보세요."

간호사는 쾌활한 성격이어서 어떤 상황도 심각하게 받아들이지 않았다. 특히 지금과 같은 상황은 아주 흔한 일이었다. 그녀는 래티뇰 부인에게 용기를 내서 조금만 더 참아 보라고 했지만 부인은 아랫입술을 이로 꽉 깨물 뿐이었다. 에드나는 부인의 새하얀 이마에 구슬 같은 땀방울이 송골송골 맺히는 것을 보았다. 한 일이 분정도 지났을까, 래티뇰 부인은 한숨을 깊이 쉬고는 공처럼 동그랗게 말아놓은 손수건으로 얼굴을 훔쳤다. 그녀는 기진맥진해 보였다. 간호사가 그녀에게 쾰른수로 적신 새 손수건을 건네주었다.

"너무 하는군요."

부인은 울부짖었다.

"만델레 박사는 죽어 마땅해요. 알퐁스는 어디에 있는 거죠? 날 이렇게 방치해도 되는 건가요? 다들 너무 무심해요."

"무심하다니요. 세상에!"

간호사가 어이없다는 듯 소리쳤다. 그럼 나는 뭔가? 그리고 퐁텔리에 부인도 지금 집에서 편히 계셔도 될 것을 포기하고 이렇게 옆에 와 있지 않은가, 바로 그 순간 래티뇰 씨도 현관을 지나 집안으로 들어오고 있지 않나, 조세핀도 방금 만델레 박사의 마차 소리를 분명히 들었다고 했던 참이다. 그렇다. 정말로 아래층 문 앞에 의사 선생님이 와 있었다.

아델은 방으로 들어가라는 권유를 받아들여 침대 옆의 야트막한 작은 소파 끝에 걸터앉았다.

만델레 박사는 래티뇰 부인이 뭐라고 비난하는 소리에는 신경도 쓰지 않았다. 그는 진통이 시작된 시기의 임신부들이 내뱉는 말에 익숙해 있었고, 그런 말에 마음을 두기에는 부인의 진심을 잘 알고 있었다.

박사는 에드나를 만나게 되어 반가웠고 함께 응접실로 가서 즐겁게 이야기를 나누고 싶었다. 하지만 래티뇰 부인은 에드나가 잠시라도 자기 곁을 떠나지 않기를 바랐다. 진통이 멈추는 사이사이에 부인은 조금씩 이야기를 했는데 그렇게 말하는 게 조금이나마 고통을 잊게 해준다고 했다.

에드나는 불안해졌다. 그녀는 알 수 없는 공포에 휩싸였다. 자신도 겪었던 이런 경험들이 아주 먼 옛일 같았고, 상상 속에서 일어난 일처럼 기억도 가물거렸다. 그녀는 정신없이 고통스러웠던 순간, 클로로포름의 독한 냄새, 혼수상태에 빠져 온 감각이 마비되었던 순간, 그리고 마침내 정신이 들어 자신이 낳은 자그마한 새 생명이 인간 세상을 오가는 무수한 영혼 가운데 일원이 되는 장면을 더듬더듬 떠올렸다.

그녀는 오지 말았어야 했다고 생각했다. 자신의 존재가 별로 필요하지 않았다. 오지 않을 구실을 만들 수도 있었다. 지금이라도 돌아갈 핑계를 댈 수 있었다. 하지만 그녀는 가지 않았다. 마음속으로 고통의 몸부림을 함께 했고, 자연의 순리에 저항하여 타오르는 반항

심을 여지없이 드러내면서 고통의 현장을 지켜보았다.

무사히 일을 마친 후에도 에드나는 여전히 감정이 격해져 할 말을 잃고 멍한 상태였다. 그녀는 친구에게 몸을 숙여 입을 맞추고 조용히 작별 인사를 했다. 아델은 빰을 가까이 대면서 기진맥진한 목소리로 속삭였다.

"에드나, 아이들을 생각하세요. 아! 애들을 생각해요. 잊으면 안 돼요."

38

밖으로 나온 에드나는 확 트인 공기를 맡으면서도 여전히 정신이 몽롱했다. 만델레 박사를 태우러 온 마차가 현관 앞에 대기해 있었다. 그녀는 마차를 타는 게 내키지 않아 박사에게는 별로 무섭지 않으니 그냥 혼자 걸어가겠다고 말했다. 박사는 마부에게, 먼저 가서 퐁텔리에 부인의 집에서 기다리라 지시하고는 에드나와 함께 그녀의 집까지 걷기 시작했다.

저 멀리 하늘 위로, 높이 솟은 집들 사이의 좁은 길 위로 별들이 반짝이고 있었다. 밤공기가 부드럽게 몸을 감싸 안았지만 봄의 밤기운이 뿜어내는 숨결은 차가웠다.

두 사람은 천천히 걸었다. 박사는 뒷짐을 진 채 일정하게 무거운 발걸음을 옮겼고, 에드나는 그랜드 섬에서의 어느 날 밤 그랬던 것처럼 마치 저만치 앞서 있는 생각을 붙잡으려는 듯 멍한 표정으로 걷고 있었다.

"퐁텔리에 부인, 부인은 오시지 말았어야 했습니다."

박사가 말했다.

"부인이 계실 곳이 아니었어요. 아델은 그런 때 꼭 변덕이 심해지죠. 그녀 옆에 있어 줄 민감하지 않은 여자들이 열 명도 넘을 텐데 말입니다. 잔인한 거예요. 부인께는 정말 잔인한 일이라고 생각했습니다. 오시지 말았어야 했어요."

"아, 괜찮아요."

에드나는 무심한 듯 대답했다.

"결국 그런 일이 중요한 건지 모르겠어요. 언젠가는 아이들을 생각해야겠죠. 그 시기가 빠를수록 좋을 테고요."

"레옹쎄 씨는 언제 돌아오시나요?"

"곧 돌아올 거예요. 아마 3월 안으로 오지 싶어요."

"부군이 돌아오시면 해외로 함께 나가실 건가요?"

"아마, 아뇨, 저는 아니에요. 전 이제 절대 강요하는 대로 하지 않을 거예요. 저는 외국에 나가고 싶지 않아요. 그냥 혼자 있도록 내버려 두었으면 좋겠어요. 아무도 저를 강요할 권리는 없어요. 아마 아이들은 그럴 수 있겠지요. 그렇다 해도, 제 생각에는……. 아니, 과거에 생각하기로는……."

그녀는 자신의 말에 조리가 없는 듯 여겨져 갑자기 말을 멈췄다.

"문제는, 젊을 때는 환상에 사로잡히기 쉽다는 거예요. 그것이 바로 자연의 섭리랄까요. 자손을 위해 어미들을 확보해 두는 미끼 같은 것이죠. 그리고 자연은 우리가 만들어 내는 도덕의 결과들 즉, 어떤 대가를 치르고서라도 꼭 지켜야 된다고 생각하는 그런 자의적인 조건들은 전혀 고려하지 않죠."

직관적으로 그녀가 말하는 의도를 알아차린 박사가 한숨을 쉬며 말했다.

"맞아요. 지난 세월이 마치 꿈만 같아요. 사람이 계속 잠을 자고 꿈을 꿀 수 있다면 말이에요. 하지만 잠에서 깨고 나면, 아! 그래요! 결국은 잠에서 깨어나는 게 차라리 좋을 거예요. 그게 아무리 고통스럽다고 해도 평생을 환영에 빠져 지내는 얼간이로 남는 것보다는 낫겠지요."

박사는 헤어지면서 에드나의 손을 잡고 말했다.

"부인, 제 생각에 부인은 곤란한 상황에 빠져 있는 듯합니다. 무엇 때문에 그러는지 말씀하실 필요는 없습니다. 다만 이 말씀만 드리지요. 언제든 터놓고 얘기하고 싶으시면, 제가 도움을 드릴 수도 있을 거예요. 저는 분명 부인을 이해할 수 있답니다. 그리고 세상에는 부인을 이해해 줄 사람이 그리 많지 않다는 점을 말씀드리고 싶군요. 그리 많지 않아요, 부인."

"아직은 제가 왜 괴로워하는지 말씀드리고 싶지 않아요. 그렇다고 박사님께서 저를 생각해 주시는 걸 기분 나빠하거나 고맙게 여기지 않는다고는 생각지 말아 주세요. 모든 것이 절망스럽고 괴로운 시기가 있어요. 하지만 전 그냥 제 식대로 살고 싶어요. 물론 다른 사람들의 인생과 마음, 또 편견들을 무시하고 살려면 많은 희생이 따르겠지요. 그래도 상관없어요. 하지만 작은 생명들을 내팽개쳐 두는 일은 안 되겠죠. 아! 제가 무슨 말을 하고 있는지 모르겠어요. 박사님, 안녕히 가세요. 무슨 일이 있어도 저를 비난하지 말아 주세요."

"아뇨, 빠른 시일 내로 저를 만나러 오지 않으시면 그럴 겁니다. 이전에는 꿈도 꾸지 못했던 그런 얘기들을 나눠 보죠. 대화를 하고 나면 저나 부인 모두에게 다 좋을 거예요. 무슨 일이 일어나든 부인이 자신을 탓하지 않았으면 좋겠습니다. 안녕히 주무세요, 친애하는 부인."

에드나는 대문 안으로 들어가긴 했지만 집안으로 들어가지 않고 현관 계단에 앉았다. 고요하고 평온한 밤이었다. 지난 몇 시간 동안 그녀를 괴롭히던 감정은 칙칙하고 불편한 옷을 입고 있는 것처럼 자신에게서 떨어져 나가는 느낌이었다. 그 옷을 완전히 떨쳐 버리려면 끈만 살며시 풀어놓으면 그만이었다. 그녀는 아델에게로 떠나기 전 시간으로 되돌아갔다. 로버트가 한 말, 힘껏 포옹하던 그의 팔, 자신의 입술 위로 전해져 오는 그의 입술의 촉감들을 떠올리자 모든 감각이 새롭게 되살아났다. 바로 그 순간 그녀는 이 세상에서 사랑하는 사람을 소유하는 것보다 더 큰 축복은 없을 거라고 생각했다. 로버트가 사랑을 고백한 순간 그는 이미 어느 정도는 자신의 것이었다. 에드나는 로버트가 바로 여기에서 자신을 기다리고 있다고 생각하니 온통 기대감에 부풀어 온몸이 얼어붙는 느낌이었다. 시간이 너무 늦었다. 그는 아마 자고 있을지 모른다. 그녀는 입맞춤으로 그를 깨워야겠다고 생각했다. 로버트가 잠들어 있어서, 자신의 애무로 그를 깨울 수 있다면 좋겠다는 희망을 품었던 것이다.

아델의 속삭이는 목소리가 여전히 귓전에 맴돌았다.

"아이들을 생각하세요. 애들을 잊으면 안돼요."

에드나는 아이들을 생각하기로 했지만, 그런 결심은 죽음의 고통처럼 그녀의 영혼으로 파고들었다.

'하지만 오늘 밤은 아냐. 모든 것은 내일 생각하자.'

로버트는 작은 응접실 안에서 그녀를 기다리고 있지 않았다. 그는 근처 어디에도 없었다. 집은 텅 비어 있었다. 등잔불 아래 휘갈겨 적은 종이 한 장만이 놓여 있을 뿐.

'당신을 사랑합니다. 안녕히 계세요. 부인을 사랑하기 때문이에요.'

쪽지를 읽고 나자 에드나는 점점 어지러웠다. 그녀는 소파로 가서 앉았다. 그런 다음 아무 소리도 내지 않고 몸을 쭉 뻗어 누웠다. 그녀는 잠들지 않았다. 침실로 가지도 않았다. 등잔불이 바지직 소리를 내더니 이내 꺼져 버렸다. 다음날 아침, 셀레스틴이 열쇠로 부엌문을 열고 들어와 장작불을 지필 때까지도 그녀는 여전히 깨어 있었다.

39

빅토르는 현관의 한쪽 모서리에 작게 쪼갠 나무를 덧대어 못질을
하고 있었다. 그 옆에는 마리퀴타가 앉아서 다리를 흔들고 빅토르를
지켜보며 공구 상자에서 못을 꺼내 그에게 건네주고 있었다. 태양이
그들 머리 위를 뜨겁게 내리쬐고 있었다. 소녀는 사각형으로 접은 앞
치마를 머리 위에 얹어 놓았다. 두 사람은 한 시간이 넘도록 이야기
를 주고받는 중이었다. 마리퀴타는 빅토르가 들려주는 퐁텔리에 부
인의 파티 얘기가 결코 지루하지 않았다. 빅토르는 그날의 파티를 마
치 루키우스[37]의 연회가 되살아난 것처럼 아주 작은 부분까지도 과
장해서 설명했다. 그가 말하길, 그릇마다 꽃이 꽂혀 있었고, 커다란
황금 대접에 샴페인을 따라 마셨으며, 물거품에서 올라온 비너스도
반짝이는 다이아몬드 장식에 미모로 빛을 발하며 식탁 머리에 앉아
있던 퐁텔리에 부인보다 더 매력적일 수는 없었고, 또한 그 자리에
참석한 다른 여인들도 모두 비교할 수 없을 만큼의 매력을 지닌 젊
고 요염한 미녀들이었다는 거였다.

　마리퀴타는 빅토르가 퐁텔리에 부인을 사랑하게 되었다고 확신
했는데, 마침 그녀의 확신을 증명이라도 하듯 그는 분명하게 답하지
않았다. 그녀는 점점 시무룩해져서, 자신은 떠날 테니 예쁜 여자들에

---

37. 루키우스 베루스(Lucius Aurelius Verus, 130-169): 로마의 황제, 언제나 배우나 음
악가에 둘러싸여 지냈고 무수히 많은 연회를 연 것으로 알려져 있다.

게나 가버리라고 위협하고는 급기야 눈물을 흘렸다. 셰니에 섬에는 그녀에게 홀딱 빠져 정신 못 차리는 남자가 열 명도 넘었으며 유부 남과 사랑에 빠지는 게 유행이니까 뭐 그까짓 것, 그녀 자신도 셸리 나의 남편과 뉴올리언스로 가고 싶을 때 언제든지 도망갈 수 있었다.

빅토르는 셸리나의 남편이야말로 바보, 겁쟁이, 돼지라고 하면서 이 사실을 증명하기 위해 다음에 그를 만나면 망치로 머리통을 부 쉬 젤리처럼 으깨 버릴 거라고 떠벌렸다. 그의 이런 호언장담이 그녀 를 매우 안심시켰다. 이제 그녀는 눈물을 멈추고 그 광경을 상상하 니 다시 기분이 좋아졌다.

두 사람은 퐁텔리에 부인이 집 모퉁이를 돌아 살며시 들어왔을 때도 여전히 그날의 파티와 도시 생활의 매력에 대해 이야기를 나누 고 있었다. 두 젊은이는 유령처럼 갑자기 출현한 부인의 모습에 너무 놀라 그대로 얼어붙었다. 그러나 약간의 여독으로 지친 흔적이 남아 있는 눈앞의 여인은 실로 살아 움직이는 실제 사람이었다.

"부두에서 걸어 올라왔어요."

퐁텔리에 부인이 말했다.

"올라오는데 망치 소리가 들리더군요. 당신이 현관을 고치고 있 겠거니 생각했죠. 잘하셨어요. 지난여름 그 지지대가 헐거워져서 늘 발이 걸려 넘어졌었거든요. 어쩐지 주변이 온통 황량하고 삭막 해 보이네요."

빅토르는 그녀가 그저 쉴 목적만으로 보들레의 작은 배를 혼자 타고 왔다는 사실을 이해하기까지 시간이 좀 걸렸다.

"부인도 보시다시피 아직 손님을 맞을 준비가 안 됐어요. 우선 제 방을 내어 드릴게요. 머물 수 있는 방이 그곳뿐입니다."

"어디든 상관없어요."

그녀가 그를 안심시켰다.

"그리고 부인께서 필로멜의 요리가 괜찮으시다면, 여기에 머무는 동안 필로멜의 어머니를 모시고 오도록 해보지요. 그런데 그녀가 와줄까?"

빅토르가 마리퀴타에게 몸을 돌리며 물었다.

마리퀴타는 필로멜의 어머니에게 돈을 넉넉히 챙겨 주기만 한다면 며칠 정도는 와줄 거라고 생각했다.

소녀는 퐁텔리에 부인의 등장을 바라보면서 이건 분명 연인끼리의 재회라고 단번에 의심했다. 하지만 빅토르가 놀라는 모습이 너무도 진짜 같았고, 부인은 냉담한 태도를 보였기 때문에 이 혼란스런 생각은 그녀의 머릿속에서 그리 오래 남아 있지 않았다. 그녀는 미국에서 가장 호화스런 파티를 벌이고, 뉴올리언스의 뭇 남성들을 발아래 무릎 꿇게 한 이 여인을 굉장히 주의 깊게 눈여겨보았다.

"식사는 몇 시에 하죠? 배가 많이 고프네요. 하지만 특별히 간식거리를 준비할 필요는 없어요."

에드나가 물었다.

"지금 즉시 식사를 준비하겠습니다. 제 방에 들어가셔서 좀 씻고 쉬고 계세요. 마리퀴타가 안내해 드릴 겁니다."

빅토르가 공구 상자를 분주히 챙기며 말했다.

"고마워요. 그런데 식사 전에 해변으로 내려가서 물에 몸도 담그고, 수영도 잠깐 할까 해요."

에드나가 말했다.

"물이 너무 차요. 그런 생각은 꿈에도 하지 마세요."

두 사람 모두 큰 소리로 외쳤다.

"그래도 내려가서 한번 해볼게요. 발이라도 살짝 담가보고 싶어요. 뭐, 제가 보기엔 햇빛이 따사로워서 바닷물도 따뜻할 것 같은데요. 수건 두서너 장만 주시겠어요? 지금 바로 가야 식사 시간에 맞춰 돌아올 수 있겠어요. 오후까지 지체하면 너무 추울 테니까요."

마리퀴타는 빅토르의 방으로 뛰어 들어가서 수건을 몇 장 가지고 나와 에드나에게 건넸다.

"저녁 메뉴는 생선 요리였으면 좋겠어요. 없으면 없는 대로, 특별히 뭘 따로 준비하지는 마세요."

에드나는 발을 옮기며 말했다.

"얼른 가서 필로멜의 어머니를 모시고 와."

빅토르는 마리퀴타에게 지시했다.

"나는 부엌으로 가서 내가 할 수 있는 일이 있는지 볼 테니. 젠장! 여자들이란 배려를 할 줄 모른다니까! 전갈이라도 보내 줬으면 좋았잖아!"

에드나는 다소 기계적으로 해변을 향해 걸어 내려갔다. 햇볕이 뜨겁다는 사실 말고 다른 특별한 것은 생각하지 않았다. 그녀는 어떤 특정한 생각에 몰두하지 않았다. 로버트가 떠나버리고 소파에 앉아 아침까지 뜬눈으로 밤을 새우던 그날, 필요한 생각은 이미 모두 마친 후였다.

그녀는 스스로 되뇌고 되뇌었다.

"오늘은 아로뱅, 내일은 또 다른 누군가가 되겠지. 상관없어. 레옹쎄 퐁텔리에는 신경 쓸 필요 없지만, 우리 라울과 에티엔이 걱정이네!"

그녀는 오래전에 자신이 했던 말의 의미를 이제야 정확히 알게 되었다. 당시 그녀는 아델 래티뇰에게 이렇게 말했었다. 본질적이지 않은 것은 포기할 수 있지만 그렇다고 아이들을 위해 자신을 희생시키지는 않을 거라고 말이다.

밤새 잠들지 못했던 그날 밤 이후로 낙담의 그늘이 줄곧 그녀를 따라다녔다. 이 세상 그 어느 것도 손에 쥐고 싶지 않았다. 오직 '로버트만 곁에 있어 주었으면' 하고 바랐다. 심지어 그녀는 언젠가 자신의 삶 속에서 로버트는 물론이고 그에 대한 생각마저 녹아 없어져 자기만 홀로 남을 거라는 사실을 깨달았다. 아이들의 모습이 마치 자신을 압도하는 적군처럼 눈앞에 나타났다. 두 아이들이 자신을 힘으로 제압하고 자신의 여생을 영혼의 노예로 살아가도록 질질 끌어당기는 것만 같았다. 하지만 그녀는 아이들에게서 도망칠 방법을 알고 있었다. 그래도 해변으로 걸어 내려가는 시간만큼은 이런 생각으로 소비하지 않았다.

멕시코만의 물결이 에드나의 눈앞에 그 모습을 드리운 채 수많은 태양빛에 반사되어 무수히 빛나고 있었다. 바다의 목소리는 매혹적이며 단 한 번도 멈추지 않고 계속해서 속삭이고, 아우성치고, 종알거리며 고독의 심연에서 영혼을 맴돌게 만들었다. 하얀 백사장을 따라 걷는 내내 머리 위 그리고 발아래 그 어디에서도 살아 있는 생명체라고는 찾아볼 수 없었다. 날개가 부러진 새 한 마리가 하늘 위에서 푸드득 거리더니 이내 비틀거리며 간신히 날갯짓을 하고는 힘없이 주위를 선회하다가 점점 아래로 내려와 물 위로 떨어지고 있었다.

에드나는 전에 입었던 수영복이 색이 다 바랜 채 예전에 걸어 두었던 바로 그 자리에 그대로 걸려 있는 것을 보았다.

그녀는 옷을 벗어 탈의장에 보관해 두고 바로 그 예전의 수영복으로 갈아입었다. 그러나 바닷물을 바라보며 완전히 혼자 있게 되자, 따갑고 몸을 불편하게 하는 불쾌한 수영복을 벗어버리고 난생 처음 알몸으로 서서 확 트인 하늘 아래 태양빛과 몸을 스쳐 가는 미풍, 자신에게 손짓하는 파도에 온몸을 내맡겼다.

전에는 하늘 아래 맨몸으로 서 있다는 게 얼마나 이상하고 터무니없는 일처럼 여겨졌던가! 이렇게 달콤한 것을! 그녀는 이제껏 알지 못했던 친숙한 세상에서 이제 막 눈을 뜬 새 생명이 된 기분이 들었다.

작은 파도의 거품이 그녀의 하얀 발 위로 굽이치며 뱀이 똬리를 틀 듯 발목을 감쌌다. 그녀는 물속으로 걸어 나갔다. 물이 아주 차가웠지만 그래도 그녀는 계속 나아갔다. 물이 깊어지자 그녀는 하얀 몸을 들어 올리고 손을 멀리 뻗어 세차게 물을 뒤로 밀어내며 앞으로 계속해서 헤엄쳐 갔다. 바다의 감촉은 관능적이었으며, 그것은 부드럽고 친근한 포옹으로 몸을 감싸 주었다.

에드나는 계속, 계속 나아갔다. 그녀는 멀리 수영해 갔던 그날 밤을 기억했고, 다시는 해변으로 돌아갈 수 없을지도 모른다는 두려움에 사로잡혔던 그때의 공포를 떠올렸다. 지금 그녀는 뒤돌아보지 않고 그저 계속 나아가고만 있었다. 어린 시절 새포아풀 숲을 가로질러 가던 기억을 떠올리면서. 그땐 그 숲이 시작도 끝도 없다고 믿었었다.

팔과 다리에 점점 힘이 풀리고 있었다.

에드나는 남편과 아이들을 생각했다. 그 사람들은 자기 인생의 일부였다. 하지만 그들이 자신을, 자신의 육체와 영혼을 소유할 수 있다는 생각은 할 필요가 없었다. 라이즈 양이 알게 되면 얼마나 비웃을까, 아마 조롱할지도 몰라!

"그래서 부인은 자신을 예술가라고 그랬군요. 너무 거만하시는군요, 부인! 예술가는 용감히 맞서고 도전하는, 용기 있는 영혼을 소유하고 있어야 합니다."

극도의 피로감이 몰려와 그녀를 무력하게 마비시켰다.

"안녕히 계세요. 부인을 사랑하기 때문이에요."

로버트는 모른다. 그는 이해하지 못했다. 결코 알 수 없을 것이다. 만델레 박사에게 찾아 갔더라면 그래도 그는 이해해 주었겠지만, 이젠 너무 늦었다. 그녀는 육지에서 너무 멀리 나왔고, 점점 기운도 빠지고 있었다.

저 멀리 눈을 던지자, 순간 옛날의 그 공포가 이글거리며 불타올랐다가 또다시 사그라졌다. 어디선가 아버지의 음성과 마가렛 언니의 목소리가 들려왔다. 플라타너스 나무에 묶어 놓은 개의 짖는 소리도 들렸다. 현관을 가로질러 걸어오는 기병대 장교의 구두에서 쇠발톱 소리가 쨍그랑 울렸다. 벌이 윙윙거리는 소리와 패랭이꽃의 사향 냄새가 대기를 가득 메우고 있었다.

옮긴이의 글

인간의 내면에 잠들어있는 고독을 일깨워가는 과정

케이트 쇼팬(Kate Chopin, 1850~1904)의《내게 처음 영혼이 열리는 순간》은 '에드나 퐁텔리에'라는 한 여인이 성적, 심리적으로 새로운 자아를 깨달아가는 과정을 그리고 있다. 억압적이고 틀에 박힌 사회의 규범에서 벗어나 한 인간 혹은 여성으로서의 정체성을 찾아가는 이야기를 담은 소설이다.

1899년 출판 당시 이 작품은 여성의 성적 욕망을 도발하고, 당대 여성의 전형적인 역할이었던 아내이자 엄마로서의 책임을 다하지 않는 행위를 묘사했다는 점 등등 수많은 논란거리를 빚어냈다. 이러한 논란으로 인해 이 소설은 사회적으로 혹독한 비판을 받게 되고 결국 반세기 이상 지하세계에 매장된다. 그럼에도 불구하고 이 작품은 배경이 되는 지역의 향토색을 적절히 묘사하고, 자연주의 및 근대 여성주의를 다뤘다는 점에서 점차 주목을 받게 된다.

켄터키 주 태생의 젊고 아름다운 여인 에드나 퐁텔리에는 미국 남부 루이지애나 주의 뉴올리언스로부터 멀지 않은 그랜드 섬으로 여름휴가를 떠난다. 그곳에서의 생활은 단조롭기만 했던 결혼생활의 돌파구이자, 또 다른 삶의 가능성을 발견하게 하는 역할을 한다. 특히 가정이라는 좁은 울타리 안에서 꿈을 향한 날갯짓 한 번 해보지 못한 에드나는 그랜드 섬의 바다를 향해 수영을 함으로써, 생애 처음으로 자유와 도전 그리고 용기라는 삶의 희망을 얻게 된다. 그녀는 뉴올리언스에서 사업을 하는 부유한 크리올 남편과 두 아들을 둔 아내이자 엄마임에도 불구하고, 젊은 로버트 르브랭과 사랑에 빠지게 된다. 언제나 규범과 규율, 아내로서의 도리를 강요하는 남편과 달리 로버트는 에드나에게 새로운 자아와 사랑에 눈뜰 수 있는 기회를 준다. 그러나 다른 남자의 아내인 에드나와의 사랑에 겁이 난 로버트는 예고도 없이 홀연 멕시코로 떠나버린다. 갑작스런 로버트와의 이별로 에드나는 충격에 빠지지만, 그랜드 섬에서의 휴가를 마감하고 뉴올리언스로 돌아온 이후 그녀는 새롭게 눈뜨게 된 자유롭고 독립적인 자신만의 삶을 추구하기로 결심한다. 아내로서, 엄마로서의 역할은 소홀한 채 자신이 좋아하는 꿈을 향해 한 걸음씩 전진하며 자아를 찾아 나선 것이다.

이 소설은 1899년 《각성 The Awakening》이라는 제목으로 출판되었지만 원제는 《고독한 영혼 The Solitary Soul》이다. 제목을 통해서도 알 수 있듯 작가는 이 소설을 통해 단순한 여성 소설의 차원을 뛰어 넘어 인간의 보편적인 문제라고 할 수 있는 자아와 사회와의 관계 그리고 실존에 대해 폭넓게 다루고자 했다. 에드나 퐁텔리에라는 한 여인의 내면에 자리하고 있는 절대적인 고독함을 '바다'라는 공간과 '수영'이라는 행위를 통해 상징적으로 보여주고 있다. 역자가 기존의 제목과 달리 《내 영혼이 새로 깨어날 때》라는 제목을 쓴 것도 이런 이유에서이다.

케이트 쇼팬의 작품을 번역하면서 그녀가 가지고 있는 글에 대한 섬세함과 감성을 살리려고 노력했다. 특히 에드나의 심리를 반영하는 문장을 번역할 때는 에드나와 완전히 혼연일체를 이뤄 그녀의 심정을 잘 표현하고자 했다.

　　여성의 사회적인 지위나 역할이 강화된 현대에도 여성의 자아의식은 여전히 중요한 문제이다. 그런 점에서 100여 년 전에 쓰인 이 작품이 현대를 살아가는 여성에게도 커다란 각성을 불러일으킬 것이다. 정해진 규범대로 틀에 박혀 살아가는 대신 운명에 맞서 자신의 인생을 개척하려 한 에드나처럼.

　　현대 페미니즘 문학의 고전이라고 할 쇼팬의 이 대표작을 둘이 함께 번역하면서 세세한 어려움에 부딪칠 때마다 서로 토의하던 과정들이 무척 값지고 귀한 경험이었다. 긴 시간을 거쳐 원고를 다듬어가다 보니 번역의 값어치가 새삼스레 느껴진다. 마지막으로 이 귀한 작품을 번역할 수 있는 기회를 주신 부북스에 깊은 감사를 드리며, 소중한 조언을 아끼지 않았던 선후배에게도 감사와 존경의 말씀을 드린다.

홍덕선

성균관대학교 영문학과를 졸업하고 미국 털사대학에서 석사학위, 미국 사우스캐롤라이나 주립대학에서 제임스 조이스 연구로 문학박사 학위를 받았다. 현재 성균관대학교 영문학과 교수로 재직 중이며, 현대영미소설 학회와 제임스 조이스 학회 회장을 역임하였다. 《현대 영국소설의 이해 1, 2》,《제임스 조이스 문학의 길잡이》,《제임스 조이스 문학의 강의》,《몸과 문화》 등의 공저가 있으며, 역서로는《젊은 예술가의 초상》,《흑스무어》,《기적의 필름 클럽》,《나무들의 은밀한 생활》이 있다.

강하나

중앙대학교를 졸업하고 성균관대 대학원에서 번역을 공부했다. 현재는 프리랜서 번역가로 활동하며 다양한 장르의 번역 작업을 하고 있다.

내 영혼이 깨어나는 순간

초판 1쇄 인쇄 2012년 1월 16일
초판 1쇄 발행 2012년 1월 20일

지은이 케이트 쇼팬
옮긴이 홍덕선•강하나
편집인 신현부
발행인 모지희
발행처 부북스

주소 100-835 서울시 중구 신당2동 432-1628
전화 02-2235-6041
팩스 02-2253-6042
이메일 boobooks@naver.com

ISBN 978-89-93785-28-9 04080
ISBN 978-89-93785-07-94 (세트)